国防科学技术大学院士传记丛书
BIOGRAPHIES OF NUDT ACADEMICIANS

慈云桂传

Ci Yungui's Biography

雷勇 著

国防科技大学出版社
·长沙·

图书在版编目（CIP）数据

慈云桂传/雷勇著. —长沙：国防科技大学出版社，2017.2
（国防科学技术大学院士传记丛书）
ISBN 978-7-5673-0486-4

Ⅰ.①慈… Ⅱ.①雷… Ⅲ.①慈云桂（1917—1990）-传记
Ⅳ.①K826.16

中国版本图书馆 CIP 数据核字（2017）第 035826 号

慈 云 桂 传

CI YUNGUI ZHUAN

国防科技大学出版社出版发行
电话：（0731）84572640 邮政编码：410073
责任编辑：徐 飞 责任校对：周 蓉
新华书店总店北京发行所经销
长沙市精宏印务有限公司印装

*

开本：710×1000 1/16 印张：27.25 插页：8 字数：354 千
2017 年 2 月第 1 版第 1 次印刷 印数：1-3000 册
ISBN 978-7-5673-0486-4
定价：98.00 元

国防科学技术大学院士传记丛书

中国科学院学部委员慈云桂教授

1965年

1975年

1965年与妻子琚书琴

1965年的全家福

1983 年在家中书房

1980 年在计算机房

1984 年

▲1978 年 6 月率团访问英国（前排右 4）

◄1978 年 6 月率团访问法国（左 2）

►1981 年 9 月率团访问美国（右 3）

1979年在研制现场（右1）

1981年与同事一起研究问题（右1）

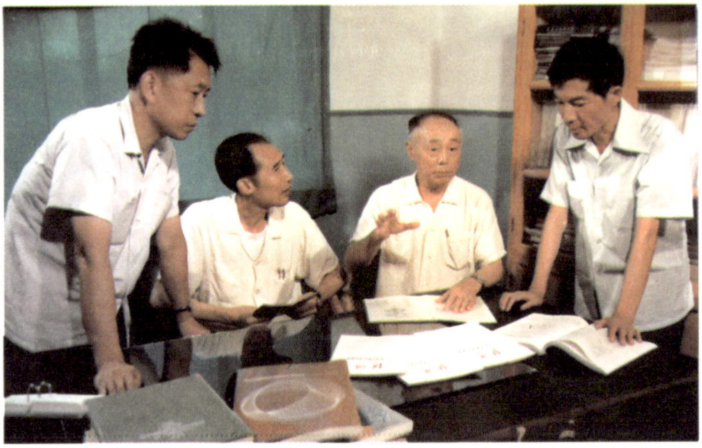

1983 年慈云桂（右 2）与王振青、胡守仁、陈火旺（左起）讨论技术问题

1983 年 12 月慈云桂（前左 4）与“银河”亿次机国家鉴定组专家合影

1983 年在“银河”巨型机机房（左 2）

1983 年在国防科技大学计算中心（左 2）

1983 年 9 月率团访问日本（前左 3）

1983 年 9 月访问
日本（左 2）

1988 年 12 月访问美国
（左 2）

参加中美软件学术讨论会（二排右 7）

1985 年指导学生

1986 年做学术报告

1989 年在“中国新一代计算机学术研讨会”上做学术报告

1990 年 4 月与青年教师、学生座谈

1990 年 3 月慈云桂（中）与王振青（左）、胡守仁（右）

1990 年 4 月在“银河”巨型机前留影

前　言

PREFACE

院士是学术界的最高荣誉称号，对人类文明进步和科学技术发展做出了巨大贡献，享有极高社会声誉。院士制度是科学和工程技术不断发展、科技体制化的产物，在国家的科技发展与创新中扮演重要角色，直接影响着一个国家科技体制的运行，反映了国家科学体制化程度，在一定程度上预示着一个国家的科技竞争力。

中国科学院、中国工程院是我国科学技术界和工程技术界最高学术机构，是国家科学技术思想库。长期以来，我国院士制度在推动科技界出思想、出谋略、出成果、出人才方面发挥了重大作用。中国科学院院士、中国工程院院士是我国科学技术界、工程技术界的杰出代表，是国家的财富、人民的骄傲、民族的光荣。广大院士胸怀报国为民的理想追求，发扬不懈创新的科学精神，秉持淡泊名利的品德风范，聚焦国家战略需求，勇攀科学技术高峰，创造了举世瞩目的成就，为提高我国自主创新能力、增强我国综合国力，为推动科技进步、经济发展、人民生活水平提高、国防和军队建设做出了重大贡献。

国防科学技术大学肩负着为全军培养高级科学和工程技术人才与指挥人才、培养军队高级领导干部、从事先进武器装备和国防关键技术研究的使命任务。从“哈军工”一路走来，始终牢记党和人民的重托、不辱使命，着眼国家和军队重大战略需求，大力推进学科体系建设发展，形成了以工为主、理工结合，理、工、军、管、文协调发展的学科门类，构建了覆盖国防科技主要领域的综合学科体系，多门学科排名在国内外居于前列。大力推进人才培养，形成了本科教育、研究生教育和继续教育并重，学历教育和各类培训协调发展的高层次、多类型人才培养体系，为国家和军队培养输送了一批又一批高素质人才，许多人成为治党治国治军的杰出人才，勇攀高峰的科技帅才。大力推进国防科技自主创新，形成了以武器装备科研为主线，武器装备型号研制、国防关键技术攻关、基础研究相衔接，自然科学、军事科学、社会科学相结合的科研格局，在信息、航天、精密制造、新材料等领域处于国际领先水平，在一些攸关国家安全发展战略方向和国防科技尖端领域，创造了许多第一，填补了一个又一个空白，刷新了一项又一项记录，取得了以“银河”“天河”系列高性能计算机、“北斗”卫星导航系统关键设备、激光技术、磁悬浮技术等为代表的一大批自主创新成果。学校已成为高级工程技术人才和指挥人才培养的重要源头，军队信息化建设培训的重要基地，军事科技创新的重要力量和国家科技创新体系的重要组成部分。

名师荟萃方能钟灵毓秀、桃李芬芳，宗匠陶钧方能春华秋实、穰穰满家，群才缉熙方能砥砺前行、成就一流。学校在办学治校历程中，坚持以崇高使命、伟大事业、创新实践，凝聚人才、培育人才、成就人才，造就了一批世界水平的科学家、科技领军人才和具有国际竞争力的科技创新团队、高水平教学团队。截至2015年12月，在学校工作过的专家教授和毕业学员，有51人成为两院院士，其中12人一直在学校工作。他们热爱祖国、服务人民、忠诚于党，弘毅明德、竭忠尽智，表现出崇高的道德情操；他们锐意进取、勇于探索，敢为人先、矢志攻关，表现出坚忍的意志品格；他们严谨笃学、孜孜不倦，学为人师、行为世范，表现出高尚的师德风范。他们走过的征程充满豪情，铸就的辉煌彪炳史册，蕴含的精神催人奋进，始终激励、推动着学校在创建我军特色世界一流大学的伟大征程上，披荆斩棘、乘风破浪、奋勇前行，不断创造无愧于时代的新业绩，不断铸就强军兴国的新辉煌。

加快建设具有我军特色的世界一流大学，努力办成高素质新型军事人才培养高地、国防科技自主创新高地，为实现中国梦强军梦提供强有力的人才和科技支持，学校肩负的使命更加重大而光荣，面临的机遇和挑战前所未有。当今世界，新一轮科技革命蓄势待发，物质结构、宇宙演化、生命起源、意识本质等一些重大科学问题的原创性突破正在开辟新前沿新方向，一些重大颠覆性技术创新正在创造新产业新业态，信息技术、生物技术、制造技术、新材料技术、新能源技术广泛渗透到几乎所有领域，大数据、云计算、移动互联网等新一代信息技术同机器人和智能制造技术相互融合步伐加快，使社会生产和消费从工业化向自动化、智能化转变，社会生产力和劳动生产率将再次大飞跃。随着全球新一轮科技革命、产业革命加速演进，世界新军事革命迅猛发展，国力竞争和军事竞争格局正在发生历史性变化，智能无人作战系统大量走上战场，催生全新的装备体系和颠覆性作战样式，推动信息化军事革命步入智能作战的高级阶段。伟大的时代、伟大的事业，呼唤更多优秀人才、呼唤加快科技创新。实现“两个一百年”奋斗目标，实现中华民族伟大复兴的中国梦强军梦，需要产生更多的世界级科技大师、领军人才、尖子人才，更加发挥好领军作用，勇担重任，勇攀高峰，当好排头兵。我们必须以舍我其谁的使命担当、时不我待的紧迫感、只争朝夕的劲头，加快凝聚优秀人才、培育顶尖人才、造就高端人才，坚定创新自信志向，紧贴国家和军队重大战略需求，面向部队现代化建设，瞄准打赢未来战争，在独创独有上下功夫，勇于挑战最前沿的科学问题，掌握战略主动、抢占制高点，力争在重要领域实现跨越发展，为实现我国科技由跟跑并跑向并跑领跑转变，建设世界科技强国，建设世界一流军队，多做贡献、做大贡献、再立新功。

为大力弘扬院士心系祖国、自觉奉献的爱国精神，求真务实、勇于创新的科学精神，不畏艰险、勇攀高峰的探索精神，团结协作、淡泊名利的团队精神，生动反映院士的理想情操、师德风范、人格魅力，全面宣传院士的育人成就、学术造诣、科研贡献，国防科学技术大学决定编撰院士传记丛书，为在学校工作的每位院士著书立传。2011 年，成立了“国防科学技术大学院士传记丛书”编审委员会，编委会由校长、政委任主任，副校长、副政委任副主任，机关各部门负责人、院士所在学院院长和政委任委员，负责组织领导院士传记丛书的各项工作。

院士传记丛书的每部传记，由前言、导语、插图、主传、附录、后记等部分组成，采用纪传体体例，以翔实准确的史料，多侧面、多角度系统记述院士的奋斗历程、光辉业绩和感人事迹，力求做到真实、客观、全面、生动。必将为传承“哈军工”传统，弘扬“银河精神”，践行校训和培育良好校风，发展强军强校和创新文化，深入研究科技领军人才成长规律，推进人才强校战略，加快拔尖创新人才建设，实现“一个目标”办成“两个高地”，获取有益借鉴启示和提供强大精神动力。

国防科学技术大学
院士传记丛书编审委员会

目　录

CONTENTS

导　语

1956年，周恩来总理主持制定的《1956—1967年科学技术发展远景规划纲要（草案）》，把计算机技术列为发展的重点。自此，在世界上第一台电子数字计算机问世十年后，我国开始了计算机技术的探索和研究，一批科学家和科技工作者满腔热忱地迅速投入这一新兴交叉科学领域，其中许多信念坚定、水平高超、德才兼备的科技领军人才脱颖而出，引领计算机学科发展和技术创新，在中国计算机事业发展的关键时期发挥了重要作用，为我国计算机技术赶超世界先进水平做出了突出贡献。慈云桂就是其中的杰出代表。

公元1917年4月5日，慈云桂出生在安徽省桐城县（今枞阳县）一个贫苦农民家庭。他天资聪颖，记忆力过人，从小学到大学成绩一直名列前茅，在流亡求学中逐步确立了科学救国的远大志向。在私塾和学校“走马灯”似的不断转换中，他连续读了十年小学；在极度贫困和战火纷飞中，他艰难完成中学学业。读高二时，“七七事变”爆发，为躲避日寇侵略，他与师生徒步跋涉六七千里逃亡湘西。于1939年考入西南联大航空系，因贫病交加借读湖南大学。1943年大学毕业后，被保送到清华大学无线电通讯研究所读研究生，毕业后留在清华大学物理系任教。抗日战争和解放战争时期，他积极参加学生爱国运动和平津师生革命运动；新中国成立前夕，夫妻二人放弃赴美留学机会，热情投身革命。

1950 年 4 月，慈云桂积极响应党的号召，举家出关参加新中国海军院校建设，历任中国人民解放军大连海军学校副教授、一分校通讯系和电讯系副主任。1954 年 11 月调入中国人民解放军军事工程学院，首任海军工程系雷达教授会主任，后分别担任海军工程系和电子工程系副主任。1958 年，他组织领导研制我国第一台电子管专用计算机 331（后更名 901）获得成功后，根据陈赓院长指示组建电子计算机专业，开始计算机教学与科研事业。1966 年 4 月军事工程学院退出军队序列后，他任中国第一个计算机系——哈尔滨工程学院电子计算机系主任。“文化大革命”期间，他虽然在“牛棚”中身心受到残酷摧残，仍心忧国家、情系科研，参与并指导完成十多项重大科研任务。1970 年哈尔滨工程学院南迁长沙，更名为长沙工学院，他任电子计算机研究所主要负责人，其间当选中国共产党第十届、第十一届全国代表大会代表并出席大会。1978 年学院改建为国防科学技术大学重回军队序列，不久他被任命为副校长兼电子计算机系（研究所）主任。1980 年 11 月，他当选中国科学院技术科学部学部委员。1985 年调国防科学技术工业委员会科学技术委员会（国防科工委科技委）工作，任常委、顾问。1990 年 7 月 17 日，因劳累过度而昏迷，经多方抢救无效，21 日上午溘然长逝，享年 73 岁。

翻开中国计算机发展历史画卷，人们会发现：中国计算机技术从电子管到晶体管，再到集成电路；从专用计算机到通用计算机，再到处理能力强大的巨型计算机系统：慈云桂和他领导的科研团队始终活跃在这块阵地的最前沿，由他主持研制的富有时代气息、处于国内领先水平的计算机多达四代二十多种型号。面对世界计算机技术迅猛发展和西方国家的封锁禁运，他深知计算机技术在国防现代化建设和国民经济发展中的重大意义，以为国分忧、只争朝夕精神，始终站在国家和军队全局高度，以战略科学家的远见卓识，在我国计算机技术发展各个重要阶段准确把握研究的大方向，不失时机地提出新的攀登目标，团结带领广大科研人员，凭着顽强的意志、执着的追求及科学求实的作风，研制出一台又一台国防现代化建设和国民经济发展急需的计算机系统，完成了一个又一个看似不可能完成的任务，即使在“文革”动乱期间，他和他的团队仍承担了十多项国家重点工程任务，领导大家奋战在科研第一线。他的业绩与贡献，在国际上也产生了重要影响，被国内外同行誉为“中国巨型计算机之父”。他领导的科研团队被中央军委授予“科技攻关先锋”荣誉称号，先后4次荣立集体一等功，荣获国家科技成果特等奖、特等国防科技成果奖和全国科学大会奖等数十项奖励，团队中先后有5名中青年科研人员献出宝贵生命。

慈云桂不仅在科研方面做出杰出贡献，也是一位成绩卓著的教育家。自1946年在清华大学任教起，他在教育战线奋斗了四十多个春秋，一直坚守在教学第一线，是中国人民解放军军事工程学院－国防科技大学首批研究生导师和计算机学科第一个硕士、博士研究生及博士后导师。他在军事工程学院创建了计算机专业，担任中国第一个计算机系主任，除培养大量本科生外，还指导培养了几十名硕士和博士研究生。他治学严谨，既教书又育人，积极向学生进行爱国主义和品德修养教育，十分注重在教学科研实践中培养和选拔人才，经常告诫学生和青年教师“业精于勤荒于嬉，行成于思毁于随”，“书山有路勤为径，学海无涯苦作舟”——这也是他几十年治学生涯中一贯恪守的格言。几十年来，他创建和培养的这支计算机教学科研队伍，从最初几个人的科研小组，发展成几百人的计算机教学、科研、生产及服务的重要基地，完成了多项国家重大工程任务。他培养的大批计算机专业人才，如今已成为我国计算机教学科研战线上的学术带头人和技术骨干。

慈云桂长期担任教研室、系、研究所直至整个学校的教学科研领导，具有很强的科学管理和工程组织能力，其高超的领导艺术和管理才能受到师生们的一致称赞，是大家公认的科技帅才。他魄力大，号召力强，处理问题果断，具有脚踏实地、锐意进取的精神；他求真务实，真抓实干，长期深入教学科研一线，与大家一起克服面临的各种困难，研究解决各种矛盾；他胸怀宽广，知人善任，虚心倾听群众意见，善于调动每个教学科研人员的积极性，从而把大量人才吸引到他周围，把全校最小的系带成全校乃至全国最大的系，全国乃至全世界最有名的系；他勇于迎难而上，敢于担当，具有不屈不挠的精神，哪里有困难哪里就有他的身影，任务完成后他总说功劳是大家的，许多老同事异口同声地说：从未听慈教授叫过苦。

慈云桂长期在数十个国内外学术科研组织中担任重要领导职务，被聘为北京理工大学、湖南大学、华中科技大学名誉教授，在国内外计算机学术界享有很高声誉。他十分重视计算机学术研究，在计算机研制过程中或研制成功后，总是组织力量在学术上进行总结，将技术创新成果上升到学术高度，先后在国内外学术刊物上发表了100多篇论文。他非常关心中国计算机学术发展，在国家召开的有关发展战略研讨会、计算机学会召开的有关会议上，他总是积极向国家有关部门建言献策，大力宣传计算机学术研究、技术创新及推广应用对促进国家经济建设和增强国家综合实力的重大意义，竭力呼吁依靠自己的力量，团结协作，相互支持，不断提高我国计算机学术研究水平和科技创新能力，进而提高计算机系统性能与性价比，快步追赶和超越世界计算机技术发展水平，为推进我国计算机学术发展做出重要贡献。他从二十世纪四十年代起，多次赴欧美、苏联、日本等国家考察访问、应邀讲学、参加学术会议，进行学术交流，是美国 IEEE 高级会员，荷兰 FGCS 杂志和《科技导报》国际编委，为推进我国计算机界与国外学术交流做出了积极贡献。

作为国防科技大学计算机学科创始人和领军人物，慈云桂连续担任计算机系兼研究所主任 18 年，为计算机学科专业发展奠定了坚实基础。他与他的战友们共同创立的“胸怀祖国、团结协作、志在高峰、奋勇拼搏”的“银河精神”，已成为全军的优良传统和宝贵精神财富；他呕心沥血培养的被中央军委誉为“勇于进取、能打硬仗”的教学科研队伍，如今已成为国家计算机科技攻关的主力，取得了“银河”系列巨型机、“天河”系列超级计算机系统、大规模集成电路芯片、“银河玉衡”核心路由器、自主基础软件等为代表的 500 多项高水平科研成果，“天河二号”超级计算机系统连续 6 次摘取世界超级计算机桂冠；他与他的战友们在实践中总结的“国家利益至上”“高起点紧密跟踪世界科技前沿”“稳定性可靠性第一”“在战斗中成长”等许多宝贵经验和优良作风，已渗透到国防科技大学师生血脉并转化为自觉行动。

中国科学院院士、国防科技大学校长杨学军中将充满感情地说：“那种自信，那种胸怀，那种眼光，那种舍我其谁的霸气——我们从慈先生身上深深感受到老一代科学家那种可贵的品质。非常怀念慈先生，他是这个事业真正的开创者。没有他，就没有中国的高性能计算机事业！”

慈云桂是中国计算机技术发展史上的一座丰碑！为纪念他为我国计算机事业做出的杰出贡献，大力弘扬“银河精神”，1995 年，由他的家属、学生和同事捐款，国防科技大学设立了“慈云桂计算机科技奖”，为他竖立了铜像，将他及学校其他著名科学家的头像图片和事迹，悬挂于“荣誉大道”的醒目位置，使其感人事迹代代相传。

作为“中国巨型计算机之父”，慈云桂也成为他家乡人民的骄傲。2007 年 1 月，他当选 2600 年以来安徽省“百位文化名人之星”，与管仲、老子、庄子、曹操、朱熹、詹天佑、陈独秀等古今名人一道，头像和生平事迹被镌刻在合肥市星光大道的石碑上，供后人参观瞻仰。

慈云桂为中国计算机事业发展做出的杰出贡献，人们是不会忘记的，将永远载入中国计算机发展史册！他不懈奋斗一生中的许多感人事迹，以及他身上体现的老一代科学家宝贵的精神品质，将永远成为激励青年一代成长进步的榜样！慈云桂和他的战友们创立的“银河精神”光耀神州！

第一章 *Chapter 1*

皖中耕读人家之后

慈云桂出生在半殖民地半封建的旧中国，“ 桐城文派 ”的光环、慈氏家族的荣耀与贫困的耕读之家交织在一起，构成了这个普通农家孩子的全部家庭背景，也注定他将比常人付出更多努力，经受更大考验，才能开创属于自己的人生道路，追寻自己的人生理想。

1. 出生“文都”安徽桐城

公元1917年4月5日，慈云桂出生在安徽省桐城县麒麟镇杨树湾村（今枞阳县杨树湾镇）外坂庄一个农民知识分子家庭。

慈云桂出生前后，中国社会正处在北洋军阀统治最黑暗时期，袁世凯、段祺瑞、冯国璋、吴佩孚、孙传芳等北洋军阀你方唱罢我登场。1916年元旦发生了袁世凯称帝的闹剧，慈云桂出生的这一年又发生张勋复辟的丑剧。

桐城位于安徽省中部偏西南，西依大别山，南滨长江，接江趋淮，河埠陆驿自古车水马龙，是皖西南的交通枢纽和承东启西的通衢之地，素有“七省通衢”之称。境内山峰挺秀、重峦叠嶂，阡陌纵横、河道交织，四条河流汇入菜子湖后注入长江。

早在旧石器时代，桐城一带就有先民定居和生活，为江淮文明的发祥地和集中地。春秋时期，桐城即称桐国，因其地适宜种植油桐而得名。唐至德二年（公元757年）正式建县，1996年撤县设市。

桐城自古文风昌盛，人才辈出。唐代的李公麟以诗传世。宋代的曹松以画显名。明末思想家、文学家、科学家方以智，堪称“十七世纪罕与伦比的百科全书式”大学者。清代的张英、张廷玉父子宰相勤于政事，经世济民，名扬天下。坐落在桐城市的“六尺巷”，至今传诵着张英“让他三尺又何妨”的感人故事，成为当今和谐社会教育基地和旅游景点。以戴名世、方苞、刘大櫆、姚鼐为代表的

“桐城派”，雄霸清代文坛二百余年。近现代还涌现出美学大师朱光潜，一代大哲方东美，革命家外交家黄镇，农工民主党创建人章伯钧，京师大学堂首任总教习吴汝纶，黄梅戏表演艺术家严凤英等许多知名人士。桐城享有“桐城派故里”“黄梅戏之乡”和“文都”盛誉，新中国成立后被安徽省授予“历史文化名城”。

位于安徽省桐城市的六尺巷

枞阳与桐城原本为同一个县，历史上分分合合，今属铜陵市管辖。枞阳县在西周时即为宗子国。西汉元封五年（公元前106年）置县，属庐江郡，名曰“枞阳”，距今已有2100多年。汉武帝刘彻南巡至枞阳射蛟于江中，曾作《盛唐枞阳之歌》。晋代陶侃曾任枞阳令。隋开皇十八年（公元598年），改为同安县。唐至德二年（公元757年），改同安县为桐城县。1949年2月，分桐城县为桐城、桐庐两县，桐庐县辖区即为今枞阳县境。1951年，改桐庐县为湖东县。1955 年 7 月 1 日，恢复汉时县名——枞阳县。县境内有太平天国枞阳会议旧址——望龙庵，渡江战役解放军中线指挥部旧址——陈氏宗祠，汉武帝射蛟台，陶侃洗墨池，三国吕蒙城遗址，以及一批名人墓葬。

桐城、枞阳一带的民众，无不为自己家乡悠久的历史、深厚的文化底蕴而感到自豪和骄傲。这些，从童年开始就深深融入慈云桂的血脉，并且持续地给予他丰富的精神营养和不懈奋斗的动力。

2. 家族姓氏由陈改慈

外坂庄坐落在北距桐城约 50 里、南距长江也是 50 里的山丘上。这里依山傍水，湖泊河流密布，西临白兔湖，南临菜子湖，北边是起伏着的山冈，东边有一条小河汇入菜子湖后直通长江，一块块农田散落在绿树掩映之中，树影婆娑，鸟语花香，一派秀丽的江南风光。外坂庄很小，慈云桂出生时这里仅住着 17 户人家。二十世纪初，由于长江口和洞庭湖日益淤塞，这里水患一年多似一年，一到涨水颗粒无收，加上繁重的苛捐杂税和地主的盘剥，这一带的农民生活得非常艰难，好年成勉强够吃，灾荒年全靠借贷，终年劳作难得一饱。直到三峡大坝建成后，这里才彻底根绝了水患。

外坂庄的人大多姓杨，仅住着一户慈姓人家。慈姓甚古，也甚少。据史籍《姓氏考略》记载："慈，以地为氏，汉肴坑碑阴有慈仁，按姓苑、姓纂均云，慈氏高阳氏才子之后，美其宣慈惠和，因以为氏。”史籍《姓苑》中记载：“高阳氏才子之后，美其宣惠慈和，因以为氏。”在史籍《路史》中也记载：“慈氏，慈毋氏，齐王之后。”

安庆桐城一带的慈氏，“古无闻有之”，属避难改姓为氏。皖桐《慈氏宗谱》记载：“（皖桐）慈氏，其始出于江西饶州陈氏，远祖讳宝，字止斋，以任安庆同知，有惠政，遂家桐城安庆。公有三子，曰光盛、光远、光大。光大公有三子，曰守一、守二、守三。今慈氏皆守三公所出也。当元季，守三公有子曰肇基者，因避乱居高阳，其时族姓皆已离散，独肇基公居慈悲阁得免，感戴神佑，因以慈为氏。厥后长支次支皆散，居他州县，至不可记，而慈氏复归桐城。自元迄今世，有潜行至柳村，封君益禀，承前训，好行其德，所筹办建学、积谷助赈、修筑堤坝，诸事其伙。盖慈氏至此，寖寖益昌大矣。”“当元季有陈翁肇基者，避乱慈悲阁，兵蹑至，蜘蛛网其户，以为无人焉，乃他略，于是感神慈而氏之，以慈志弗谖也。”“至我始祖肇基公，凡四传焉，改氏慈为尊。”

由此可知安庆桐城一带慈氏的渊源：元朝初年，江西饶州人陈宝，任安庆府同知，即都转运盐使司的佐官，辅助盐运使、盐法道管理盐政。为官清廉，政绩良好，便安家于桐城安庆。传至第四代陈肇基时，正值元朝末期，明军突起，四海罹兵，为避战祸，父子兄弟同奔高阳，急难失散。陈肇基避难慈悲阁，蜘蛛迅速在门上结网，追兵看到庙门上蜘蛛网完好，便认为里面没有人而未进，陈肇基遂躲过此劫。陈肇基认为这是慈悲阁内的神灵保佑，同时为防止追兵追捕，便决定改姓慈。故当地有慈陈一家之说。

皖桐慈氏传到第十代时，随着人口逐渐增多，族长制定了严格的家训和家规。皖桐《慈氏宗谱》记载的“慈氏家训”是：孝顺、忠贞、式好、正家、励学、修德、勤业、节用、礼仪、廉耻十个方

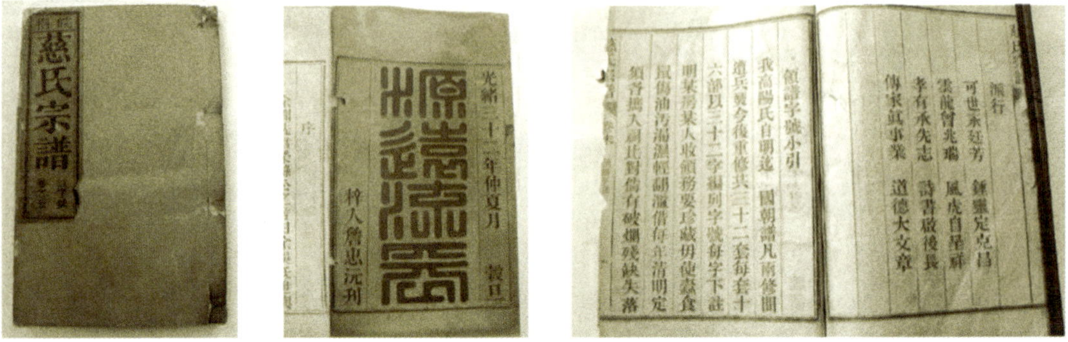

慈氏宗谱

面。其中“励学”篇中写道：“圣人之道大，心不宏不足以载之；圣人之道远，心不毅不足以荷之。”“超世拔俗之志不立，圣域贤关之奥乌得而窥哉。”鼓励子孙要“心宏”，志存高远；在学业上要“心毅”，遇到挫折不轻言放弃。

“慈氏家规”是：尊祠墓、敦孝悌、隆尊长、饬妇女、勉学问、勤本业、急官粮、先早图、崇节俭、和乡里、禁赌博、逐厮役、戒隶皂、警匪类、惩奴仆十五个方面。其中“敦孝悌”中写道：“堂堂七尺之躯，试问何人生我？渺渺九州之众，请看几个同胞由少而壮而老，惟父母之勤劳莫报。由家而乡而国，止兄弟之情谊偏长。故五伦不止家庭，而百行惟先孝悌，秀者择诗书，务遂显扬之愿。”教育子孙要孝敬长辈，关爱兄弟姐妹，以诗书扬名天下。在“勉学问”一节中写道：“坠地一声，喜为男子；掀天大事，属在吾曹。百年三万六千场，除却老时少时，读书有几？一岁三百六十日，避却大寒大暑，发奋无多。”在子孙中弘扬勇于担当和只争朝夕精神，同时强调“学成即可立名，业精自能遇主。读书之气不深，功名之路多梗”的辩证关系。在“勤本业”一节中写道：“吾族耕读传家，若有不耕不读，当从浪子之科；吾教士农居首，若非士非农，置于末艺之列，家法惩之，国典随之。”教育子孙要耕读传家，踏实做人。

在家训、家规的教育熏陶下，皖桐慈氏先后出了“性好读书，闻有名编古简，售产购之”的慈骨梅；热心公益事业，捐建桐乡书院，多次捐款赈灾的慈柳村；“少孤家贫，有大志”，学习班超投笔从戎的豪杰慈大观；以及清光绪年间督理户政的慈季文等。慈氏家训、家风以及历史上慈氏家族涌现的这些典型人物的事迹，口口相授，代代相传，对慈云桂产生了潜在的深远影响。

皖桐慈氏在十代之前，子孙取名都很随意，无具体规定。随着家族人口的逐渐增多，传到第十代时，族长对后代取名做了明确规范。皖桐《慈氏宗谱》记载：“乾隆年间，纂修伊始，集有四十字，起自十一世，而后循序命名，庶尊卑有等，亦正名定分之大端也。”这四十字派行是：“可世永廷芳，钟灵定克昌，云龙曾兆瑞，风虎自呈祥。孝友承先志，诗书启后长。传家真事业，道德大文章。”

传到慈云桂这一代时为“云”字辈，第二十一世。

3. 深受良好家风熏陶

慈家长孙的出生，给这个普通农家增添了无限欢乐。女人们拿出早已准备好的红鸡蛋，送给前来道喜的亲戚和邻居。不到五十岁就当上祖父的慈克阖喜不自胜，乐颠颠地拿出宗谱，引经据典，按辈分给这个刚出生的孙子取名“云桂”，期盼他将来能云端折桂，出人头地，光宗耀祖。

桐城、枞阳一带自古崇尚知识，重视教育，一般家庭都会把子弟送去读书，以博取功名；至少可以粗通文墨，不至于成为文盲。慈云桂的祖辈也不例外。

祖父慈克阖（1869—1938），字寿荣，自幼在私塾读了十几年书，先后多次参加科举考试均告落第。他为人耿直忠厚，勤劳朴实，非常慈祥，做事一丝不苟；就是有浓厚的封建意识，特别重男轻女。由于在当地是小姓，他既没有机会教书，也没有做过乡绅，一直安分务农，农闲时常替商人用土车推货到附近各县挣点零钱。1938 年，一生勤劳而贫困的慈克阖，在他 69 岁那年得了伤寒，晕倒后被人从田里背回来，去世时脚上还带着黄泥。这一年日本军队已占领了枞阳，流亡湘西的慈云桂直到次年才得知这一噩耗。

父亲慈昌芍（1895—1975），字启才，又字笃惠，是慈克阖的长子。他曾念过 4 年私塾，人很勤劳，也很精明。为了缓解家庭经济困难，度过灾荒，他渐渐弃农经商，先是运大米到安庆和芜湖去卖，再把杂货运回乡里。后来又与两人合伙在交通和商业发达的孔城镇开了一个蛋庄，将鸡蛋直接销往上海，前后达十四五年。前七八年生意较好，每年有二三百银圆的收入，他便将家里六间茅草房中的四间改成瓦房，家庭经济状况也逐渐得到改善。除此之外，并没有什么积蓄。一方面，他自己花费较大，喜好赌博和慷慨济贫；另一方面，因为他是农民，又是小姓，发了洋财人人眼红，孔城的地痞流氓个个都要应付，因而所剩无几，有时还亏空。到 1937 年“七七事变”后停业时留下一身债务，家庭贫困愈深。

母亲吴瑞龄（1897—1989），出生在附近一个贫苦农民的家庭。由于父母早亡，她随叔叔和婶婶长大。经婶婶介绍，与大她两岁的慈昌芍成婚，做了慈家的长媳妇。这位朴实的农家女嫁到慈家后，洗衣、做饭、下地干活，样样能干，受到公公婆婆的喜爱和邻里的夸奖。她勤劳善良，乐善好施，碰到讨饭的来，总是大方地给碗米或剩饭，有时宁肯自己不吃也送给讨饭的。这个苦命的女人，把全部希望寄托在大儿子慈云桂身上，对他疼爱有加，小时候总是把他搂在怀里，给他讲故事、唱儿歌。慈云桂长大后外出读书时，母亲总是把家里最好吃的给他拿去。在父亲生意倒闭、家里生活十分困难、慈云桂交不起饭费时，是母亲用她存下的少量私房钱或东借西凑的钱才帮助他坚持下来。因此慈云桂对母亲的感激之情无以言表，自工作后每月定期给父母寄钱，经常回家探望。母亲在这个孝顺儿子的赡养下，一直活到 93 岁才安然去世。

慈云桂还有两个叔父慈昌茸、慈昌茯和三个姑姑，都在家务农。三叔慈昌茯在 17 岁那年，因一场疾病夺去了他年轻的生命。

由于祖父特别重男轻女，慈云桂之后母亲又接连生了三个妹妹，因而聪明又懂事的小云桂受到家人的精心呵护与宠爱。慈云桂回忆说：“我小时候是个十足的家庭宠儿，虽然生长在一个贫困之家，却受着特殊的照顾。小时候生病时不爱吃蔬菜，母亲总是特别为我单做一份饭菜。荒年大家都吃粗粮，却让我吃细粮。工作也很照顾，除农忙或小叔父生病时外，我很少一人出去放牛或割草。因此，我的童年生活是充满着忧愁和喜爱，对农村的贫困和灾难、封建家庭中的痛苦和委曲，都留下了深刻印象。因为这样，自小就养成了个性特强和容易冲动的性格，打下了服软不服硬的牢固基础。”

随着弟妹的相继出生，家里经常保持十多口人，婆媳、妯娌、姑嫂和兄弟姐妹之间有时难免发生一些口角，经常吵吵嚷嚷，好不热闹。小时候的慈云桂，就生活在这样一个贫困的人口众多的农村封建大家庭中。

慈云桂家里仅有 2 亩水田，租种了地主 8 亩水田，好年成收入约 30 石稻谷，除去纳粮、定粮、施肥、种子、临时雇工等各种成本后，可剩余 10 石。有瓦房 4 间、草房 2 间，有 1 头水牛、1 部水车和一些普通农具。由于地租过重，又经常发生水患，一家人艰难地维持着生活，终年劳作难得一饱，常常以红薯和稀饭充饥，穿的是自织土布，夏天大人和小孩都打赤脚。土改时他家的成分被定为中农。

即便如此，祖父母、父母仍不改善良的本性，与乡亲们和睦相处，在极端困难的情况下仍想方设法供养几个儿女读书，给孩子尽可能多的关爱，使慈云桂真正感受到家庭的温暖，稚嫩的心灵仍然充满阳光。慈云桂回忆说：“祖父的忠厚耿直、勤劳朴实，父亲的敢于冒险、精明能干，母亲的勤劳善良、乐善好施性格，以及耕读人家的清高、浓厚的乡土观念和封建伦理思想，对我都有根深蒂固的长期的潜在影响。”

慈云桂工作后彰显的对国家和民族的爱，对党和人民的忠诚，对所从事的计算机事业执着的追求，以及求真务实、敢于担当、勇于创新、一丝不苟、忘我工作、乐于助人等品格，无不深深地打上家庭的烙印。

4. 兄弟姐妹八人的长兄

在慈云桂之后，五个妹妹、两个弟弟相继出生。作为长兄，他除自己努力学习做好表率外，经常用“穷且益坚，不坠青云之志”鼓励弟妹们，要他们发愤图强，努力成才，课余时间经常辅导弟妹们学习。特别是工作后，他经常给弟妹们写信，寄钱供他们读书，几个弟妹在大哥的鼓励和资助下，学业和事业都取得了一定成绩。

慈云桂之后的三个妹妹虽然都很聪明，但由于封建礼教束缚和家庭经济条件限制，都没有机会读书。三妹从小就卖给人家做了童养媳，且被这家人打成残疾。

二弟慈云祥，排行老五，比慈云桂正好小十岁。年近90的慈云祥回忆说：“我在七八岁这个应该上学的年龄，由于家里穷，却在为别人家放牛。我清楚地记得母亲对我说，地给你，将来好好种地。”

聪明乖巧的慈云祥看到别人家的孩子背着书包高高兴兴去上学，心里特别难受，不甘心就这样一辈子种地，就哭着对母亲说“我也要上学”。当时他父亲的鸡蛋生意日益清淡，正准备在小镇上卖木材，或开茶馆，家里经济十分拮据。母亲看他哭得可怜，与公公和丈夫商量后便同意把这个二儿子也送去读书。慈云祥在家乡私塾读完小学，接着在杨树湾镇菁华中学读完初中，1945 年从省立八中高中毕业。毕业后正赶上抗日战争末期，社会很黑暗，便在家里帮助做些农活。

1945 年底，离家八年的大哥慈云桂探亲回来，使慈云祥看到了希望。次年 9 月，大哥安排他到上海亲戚杨大勇家送东西，顺便让他们帮弟弟找份工作。慈云祥说当年自己“胆子也大”，拿着大哥写的信，心里却打着自己的小盘算，出门时便带着被子和行李。他把东西送到上海后，没有与杨家谈找工作的事，却找他们借了十块银圆，用八块钱买了一张从上海到天津的船票，再坐车来到北平找大哥。慈云桂突然看到二弟来到北平，“吓了一跳”，问明来由后，也没有埋怨，便买了一张行军床，安排弟弟挤在自己住的集体宿舍，找些书给他看。那时慈云桂刚参加工作不久，收入很低，兄弟俩就这样省吃俭用过了一年。

1947 年 9 月，北京大学办了一个大学预科班，收容一些来自全国各地的流浪学生。慈云桂赶紧帮弟弟报了名，经考试合格后，慈云祥便在这个班里补习。1948 年 7 月，慈云祥以优异成绩考入北京大学化学系，1952 年 7 月毕业后留校任教。1955 年国家选派赴苏留学生时，慈云祥被选中，他先到留苏预备部学习了一年俄语，1956—1960 年在莫斯科大学化学系读研究生，获副博士学位。慈云祥留苏回国后一直在北京大学化学系任教，担任教授和博士研究生导师。慈云祥后来与他的一个学生结婚，夫人也是北大化学系教授。三个子女都很优秀，均获得博士学位，长子现为香港大学知名哲学教授，两个女儿都在美国工作。

慈云桂与二弟的关系一直很亲密，经常书信往来，只要到北京出差都要去找二弟，兄弟俩一起讨论学术问题，介绍各自的工作生活情况，偶尔也一起到公园游玩。谈起大哥，耄耋之年的慈云祥老泪纵横，用颤抖的声音说："我大哥这个人，难找！"并说："大哥常给我讲，他在'哈军工'挺不容易，他搞的课题都不容易，还说别人不敢干的他敢。"

四妹慈云旋，排行老六，名字还是大哥起的。初中毕业后在老家浮山、麒麟镇任小学教师，工作很积极，多次被评为优秀教师，已退休在合肥。

小妹慈云瑶，排行老七，名字也是大哥起的。1950 年她随大哥参军，开始在大连海军学校俄语专修班学习，毕业后到海军司令部任俄语翻译。1954 年转业后，保送到北京工业管理学校学习，毕业后分配在北京市朝阳区房管局工作。她工作认真，成绩突出，一直工作到退休。

三弟慈云树，排行老八，比慈云桂正好小二十岁。他从安徽省医学专科学校毕业后，分配在铜陵市人民医院当医生。年近八旬的慈云树精神矍铄，退休后仍在铜陵和淮北市医院兼职。慈云树评价大哥"思路清晰，知识渊博，脑子好用"。他说他们家里人都长寿，大哥所以早早离世，主要是长期高负荷拼命工作累出了病。二十世纪七十年代中期他在北京协和医院进修时，发现大哥的心脏有"房颤"，就劝他不要那么拼命，注意劳逸结合，大哥说"没事"，并要他不要告诉别人。他说大哥是个大孝子，每月定期给家里寄钱，经常回家探望父母，回家后也经常讲一些学习和工作中的事。他说大哥真不容易，在湖南和云南读书时很苦；工作中除攻克技术难题外，还有许多人为障碍；并用韩愈"云横秦岭家何在？雪拥蓝关马不前"来形容大哥的艰难。

慈云桂深受中国传统文化影响，孝敬父母，手足情深，受到弟妹们的尊敬爱戴，去世二十多年了弟妹仍深深怀念他。

5. 与同乡校友结为伉俪

慈云桂与琚书琴相识于1947年秋天。那是一个周末的上午，慈云桂来到位于北京东城区的安徽同乡会会长家里拜访。会长是安徽桐城人，也姓慈，算起来是他的长辈。

恰巧，那天有一位身材苗条、眉清目秀，留着齐耳短发，身着学生服的姑娘也来到会长家。经介绍，她是清华大学文学系大三学生琚书琴，祖籍也是安徽桐城。真是巧了，既是校友，又是同乡，慈云桂不妨多看了姑娘两眼，只觉脸红耳热，心脏不听使唤"嘭、嘭、嘭"地跳了起来。刚开始两人都有点拘谨，很快便扯到文学上，慈云桂有很好的文学功底，琚书琴读的文学专业，这下两人找到了共同语言，很快攀谈起来。这样见面次数多了，两人逐渐熟悉起来，有时还相约一起到会长家。

1926年7月17日，琚书琴出生在河南省新乡县一个高级职员家庭，父亲曾担任过新乡火车站站长和铁路段长。她很小的时候母亲就去世了，父亲再婚后继母对她这个前妻留下的女儿很凶。无奈，1938年，父亲把她送到北平市厂桥附近一所小学读书，后考入教会学校——辅仁女子中学（后改为女子六中）。1944年，琚书琴考入"北京大学"（日伪政府在北平"复校"建立的伪北京大学）文学系。1946年清华、北大迁回北平后，对两校及伪北大的学生重新进行分配，琚书琴被分配到清华大学文学系文学史专业学习。

男大当婚，女大当嫁。由于战乱和忙于学业，已30岁的慈云桂一直无暇考虑自己的终身大事。虽然他对这位校友兼同乡的女学生情有独钟，却受封建礼教束缚和碍于“先生”身份不好自己提出来。会长夫人看到两个年轻人情投意合，也很般配，就热心地在中间牵线搭桥，这样他们俩便很快确立了恋爱关系。

在北平即将回到人民怀抱前，先生与女学生就这样开始恋爱了。慈云桂比琚书琴年长九岁，像个大哥哥，因而恋爱时很主动，经常约琚书琴出来吃饭、散步、逛街。清华大学单身教员宿舍距女生住的静斋很近，常常听到静斋的门房大声喊“琚小姐，慈先生找你”的声音，清华园、颐和园、前门等处留下了他们欢乐的身影。

1948年9月，琚书琴大学毕业两个月后，两个心心相印的年轻人结婚了。他们专门到城里照相馆照了张穿婚纱的结婚照，可惜后来在“文革”中烧掉了。清华大学在工字楼附近分给他们一间半房，慈云桂添置了床、被子以及暖水瓶、脸盆、毛巾之类的日用品，房间做了简单的布置，连喜字都没贴，在老师、同事和学生的一片祝福声中，在教工食堂举行了简朴的婚礼。当代著名美学家、文艺理论家、教育家、翻译家，慈云桂与琚书琴共同的桐城老乡，北京大学朱光潜教授担任了他们的证婚人。

婚后不久，他们夫妇双方均获得赴美留学资格。正当他们办好一切手续准备出国时，解放战争的隆隆炮声响彻大地，人民解放军势如破竹，东北全境即将解放，北平解放指日可待。新婚燕尔即可启程的慈云桂夫妇，毅然放弃赴美留学机会，热情投身革命。当时，解放军把北平围得水泄不通，慈云桂带着新婚妻子几次跑到围城部队最前线参观慰问。清华园解放的第二天，他们夫妇便一起积极参加北平中共地下党领导的清华大学教职员志愿进城工作团，为接管北平做了大量卓有成效的工作。

1949 年 12 月，他们的长子慈林林出生了，琚书琴一边从事教学工作，一边抚养教育孩子。1950 年 4 月，琚书琴跟随丈夫从北京来到大连海军学校，任预科教员，1951 年预科取消后在大连一所中学任教。1954 年，她随丈夫调到哈尔滨，在市第三中学任教。1960 年秋，琚书琴调入丈夫工作的军事工程学院外语教研室从事英语教学，并参军入伍。1970 年底，她再随丈夫南迁长沙，在长沙工学院（后更名国防科技大学）继续从事英语教学。1983 年入党。1984 年晋升为副教授。1985 年离休。

慈云桂与琚书琴从相识相爱，到结婚生子，在一起共同幸福地生活了四十多年。几十年来，夫妇俩相濡以沫，相互支持，琚书琴跟随丈夫转战南北，成为慈云桂事业的贤内助。他们在工作上相互

慈云桂全家福（1973 年）

支持，生活上互相关心，共同扶养教育子女成长，是一对有共同理想和事业的恩爱夫妻。慈云桂晚年评价妻子说："她身体好，作风正派，工作一直认真负责，勤勤恳恳，多次被评为先进工作者。且勤于家务，长于烹调技术，家里事无巨细全由她一人操持，使我得以全身心投入工作，是我事业的忠实助手。我的一切成就与她强有力的支持是分不开的。"

令慈云桂夫妇感到欣慰的是，他们的三子一女，个个勤奋好学，都获得硕士或博士学位，成为社会的栋梁之材。三个儿子都子承父业学习计算机专业，都成为计算机领域的高级技术人才，为社会做出很大贡献。

第二章 Chapter 2

乡村“神童”
困苦中求学

慈云桂天资聪颖，博闻强记，成绩优异，闻名乡里，被称为“神童”。然而他的求学之路却异常艰难，在极度贫困、颠沛流离与战火纷飞中完成了小学、初中和高中学业，在流亡中以优异成绩考入大学。面对破碎山河和一贫如洗的家庭，他决心“从学问中间开辟道路”，立志成为“伟大的文学家和科学家”。

1. 童年入私塾熟读四书五经

由于慈云桂的父亲在外经商，经常不在家，幼年的小云桂像祖父的尾巴，整天围着他问这问那，表现出对新事物的浓厚兴趣。祖父看到这个长孙非常聪明懂事，乐得合不拢嘴，常坐在院子里或门口大树下给他讲“女娲补天”“嫦娥奔月”“牛郎织女”等古代神话故事，小云桂瞪大双眼，听得很认真，还不时提问。祖父经常用“头悬梁”“锥刺骨”等历史上人穷志坚、刻苦学习的典型激励他，要他长大后好好读书，做一个对国家有用的人。

在慈云桂 4 岁多的时候，祖父就开始教他读书习字。最早背诵的是《三字经》和《千字文》，祖父在劳作之余便一字一句地耐心教他，小云桂对学习很感兴趣，虽然不求甚解，但学得很快，记忆力特别好，不久便能大段大段地背诵学过的内容。看着小孙子摇头晃脑地背诵“人之初，性本善。性相近，习相远……”的认真样子，祖父捻着胡须露出满意的笑容。不久，祖父又开始教他认写方块字。由于当时笔墨纸张较贵，刚开始祖父拿着树枝在泥地上教他，他也拿着树枝在地上一笔一画地写。有时小云桂跟着祖父上山放牛，祖孙俩便一人拿根树枝在山坡上写写画画。认的字多了，祖父才教他在纸上练习。

1923 年 2 月，慈云桂 6 岁时，祖父把他送到邻村老许庄私塾，开始正式启蒙。私塾是我国封建社会私人开设于家庭、宗族或乡村内部的民间幼儿教育机构，以儒家教育思想为中心，是私学的重要组成部分。塾师多为落第秀才或老童生，学生入学年龄不限，来去自由。慈云桂开始跟着先生学习《三字经》《千家诗》《史鉴节》等书，学习兴趣很浓，表现得很聪明。有的孩子读着读着就跑神，可小云桂却读得津津有味，每当先生抽查时，他总能大声背诵出来，因而常常受到先生的表扬。先生看着这个聪明的后生，心里特别喜欢，便夸慈家的这个孩子将来一定有出息。

1924 年 2 月，7 岁的小云桂又换到邻村后冲庄一家私塾念书，学习《论语》和几本国文教材，下半年就开始学写日记。

七八岁的男孩子正是调皮捣蛋的年龄，一天小云桂在家里看着自家的牛觉得好玩，就拿起树枝打牛，牛被打得乱转，他却“咯咯咯”地笑。母亲看到后，狠狠地训斥了他一顿。当时小云桂懵懵懂懂的，并不觉得有多么严重的后果。第二天，母亲带他到田里，看着牛在田间艰难地犁地，便语重心长对他说：“看到了吧，牛是我们农家的宝贝。没有牛，庄稼就种不出来，我们就没饭吃。”母亲的一番话，使小云桂明白了牛对农家的重要性。

不久，慈云桂以牛为题写了一篇日记，把他如何打牛和母亲如何教育他都写在里面，写得真实生动，先生看后大加赞赏。望着这个充满灵气的孩子，先生对慈云桂的祖父说，这孩子天资聪敏，将来前途无量，要好好培养，杨树湾这个地方太小，怕耽误了孩子学习，应该找更好的先生来教。

祖父听从了先生的忠告，同儿子商量后，决定把慈云桂送到条件更好的孔城镇学习。1925 年 2 月，慈云桂 8 岁那年，父亲便把他接到自己经商的孔城镇，找了一家有名的私塾。在此他念完了《大学》《中庸》《孟子（上)》和《幼学琼林》等书，并开始学习作一些短文了。

孔城镇是桐城县九镇之一，有着 1800 多年的历史。这里东滨菜子湖，孔城河穿镇而过，水陆交通发达，商贾云集，文脉昌盛，非常繁华，自古就是商埠重镇。镇上有始建于清代的桐乡书院，还有清代重臣李鸿章钱庄、刘开故居、都会桥、东岳庙、清真寺、万年台等各种古建筑遗址十多处。这里也是“桐城派”奠基人戴名世、桐城派“姚门四杰”之一刘开、昆曲名师杨福源、京剧名家杨隆寿的故乡。中国美学大师朱光潜，一代大哲方东美，中共早期社会活动家尹宽，为父报仇刺杀军阀孙传芳的侠女施剑翘等大家名流均在此接受过启蒙教育。2006 年，孔城镇被安徽省政府批准为“历史文化名镇”。

孔城还是兵家必争的军事重镇。相传这里曾是三国东吴大将吕蒙操练水军的吕蒙城。《桐旧集 · 孔城》上有“人烟开小聚，相传吕蒙城”的记载，现在镇上仍保存有吕蒙城遗址。另据《宋史 · 李显忠传》载，宋将张俊、李显忠曾与金兀术大战于此。慈云桂在这里读书期间，经常在这些文化遗迹中东跑西串，浸润在家乡厚重的历史和浓浓的文化氛围中。

1926 年 2 月，慈云桂 9 岁时，父亲在孔城镇又给他换了一家私塾，学习了《孟子（中）》《孟子（下）》和部分唐诗。这里的先生是位老学究，遵奉师道尊严，既古板又严格，教书时经常低头从老花镜上方扫视学生，对上课开小差、背诵不出课文和违反纪律的学生，就进行体罚，几乎所有学生都领教过先生的戒尺，唯独慈云桂是个例外。慈云桂学习一直很认真，成绩很好，记忆力特强，像《滕王阁序》那样的长文，先生领读一遍、讲解一遍，自己朗读一遍，就能全文背诵，而且一字不差，令先生既感到惊奇，又很难抓到他的把柄。

9 月的一天，慈云桂上课迟到了几分钟，先生这下终于抓到了他的把柄，要对他罚跪，倔强的慈云桂就是不跪，与先生大闹一场，结果被父亲带回家狠狠揍了一顿，从此他说什么也不肯去这家私塾了。此时正规学校已经开学了，父亲只好把他带回店里玩耍了将近一个学期。

1927 年 2 月，慈云桂 10 岁那年，父亲把他送到孔城镇立第三小学幼小部二年级读书。仅仅过了一个星期，老师发现他的学习能力和水平明显高于其他同学，便让他升入三年级。慈云桂回忆说：“……很快乐地念完了初小四年级，考过两次第一名，颇受同学和老师们的爱护，因而对学校生活非常感兴趣，也特别喜欢自然和算学。”

这样的学校生活没过多久，1929 年春节过后，12 岁的慈云桂正在读小学四年级时，由于祖父认为在学校学不到什么知识，一定要他再回到私塾读四书五经。慈云桂只得听从祖父安排，又回到家乡小梅庄念私塾，师从吴老先生。

从学习氛围浓厚、有许多同学相伴的学校，再回到古板严肃、气氛沉闷的私塾，让慈云桂感到很不适应。这位吴老先生是个老学究，整天之乎者也，没有一点生气，慈云桂回忆说：“回到私塾后闷气极了，念了十几天就不干了。”此时他听说附近有个年轻先生吴鹤生课讲得很好，就主动到那里听了几次课，觉得很不错。征得家人同意，他就转到小吴先生这里学习。这位小吴先生虽然年轻，却是师范毕业生，又是大家之后，思想非常活跃，课也讲得很好，每天教他们学习《诗经》《战国策》《史记》和《汉书》上的文章，还有《六朝文选》上的短文。

小吴先生那充满激情的目光、慷慨激昂的声音和旁征博引的讲解，使慈云桂对中国古典文学产生了浓厚兴趣。课余，小吴先生指导他们广泛阅读《石达开笔记》，郭沫若的《我的童年》《塔》《橄榄》《稻草人》，蒋光赤、蒋光鼐先生的《少年漂泊者》《小雪》《鸭绿江上》等进步小说，还经常联系中国的历史和现实，对学生进行爱国主义教育，因而常常触动慈云桂敏感的神经。慈云桂越读越感到有味，阅读兴趣十分浓厚，开始对中国历史和现实问题有了一些初步的思考，颇有一些忧国忧民的情怀了。

到了晚上，吴鹤生先生经常召集附近农民开会，宣传马克思主义和共产党的主张，一些年龄稍大点的同学也加入了他们的组织。到了6月份，学生和家长都知道了吴鹤生先生夫妇是中共地下党员的身份，于是一些胆小的家长怕受到牵连，就不让自己的孩子来此读书了，学生渐渐越来越少。

慈云桂的父亲听说此事后，9月便派人把他接回到孔城镇。慈云桂恋恋不舍地告别吴鹤生先生和小伙伴们。次年2月，他听说吴鹤生先生夫妇被国民党当局抓走了，心里难受了好长时间。

来到父亲身边，慈云桂每天在帮助父亲看守店铺的同时，从左邻右舍借来《红楼梦》《水浒传》《西厢记》和《老残游记》一类中国古典小说阅读。这些构思巧妙、情节生动、充满传奇的古典小说，进一步激起他对中国古典文学的欣赏与热爱，有时他也学着写一点诗词和文章。

在此期间，慈云桂闲着没事，经常帮父亲的店铺做账。掌柜方思明是犹太教徒，看到慈云桂小小年纪，账做得很好，字也写得很漂亮，就对他说："孩子，你别读书了，跟着我做生意吧。"慈云桂听后，不假思索地用手横到脖子上回答："你就是把金银堆到这儿我也不干！"方思明不解地问："那你将来想干什么？"慈云桂毫不犹豫地回答："读书！"

方思明听后瞪大双眼，连连摇头，完全无法理解这个少年此时的想法。在他看来，读书的目的不就是为了将来能够发财吗？即便当官，不也是为了发财？可是在少年慈云桂的心里，他只知道自己特别喜欢读书，只有在书中他才能找到快乐、找到人生的方向，他认为自己天生是块读书的料。同时，他懵懵懂懂地意识到，如果就此不读书，只能像父辈们那样当个小商人，或者当一辈子农民，平平淡淡地过此一生；只有读好书，掌握更多的知识，才能像桐城这块人杰地灵的土地上以及他的先辈中涌现的那些叱咤风云的人物一样，将来干一番轰轰烈烈的事业，成为人人夸耀羡慕的“大人物”，从而光宗耀祖、青史留名，也不枉自己到这个世上走一回。

父亲看到这个儿子毫无心思经商，一心只想读书，于是在1930年春把慈云桂送到孔城镇第三小学高小部继续读四年级。

13岁的慈云桂再次回到学校后，如久旱逢春雨，如饥似渴地汲取知识的雨露。他特别偏爱算学、自然等课，很快才华初显，连续三个学期考了全班第一，获得不少奖状和奖品，得到很大鼓励，令先生和同学们刮目相看，也进一步增强了他的求知欲和对科学知识的热爱。期末，他拿着奖状和奖品回家后，全家人都很高兴。祖父鼓励他要再接再厉，不要骄傲。母亲给他做了平时最爱吃的饭菜。

那段时间，慈云桂还拜杨树湾附近的落魄文人陈先生为师，利用课余时间学习武术和京剧，经常当众表演徒手拳和双刀舞花枪。延师习武三年，进步很快，闻名乡里。通过几年的武术练习，强健了体魄，为他日后经受各种磨难和考验打下良好的身体和心理基础，而欣赏京剧则成了慈云桂一生的业余爱好。

转眼两年过去了，正当慈云桂准备升初中时，大他两岁的小叔父因病被庸医误诊致死，祖母痛不欲生，每天以泪洗面。为了安慰祖母，父亲只好把他又送回老家。

1932年春，15岁的慈云桂一边陪伴祖母，一边陪表叔在汪家祠堂念私塾。在此他学习了《左传》《古文观止》《古文辞类纂》上的许多文章。但心里老大不愿意，天天想着进初中。表叔似乎看出了他的心思，便经常给他拿一些新文学书刊看，如《中学生杂志》《胡适文存》《中山全书》等，小学同学方文生、陈友等也经常来信劝他快进初中读书，并寄来高语罕的《白话书信》，鲁迅的《彷徨》《呐喊》等新书。读着这些充满新思想、新观点的白话书刊，慈云桂心中似打开了一扇窗户，对孙中山和鲁迅先生心生敬仰，对外面的世界充满好奇和向往，而对学习经书这些“老古董”越来越不感兴趣。

然而此时，中国却是一片黑暗。1931 年“九一八事变”后，国民党蒋介石不去抵抗日寇侵略，却叫嚷着“攘外必先安内”，白色恐怖笼罩社会，经济凋敝，民生艰难，慈云桂父亲与人合伙经营的蛋庄同大多数商家一样，生意日益萧条，家乡又遭了一场大水灾，一年的收成全部泡汤了，让慈云桂感到前途一片漆黑，心里十分痛苦。

1933 年春，慈云桂 16 岁那年，由于表叔病重，祖父又让他来到杨树湾私塾读书，先生是前清廪生杨老先生，每天学习《孟子》《资治通鉴》《左传》《薤园课蒙草》一类的八股文。杨老先生对八股文很有研究，教学生如何破题、承题、中篇、成篇等典型的八股文，慈云桂学得很认真。在先生指导下，他作了《枨也欲焉得刚》《回也其心三月不违仁》和《齐宣王以羊易牛》三篇八股文，杨老先生看后赞不绝口，连称：神童！神童！并说若在清朝可以中秀才。祖父知道后十分高兴，可是慈云桂内心却痛苦极了，他回忆说：“小学同班老来信催我不要落伍，而这时父亲的生意已大坏，家里又连遭水灾，决意不再让我念书。父亲要我开瓷器店，或帮他经营木业，说念中学家里供不起，并说拿念书的钱来经商很快就可以起家，因而坚持下一年让我停学。”

酷爱读书的慈云桂内心十分痛苦和失落。他开始痛恨家里人太封建、太无知，已经耽误了他升学，现在又要让他停学，感到失望极了，决意与家庭对抗到底。恰在此时，有位家里经商的方家聪同学，父亲也希望他来年停学经商，而他仍想继续读书。两个身世不同却际遇一样的年轻人同病相怜，经多次商量后，两人准备离开家庭，找免费的职业学校继续学习。

从 4 月份开始，他们便设法“弄”钱。方家聪偷偷从家里三五块地把钱拿出来，到 6 月份他们已攒下六七十银圆。7 月中旬的一天，两个年轻人背着家人和先生不辞而别，跑到一百多里外的安庆市找学校，而此时各学校的入学考试已经结束。正当他们准备继续到南京找学校时，家里派人找到他们，答应来年可以让他们进中学学习，不由分说即刻“押着”他们回家。

慈云桂的顽强坚持终于取得了胜利。他从小不仅非常聪明，且性格坚毅果敢，认准的事一定要坚持到底，有不达目的誓不罢休的劲头。

回到家里后，两人继续回到杨老先生的私塾学习。杨老先生看到他们两人回来后非常生气，认为他们破坏了私塾的规矩，严厉地要求他们跪下。方家聪同学乖乖地跪下了，倔强的慈云桂坚决不跪，气得杨老先生胡子翘得老高，大喊大叫地喊来杨家子侄要揍他。杨老先生不仅是位教书先生，也是杨家的族长。杨家子侄认为慈云桂小小年纪竟敢顶撞他们族长，要把他打死。在好心人的劝说下，一场风波才暂告平息。

慈云桂的父亲 8 月份回来后，买了礼物逼迫慈云桂向杨老先生赔礼道歉。慈云桂后来说：“这是我生命中第一次感到侮辱和恶势力的压迫。”

徜徉在知识的海洋里令慈云桂无比快乐，家庭的贫困使他深感普通百姓生活的艰难，社会的黑暗腐朽在他幼小的心灵里深埋忧国忧民的种子。在快乐与痛苦、希望与绝望、私塾与学校的相互交替中，经过八家私塾、两个小学阶段的学习，慈云桂，这个有着强烈求知欲的孩子，在多位先生的教育下，培养了浓厚的学习兴趣，养成了良好的学习习惯，打下扎实的科学文化基础，度过了他最初十年的读书生涯。

2. 插班浮山中学后转桐城中学

1934 年春节期间，慈云桂心里十分高兴，一边贴对联放鞭炮，一边掰着指头算日子，盼着学校早点开学。元宵节刚过，当寒意尚浓的春风轻拂大地时，17 岁的慈云桂穿着干净的衣服，背着母亲用土布做的新书包，在父亲的陪伴下，满心欢喜地来到浮山中学报到。

浮山中学当时是桐城县（今枞阳县）的一所私立中学，因紧邻安徽四大名山之一——浮山而得名。学校坐落在浮山南麓，校园坐西北朝东南，背倚浮山妙高峰、飞来峰、回龙峰，前临白荡湖水系的石溪河，山清水秀，环境清幽，是个办学的好地方。1924 年，浮山著名爱国民主人士房秩五先生决心“启发民智，振兴国本，发展乡村教育”，牵头创办了这所历史名校。始为浮山小学，1928 年开办初级中学，1946 年开办高中部，是当时安徽省比较好的私立中学之一。新中国成立后一直为省、市重点中学，现为安徽省示范高中。

浮山中学具有优良的革命传统。由于房秩五先生倾向革命，办学思想进步，在革命低潮时掩护了许多共产党人和国民党进步人士。1927年，蒋介石、汪精卫背叛革命，血腥屠杀共产党人和进步人士，因浮山中学僻在乡间，交通闭塞，反动派一时鞭长莫及，因此上海、安庆等地的王步文、柯庆施等十多名共产党人，均以浮山中学为掩护，积极开展地下斗争。著名外交家黄镇，1928年至1930年就以浮山中学美术教员的身份为掩护，从事地下斗争。国民党左派人士光明甫、朱蕴山等多人也移至该校，一时暂避反动派的锋芒。浮山中学因此被国民党当局称为“匪巢”。1928年春，浮山中学地下党支部成立后，组织了多次规模较大的学潮和数次较有影响的武装暴动，在中国革命史上留下了光辉的一页。1968年5月，周恩来总理在接见浮山中学校友、时任20军副军长朱铁骨时说：“浮山中学不同于一般的学校，当年它是大别山外围地区一个革命活动中心。”

浮山中学坚持教书育人相结合，秉承“敬业、进德、见智、健体”校训，弘扬“言教、身教、勤教、善教”教风和“求勤、求诚、求精、求实”学风，培养了许多优秀人才。《浮山中学志(1924—2012)》记载，1934年时学校有中学教员9人，初中3班，学生128人。教师人数虽然不多，却德才兼备，人人敬业，素质较高。

时任校长周捷飞（1901—1978），毕业于国立武昌师范大学，学识渊博，尤精数理化，亦能教授文史地，人称“多面手”。他作风正派，言行不苟，为人刚毅，鄙视阿谀奉承。主持校务期间要求非常严格，事无巨细必亲自过问，经常深入课堂和学生中间了解教

浮山中学

学效果。“彼时校风极好”，上课和自习时间雷打不动，要求非常严格。

由于浮山中学对招生和学籍管理非常严格，慈云桂能够到浮山中学读书挺不容易。《浮山中学志》记载：“招生的办法是：首先在各地张贴《招生简章》，写明招生对象、名额、考试科目、时间、地点，以及缴费金额等情况，然后自行命题，自行阅卷，最后择优录取，张榜公布。”学生被录取后即取得学籍，并在县教育局备案。由于错过了招生考试时间，慈云桂无法取得学籍，当时初一年级恰好有一名姓陈的同学病了，经校长同意，慈云桂便顶替这名学生插班到初一年级二期学习。经查浮山中学《校友通讯录》，1934 年该校初中一年级有学生 52 人，其中仅有一名学生姓陈，叫陈天锡，慈云桂就是顶替他读书的。

尽管这样，能够继续读书仍令慈云桂十分高兴。望着环境优美、远隔尘嚣的美丽校园，他内心充满新奇和激动，暗下决心，要珍惜来之不易的学习机会，不辜负家人的期望，争取优异成绩。因此他学习特别用功，求知欲极强，几乎把全部时间用来学习，尤其喜欢英语和数理化，晚上常常学到深夜，周末大多泡在图书馆中看书，是学校有名的“书痴”。除第一学期外，第二学期考试他就取得全班第一的好成绩，期末还获得奖状、奖品和奖学金，得到全校师生的赞誉和推崇，成为学校人穷志坚的榜样。慈云桂回忆说：“在初中学习期间，我对于政治的认识极其模糊，对科学和文学的爱好和求知欲则超过了一切，成天到晚都在图书馆里看书，同学们传说我看完了图书馆的全部藏书。实际上，全部新出版的文学书和几本好的数理、史地参考书的确都浏览了一遍，扩大了知识面，同时也培养了我的自信心，以及自高自大和个人英雄主义。”

慈云桂家贫好学、成绩优异的消息，很快传到他一个远房叔祖、时任徽州中学校长慈克庄耳朵里。

慈克庄（1896—1954），字浩然，武汉大学外语系毕业，曾在安徽多所中学担任教导主任和校长，是当时安徽省资深教育家。他从学校老师口中得知慈云桂的情况后，专程赶到他家，对他父亲说，“听说你有个儿子很聪明？带来我看看。”他与慈云桂交谈了一会儿，提了一些问题，慈云桂的回答让他十分满意，就说这孩子这么聪明，将来到我们学校来，住我家，并表示愿意资助他读书。慈克庄家是当地有名的大财主，在慈云桂家最困难的时候雪中送炭，令他们全家喜出望外，给了他们全家以巨大鼓舞。后来慈克庄偶尔到慈云桂家里来，慈云桂三弟慈云树回忆说，家里把慈克庄“像神一样供着”，尽其所有招待，以表示他们的感激之情。

浮山所在的桐城、枞阳一带，被称为“诗人之窟、文章之府、气节之乡”。左慈、陶侃、孟郊、白居易、范仲淹、欧阳修、王安石、苏轼、黄庭坚等一大批历史文化名人在此留下大量诗文和480

多幅题刻，涌现出“一门五理学，三代六中书”的方以智家族，和主宰清代文坛两百多年的“桐城派”。

浮山全景

摩崖石刻

学习之余，慈云桂常常和同学们结伴爬上浮山，脚踩沉睡亿年之久的古火山，沿着历代先贤们游览过的足迹，徜徉于千年前的古寺院，欣赏着历代文人墨客留下的大量摩崖石刻，登高望远，书生意气，挥斥方遒，感受着家乡山水的简练大气与厚重朴实，渴望自己将来能像先哲们一样干一番轰轰烈烈的事业。他在《自传》中写道：“当时我渴望将来能成为一个伟大的文学家和科学家，觉得这样生命才有意义。坚信自己出身贫苦家庭，受祖父母和父母勤劳刻苦的影响，有艰苦奋斗的思想和决心，立志要用自己的努力和智慧，从学问中间开辟道路，找到光明前途。”

由于没有学籍，即使取得再好成绩也在别人名下，令慈云桂心里很不舒服。一年后，陈天锡同学病愈返校，慈云桂哭丧着脸将这一情况告诉祖父，祖父只好去找本家慈克庄。在慈克庄的帮助下，1935 年 2 月，慈云桂转到桐城中学，插班到初二年级二期继续学习。

桐城中学坐落在“桐城派”的故乡桐城县城，由晚清文学家、教育家吴汝纶先生于光绪二十八年（1902 年）创办，是当时安徽省最好的中学之一，现为安徽省重点高中和示范高中。

桐城中学

桐城中学始终保持着优良的革命传统，先后组织过多次学生爱国运动，十分重视培养学生的爱国主义精神和革命斗争精神。1935 年 7 月，国民政府与日本签订卖国的《何梅协定》，日方要求取缔河北省反日团体和反日活动，以实现其侵吞华北进而独霸中国的野心，得到国民政府的承诺。桐城中学师生闻讯后，立即召开反对冀中伪组织大会，起草大会宣言，拟定标语，组织全校罢课，上街游行示威，声讨汉奸卖国贼的罪行。慈云桂第一次参加这样的爱国学生运动，心潮澎湃，义愤填膺，站在游行队伍中高呼口号，受到很大锻炼。

桐城中学始终不渝遵循学校创始人吴汝纶先生制定的“勉成国器”宗旨，大力弘扬“志在争先，勇担大任”的桐中精神，有一支师德高尚、学识渊博、爱岗敬业的教师队伍。建校一百多年来，以教育教学的高质量饮誉海内外，实现了吴汝纶先生“后十百年，人才奋兴，胚胎于此”的宏愿，成为人才的摇篮。

时任校长方琛（1878—1945），性情端重，博学多闻，与人交往赤诚以待。他治校严格，尤重学生的德行教育，导之术德兼修。授课条分缕析，必使诸生知之本末而后止。执教之暇，好为诗文，文章简洁，行文讲究义法，最恶无病呻吟。老校长身上体现的这些优秀品德和为文思想，对慈云桂影响很大。几十年来，慈云桂工作之余也好诗文，他作的诗词文自心生，行文简洁，语言生动流畅，毫无矫揉造作，从中可看出老校长当年的影子。

在桐城中学学习期间，慈云桂仍然埋头苦学，成绩始终保持全班第一。此时他家的经济状况越来越糟，有时他一天只吃两顿饭，大部分时间吃的白菜帮子腌咸菜，常常因交不起学费被学校张榜公布，有几次学校甚至勒令他退学。慈云桂在《自传》中写道：“这个时期，我的家庭经济状况真是坏极了。父亲与人合伙经营的蛋庄已经倒闭，而木材生意毫无起色。父亲不会理财，有钱时任意挥霍，毫无积蓄；到生意失败时就一贫如洗，债务重重，全靠母亲平时积攒或东借西凑三块、五块地给我交饭费。中学的最后一年家乡又发生大水灾，庄稼颗粒无收，实在难以维持。”

1936 年 7 月，19 岁的慈云桂在贫困中以优异成绩从桐城中学毕业。在浮山中学和桐城中学优良校风学风熏陶下，在老师严格要求和精心培育下，慈云桂受到系统正规的初级教育，取得优异的学习成绩，自信心大增，初步萌生了“将来成为一个伟大的文学家和科学家”的理想志向。

3. 以第二名考入安庆高中

初中毕业后，在几千名考生中，慈云桂以第二名的优异成绩考入安徽省重点中学——省立安庆高中。

慈云桂告别母校桐城中学，拿着录取通知书忐忑不安地回到家中，家里人望着录取通知书是又喜又愁。此时，慈云桂的四个弟妹相继出生，父亲因鸡蛋生意倒闭、木材生意毫无起色整天郁郁寡欢，家里已经到吃了上顿没下顿的地步，实在无力供他上学。

母亲望着又黑又瘦的大儿子，心疼得不停地哭。她嗫嚅地对慈云桂说：“儿呀，咱不读了行吗？”

慈云桂倔强地说：“不！我要读书！”

父亲瞪了他一眼，把想说的话又咽了回去。就这样僵持了几天，慈云桂仍毫不松口，无论如何坚持一定要去读书。此时叔祖慈克庄又伸出援手，传话过来表示愿意资助慈云桂读完高中，才使全家人松了口气。

求学的路如此艰难，仍无法阻挡慈云桂求知的欲望！1936 年 9 月初，他迈着坚定的步伐来到安庆高中报到。

安徽省立安庆高中（现安庆市第一中学），前身为光绪三十二年（1906 年）创办的安徽全省师范学堂，由近代启蒙思想家严复倡议创办，首任学堂监督为桐城派后学大师姚永概。校址由明清时期的安庆贡院（试院）改建而成。现为安徽省重点中学和示范高中。1958 年 9 月 16 日，毛泽东主席亲临安庆一中视察。这是毛泽东一生视察过的唯一中学。

慈云桂早就对这所知名中学心怀景仰，初来乍到的他满心好奇地漫步校园。学校坐北朝南，校门前临街有个小院，院门上方横悬着铁质的曾国藩手书“为国抡才”四个大字。从院门口到校门口不过百步，校门左边挂着白底黑字“安徽省立安庆高级中学”牌子，牌子后面即是被同学们称为“武关”与“烽火台”的传达室，24 小时有人把守。

安庆高中（现安庆市第一中学，2015 年）

进入学校大门，有一个半圆形的大园林，园内古木参天，杂以奇花异草，老师宿舍和饭厅掩映其中，好不幽静。在这座园林东墙外，就是始建于明代的察院遗址——督学行台，清代间建为试院。

咸丰三年（公元1853年），太平军占领安庆后，察院被毁。同治元年（1862年），湘军攻占安庆后，两江总督曾国藩檄建，于次年建成。试院主体部分为考棚，计号舍六场，能容考生三千多人，桌凳均易以石脚，异常坚固。试院前门的街道称“龙门口”，进入试院有一座石桥，即所谓“状元桥”，接着便见一座宽大的石牌坊，外刻曾国藩所书“天开文运”、内刻“为国抡才”各四个大字。试院内正殿和考棚虽已残破不堪，但其上对联仍依稀可见，其中一联写道：

帝命擢贤才 斗北斗南 并照文章高万丈
天心钟灵秀 皖山皖水 谁传芳誉到千秋

沿教师宿舍向北，一道宏伟的高墙将学校隔断，墙正中开有高大的朱漆红门，门两边立有一对威严的石狮，进入这道高墙即来到教学和学生生活区。慈云桂继续往前走，来到一青砖白墙、拱形门窗的建筑前，门楣上悬挂“安徽省立图书馆”牌匾，门上联语曰：

龙威藏秘籍
蠹简起群英

他又来到学校大礼堂前，又见门上书一联：

生活要平民化 劳动化 艺术化 纪律化
读书当慎思之 审问之 明辨之 笃行之

最后，慈云桂登上学校的最高建筑——谯楼。谯楼是古代报时辰之地，“为一城之壮观，制壶漏更鼓于中，昼则悬牌于阑，书时辰数刻数以视之；夜则击铿鼓于中槛，持严更明点以警之。所以测日晷，定晨昏，耸观听也”。这座谯楼始建于明洪武年间，慈云桂仔细观看谯楼上的一幅长联：

供长生位 刊德政碑 莫非世俗虚文
试问哪件事轰轰烈烈 堪配龙山皖水
贴盟誓联 挂回避榜 都是官场假象
只要这点心干干净净 无愧白日青天

漫步在这古朴典雅、宁静肃然的校园里，慈云桂立即感到一种历史韵味和文化气息在静静流淌。在这里，曾留下一批名师硕儒求索的身影、跋涉的足迹。1896 年，一个 17 岁的青年在此以第一名高中秀才。这位在封建科举制度下诞生的秀才，“五四运动”中高举民主与科学的大旗，积极倡导新文化运动，成为中国共产党的创始人和建党初期的主要领导人，他就是陈独秀（1879—1942）。中国近代著名思想家严复、文学家胡适、教育家陶行知、作家高语罕等进步学者先后在此登坛演讲，传播新思想新文化，宣扬科学与民主精神，谆谆告诫学子读书救国，成为国之栋梁。

安庆高中曾是安徽学生运动的策源地，救亡运动的先锋和民主运动的堡垒，校园内的孔庙曾是中共安徽省委所在地。1921 年由该校进步学生筹建的安庆社会主义青年团，是全国最早的 17 个地方团组织之一。1923 年，陈独秀派柯庆施来安庆，创建了以该校进步师生为主体的中共安徽、安庆最早的党组织。1927 年蒋介石背叛革命后，郭沫若在此写下著名的讨蒋檄文《请看今日之蒋介石》。彪炳史册的革命先驱陈延年、陈乔年、许继慎、彭干臣、童长荣、王步文等烈士曾在此寒窗苦读，用热血和生命谱写了一首首救国救民的壮丽诗篇。

安庆高中有着崇文尚学的优良传统，在师生中大力弘扬严谨治学的校风和勤奋求实的学风。由于学校是安徽省创办较早的中学，又坐落在当时安徽省首府，因此安庆高中集中了当时安徽省教育界的大批精华，教师中有许多晚清、民国时期全国及省内教育界、学术界的领袖，任课老师大多是名牌大学毕业生。

时任校长孙闻园（1881—1970），毕业于日本弘文学院博物科，先后担任多所中学教导主任和校长，是一位卓有成效的教育家。他首任桐城中学校长时，便提出“勤慎俭恕”校训，力使学生成为“济世之才”。任安庆高中校长时，他不惜代价真诚求贤，着力加强理科教学，广泛购置宣传新科学的书籍。同时，十分重视学生的品德教育，引导学生励精图治，端正为人，坚毅勇敢，热爱祖国。他敬佩陶行知的教育思想，提倡“教学做合一”，为学校亲笔题写了“劳动神圣”四个大字。

时任教导主任方来桐（1898—1970），又名方百殊，国立武昌高等师范外语系毕业。他既擅长学校管理，又精通英语教学，以严格治校著称。无论行政事务多忙，他都不脱离教学岗位，曾兼任慈云桂所在班的英语老师。他讲究教学方法，深入浅出，启发诱导，批改作业精心细致，一丝不苟，深受学生欢迎和尊敬。

语文老师方林辰，教中国文学主张从先秦文章入手，便于从源到流；另一位语文老师是桐城派大师刘大櫆之后的刘耀之，鼓励学生先学清末民族的文章，由易到难，由浅入深，便于快速上溯到先秦文学。还有英语老师邓达成，化学老师沈兰渠，数学老师沈沅湘、刘亚北，物理老师张荫中，历史老师李则纲等，他们以扎实的作风、丰赡的学识和独特的见解，往往把学生带入“读书之乐乐无穷”的佳境。

来到这所历史悠久、名师荟萃、具有光荣革命传统的学校读书，慈云桂感到非常高兴，热血沸腾。

为了适应抗日救国的大气候，从1935年开始，安庆高中实行军事化管理。慈云桂报到后，与全校同学一起剃光头，穿军装，系皮带，戴军帽，行军礼。每天早上听号声起床后出操，在国歌声中结束早操。用完早餐后听号声分散早读，八时整听号声上课。老师每月都进行小测验，期中、期末组织考试。学生每周必须参加各种演讲比赛和大辩论会，每月参加校外短途旅行，收集野生标本。慈云桂回忆说："学校组织的这些活动，对培养我的综合素质和领导能力有很大帮助。"

从入学开始，为了能够得到奖学金，减轻家里的经济负担，慈云桂就"死啃书本"，上课认真听讲，积极完成作业，课余时间仍坚持到图书馆看书，从第一学期开始始终保持全班第一的好成绩，学年结束时获得安徽省教育厅60元奖学金，解决了大部分学费和生活费。

那时国共两党斗争非常激烈，国民党及三青团在学校突击发展党团员，拼命拉拢青年学生，许多学生加入了三青团，慈云桂对此不感兴趣。一次，慈克庄来到安庆高中，慈云桂找到叔祖为难地说："有一些人要拉我去听国民党讲什么课，我没有什么兴趣，可是那些人非要拉我去。"慈克庄将这一情况告诉校长孙闻园，说："这孩子是个读书的好苗了，让他好好地读书吧！"这样慈云桂才躲开了国民党及三青团的纠缠，一门心思安心读书。

1937年"七七事变"爆发后，日本帝国主义发动了全面侵华战争，第二次国共合作正式形成，全国掀起了抗战热潮，各界纷纷建立了各种形式的抗日救亡组织，安庆高中也成立了"抗敌后援会"。慈云桂以强烈的爱国热情，积极参加学校组织的抗日活动，与同学们一起打着横幅，高喊口号，满腔义愤地走上街头，声泪俱下地进行抗日宣传和募捐，动员民众赶快行动起来，积极抗日，保卫家乡。

安徽省安庆市，旧称怀宁，位于南京与武汉长江黄金水道之要津，“分疆则锁钥南北，坐镇则呼吸东西”，历来是长江中下游极其重要的军事战略要地，素有“万里长江此封喉，吴楚分疆第一州”的美誉。1859—1861 年，曾国藩指挥湘勇和清军围困安庆一年多，最后不得不用炸药炸开城墙，才从太平军手中攻下安庆，从而使天京（今南京）失去上游屏障，加速了太平天国的灭亡，可见安庆的战略地位何等重要。

8 月，淞沪抗战爆发后，日军在攻占上海的同时，多次对安庆进行轰炸。安徽省教育厅为了学校师生的安全，决定将几所省立中学迁往皖西和皖西南。慈云桂随安庆高中 800 余同学南渡长江，步行几百里来到江南九华山，在那里临时借宿在老百姓家里，艰难地继续学业。

12 月，日军占领首都南京，制造了震惊中外的大屠杀。根据安徽省教育厅通知，已迁到九华山的几所省立中学提前期考，就地解散。慈云桂在安庆高中的学习生活就此结束了。

虽然慈云桂在安庆高中仅学习了一年半，有半年还是在战乱中度过的，但安庆高中优良的校风学风，以及老师身上体现的爱国敬业、严谨求实、锐意进取精神，深深地印在他的脑海里，影响了他一生。慈云桂后来长期从事国防教育科研事业，长期担任教研室、系和学校领导，四十多年来从未离开教学岗位，总是身先士卒，勇挑重担，在 70 高龄时还为博士生讲课，批改论文也是一丝不苟，甚至标点符号都一一修改，从中可看出这一年半岁月对他终生的影响。

4. 流离失所完成高中学业

慈云桂读完高中剩余课程的道路异常艰难，经历了多次长途跋涉和无数艰难困苦的考验，培养了他强烈的爱国精神和坚强意志。

1937 年 12 月，慈云桂和同学们冒着日机轰炸的危险，从九华山出发，再次北渡长江，步行几百里回到家乡桐城。此时，桐城县成立了“战时学生教导大队”，组织武装抗日，慈云桂和同学们热血沸腾，义愤填膺，当即和许多同学报了名，准备告别家人后即奔赴抗日战场。回到家后，家人坚决反对他上战场，全家人哭成一片，慈云桂则态度坚定，表示坚决不做亡国奴。正在此时，得知安徽省在黄甲铺、宿松、至德等地成立了多所临时中学，收容流亡学生，叔祖慈克庄被委任为安徽第四临时中学教导主任，于是家人让慈云桂跟叔祖继续读书，一起逃亡到他家的同学陈晓华也表示赞同。

1938 年春节刚过，慈云桂与陈晓华在天寒地冻中迎着鹅毛大雪结伴出门了。他们冒着日机的狂轰滥炸，再次南渡长江，步行几百里来到设在皖南重镇至德县的安徽省第四临时中学。令慈云桂没想到的是，这次匆匆一别，从此开始了他长达八年的流亡学生生涯，告别龙山皖水和家乡的亲人，与他慈祥可爱的祖父再也没能见上最后一面。

来到第四临时中学不久，日军大举南侵，芜湖、宣城相继沦陷，慈云桂与同学们的爱国热忱空前高涨，除上课外，积极组织上街游行，进行抗日宣传动员和募捐。为了自卫，高中部学生全部发了枪弹，进行军事训练。

6月，安庆、马当、小孤山相继沦陷，日军集结兵力进攻大别山，至德也不安全了，学校不得不组织转移，全校五百多师生步行一千多里，来到安徽南部的白际山、天目山与黄山之间的屯溪镇。随着日军铁蹄的步步进逼，屯溪也不安全了。他们留下枪弹后，怀着无限留恋和满腔仇恨，一步三回头地离开家乡这片热土，开始了向西转移的漫漫征程。

夏日的南方骄阳似火，逃难的学生与成千上万的灾民混杂在一起，队伍拖了好几里路长。慈云桂与同学们迈开双脚，艰难地行走在崎岖的山路上，尤其是雨后道路泥泞，更加难走，同学们手牵着手，相互鼓励和帮助，一路上冒着敌机几十次轰炸，风餐露宿，忍饥挨饿，历尽磨难，取道湖北英山至汉口，然后一路向南，终于到达湖南省会长沙。然而长沙并非世外桃源。南京失守后，日军便派飞机沿长江一线对西部城市展开远程轰炸，长沙已多次遭到日机轰炸，已无安全之地安顿他们。湖南省政府主席张治中热情接待了他们，还讲话进行鼓励，每人发了5元法币，然后这支学生队伍继续向湘西转移。

8月，经过近三个月六七千里千辛万苦的逃亡，他们终于到达此行的目的地——湘西洪江镇（今湖南省洪江市）。慈云桂回忆说：“到了后来，我和许多同学一样，又累又饿，体能已到了极限，双脚打满了泡，双腿像灌了铅一样，每走一步都十分艰难。一路上因病饿和敌机轰炸死了三十多个同学，来到湘西后又死了几十个同学。到了驻地，我与五十多名同学挤在一座破庙里，就读国立安徽第一中学。”

这支衣衫褴褛的师生队伍，就此完成了世界教育史上未载入史册的一次罕见远征。9 月，经国民政府教育部同意，西迁湘西的安徽 4 所临时中学和 3 所中等学校，在湘西永绥县（今湖南省花垣县）成立了安徽省国立八中，校长是国民党中央监察委员邵华，五千多名学生分别安置在湘西几个县。

流亡湘西的日子异常艰苦，慈云桂与同学们相依为命地生活在一起，国民政府每月发给他们生活贷金 7 元法币，每年发 1 套粗布棉衣和两件粗布衬衣。他们用草纸类的毛边纸做作业，在纸上艰难地写英文、画几何图，晚上 8 个人围在一盏昏暗的菜油灯下学习。

在如此艰难的情况下，这些青年学生仍然高谈国是，忧伤大局。有些同学很悲观，可慈云桂坚信抗战必胜，中国不会亡，中国一定能够取得这场战争的胜利。他在《自传》中写道："当时我有一种模糊的感觉，认为中国不会亡，主要有三条论据：第一，认为中国地广人多，有牢固的文化基础和不可动摇的风俗习惯，历史证明要想来侵占我们的外族（如五胡乱华和元、清等），结果都要被我们同化或灭亡。第二，认为同盟国家的人力物力财力和技术水平等都超过了轴心国。第三，认为德意日是兴不义之师，远征外国，而我们则是义师，是哀兵，是为了保卫家乡，保卫祖宗陵墓，又是以逸待劳，一定会战胜他们。"他鼓励同学们，"将来重新建设一定会迫切需要科学技术，眼前只有埋头于科学技术的学习，为国家储备人才，才是青年学生的正道。"

1939 年 6 月的一天，校长邵华来到洪江镇，第二天即将慈云桂、陈晓华、章有义、陆超、王维邦等学习成绩优秀的同学叫到他的住所，花言巧语地拉拢他们加入国民党，出乎意外地被他们五人以种种理由拒绝了。慈云桂回忆说："自己是学校学习成绩第一的优等生，立志而且自信将来要成为学者或科学家，搞党派不应该是我们这些人的事。我总觉得，那些搞国民党、三青团的人，都是些不学无术的浅薄者，都是些投机取巧、想借此升官发财的无赖之徒，因而不愿与之为伍。要我加入国民党，我觉得对我是一种侮辱，等于投入污泥。同时我感到，我们这些学习成绩好的同学一向清高自负，特别注重精神独立，不愿受任何约束，我们尊敬的一些老师都是无党派人士，也有意无意传播‘君子朋而不党’和厌恶国民党的思想。还有，我从小受到家人的一再嘱咐，不要搞任何党派，应该好好念书。因而，我们几个毫不考虑一致拒绝加入国民党和三青团。”

过了几天，他们几个就遭到军事教官领导的蓝衣社特务的报复，第一个遭报复的就是慈云桂。特务们指使已加入特务组织的学生洪庆如找借口与慈云桂打架，把他打得头破血流，姓杨的军事教官借此把慈云桂关进禁闭室，还设法开除他的学籍，在全校师生的强烈反对下才未得逞。自此，慈云桂就非常痛恨国民党和那些走狗们，甚至讨厌所有搞政治的人，下决心要搞科学技术。他感到在国家大难当前，那些人还在结党营私，钩心斗角，真是无耻！他自信地认为只有提高科学技术，才能挽救中国，才能使国家走上富强的道路。

尽管求学的道路如此艰难，然而在慈云桂心里，科学救国、成为伟大的文学家或科学家的理想之火却从未熄灭，且有愈燃愈旺之势。他在《自传》中写道：“从启蒙到临时中学这个阶段，我的思想演变情况可以从以下三个方面来概括：第一，在家庭宠儿、学校优等生的基础上，在屡考第一名，屡屡受到奖品、奖状和奖学金等鼓励和师生的推崇下，培养了我坚强的自信心、自尊心和虚荣心，孕育了自高自大的意识，同时也就萌芽、产生和发展了个人英雄主义。第二，由于受到旧书中流芳百世、尊崇文哲、歌颂英雄主义的深刻影响和新书中歌颂天才及科学家的严重影响，所以思想中总是崇拜英雄，崇拜天才和科学家，觉得人生应该有很大的成就，像托尔斯泰、莎士比亚和爱迪生、牛顿这些人，生命才有意义，存在着一种空洞的盲目的‘天才人生观’思想和幻想，非常希望自己能成为天才，将来能成为一个伟大的文学家或者科学家。有时觉得自己旧学基础很深，新学出人头地，将来一定会有成就。第三，由于受到祖父母和父母勤劳刻苦的影响，自己也有艰苦奋斗的思想和决心，立志要用自己的努力和智慧，从学问中间开辟道路，找到光明前途。具体表现在勤学苦练、奋力上进的行动上。同时由于家庭经济的演变，看到农村破产的惨状，受到恶势力的压迫和从新旧小说中看到的社会的黑暗与官僚政客的无耻，因而特别痛恨那些贪官污吏，对黑暗腐朽的旧社会非常不满。”

第三章 *Chapter 3*

流亡中立下科学救国志

抗日战争期间，慈云桂在流亡中考入西南联大航空系，因贫病交加无力成行而借读湖南大学机械系，后又转入电机系无线电专业学习，毕业后保送清华大学无线电通讯研究所读研究生。在长达八年极其艰苦的流亡学生生涯中，他满怀报国之志和“成为著名科学家”理想，积极参加抗日宣传和“一二·一”学生爱国运动，发愤苦读，成绩优异，为日后从事雷达和电子计算机专业打下坚实的科学文化基础。

1. 借读湖南大学电机系

1939 年 7 月，22 岁的慈云桂以优异成绩考入西南联大航空系。十几年寒窗苦读终于有了回报，令他十分高兴，老师和同学们纷纷向他表示祝贺。然而连续的奔波，一年多流亡学生生活，长期营养不良加上思念家乡，慈云桂病倒了，身体非常虚弱，“贫病交加，关山万里，无法启程”。征得西南联大同意，允许他就近借读湖南大学一学期，学分有效，尔后转入西南联大继续学习。《国立湖南大学概况》记载：“不幸抗战军兴……原在战区之学校，无法继续教授，于是来校借读之学生数逾三百。”慈云桂就是其中之一。

8 月下旬，慈云桂与考入湖南大学的陶芳田等同学一起，从湘西洪江镇来到已迁往湘西辰溪县的湖南大学报到，在工学院机械系就读。

湖南大学坐落在中国历史文化名城湖南省会长沙，前临碧波荡漾的湘江，后倚秀如啄玉的岳麓山，是世界上办学历史最悠久的高等学府之一，可追溯到北宋开宝九年（公元 976 年）创建的岳麓书院，仅次于摩洛哥的加鲁因大学。1903 年学校改制为湖南高等学堂，1926 年定名湖南大学，1937 年成为国民政府教育部十余所国立大学之一，享有“千年学府”“百年名校”之美誉，目前是教育部直属全国重点综合性大学，也是国家“211 工程”“985 工程”重点建设的高水平大学。

湖南大学

抗日战争前，全国有高等院校（包括专科以上学校）108 所，大部分集中在中东部。日本帝国主义发动全面侵华战争后，侵略者明白“欲灭其种，先灭其文”，上述地区的高等院校首当其冲，备受蹂躏，成为其轰炸和破坏重点。早在 1932 年“一·二八”淞沪抗战爆发后，上海就有同济大学等十多所高校遭到破坏。“七七事变”后，日本侵略者对中国教育的摧残变本加厉。1937 年 7 月 28 日午夜，日军用密集炮火彻夜轰击南开大学，7 月 29 日又派飞机以南开为目标，对天津进行了长达 4 小时的连续轰炸。之后，又将军车开进南开，将尚未炸毁的楼房泼上汽油点火烧毁，南开大学大部分建筑被夷为平地，成了一片废墟。随后的两个多月中，日机轰炸了中国 61 座城市，并“有意识地以大学等文化教育设施为破坏目标”，91 所高校遭受破坏，其中全部被毁者达 10 所，25 所被迫停办，被炸的除南开大学外，还有复旦大学、同济大学、中央大学和中山大学等23所高校。

为保护民族文化教育根本，根据国民政府法令，中国高等学校开始了规模空前的三次大迁徙。1937—1939年，东部沿海、平津等地的主要高校开始了第一次迁徙，或迁往西南、西北地区，或就近迁入周围山区。广大高校师生怀着坚定而强烈的“抗战兴学”“兴学救国”理想与志愿，顶烈日寒风，跨险山恶水，积极投身到西迁活动中，辗转跋涉，奔波流徙，其业绩可歌可泣，其精神可钦可佩。

日军一直将战略地位十分重要的长沙作为重要目标，妄图打通南北交通线。从1937年11月24日始，日机即对长沙进行轰炸。1938年4月10日下午两点多，日机27架第四次对长沙进行轰炸，其中3架日机直奔岳麓山下的湖南大学，投掷爆破弹、燃烧弹近百枚，学校主要建筑被毁，一百多位师生员工伤亡，“全校精华，多付一炬”。迫于战事紧迫，当年12月，湖南大学西迁湘西辰溪县城沅江对岸的龙头垴村。

湖南大学迁往湘西后，条件十分艰苦，教室是枯黄的草地或大树底下，用木板做几块小黑板，背起便走，一面晒太阳，一面讲学理，一组组、一群群布满了山坡。直到1940年元旦前，各种教学用房、防空洞、书库建成后，这种生活才告结束。

第一学期结束后，慈云桂的身体仍很虚弱，无法启程，征得西南联大同意，他继续留在湖南大学学习。由于机械系是1938年清华大学搬迁长沙后与湖南大学合办的，到1939年底机械系也搬去昆明，慈云桂便转入湖南大学工学院电机工程学系无线电专业学习。

慈云桂的航空梦破灭了，却令他为日后从事一个全新的、当时尚未诞生的新兴交叉学科专业——电子计算机打下了基础。

当时湖南大学设文学、理学、工学三个学院，有教师 97 名，46 名教授中 80% 以上有国外名牌大学留学经历。西迁时的校长是英国伦敦大学研究生毕业、曾任北京大学教授的皮宗石教授。1940 年 9 月，著名教育家、冶金学家胡庶华教授第二次接任湖南大学校长。他曾三次担任湖南大学校长，为人开明，学识渊博，礼延诸师，支持学生爱国运动，治校业绩卓著，声誉远扬，在湖南大学师生中口碑甚佳，威信很高，给慈云桂留下极深印象。

慈云桂所在的电机工程学系主任是清朝中兴大臣曾国藩的曾孙、毕业于美国麻省理工学院的曾昭权教授，刘乾才、孔赐安、易鼎新教授等都毕业于国外名牌大学。在这些学识渊博、爱岗敬业、教学经验丰富的优秀教师培养下，慈云桂如饥似渴地学习，埋头于无线电专业中，始终保持旺盛的学习热情，八个学期成绩始终保持全班第一，每年都能得到学校的奖学金。除本专业外，他还选修了数学、物理方面的课程，参加学校的英文、中文和数学竞赛，连获第一名，受到全校同学和许多教授的垂青。

日本侵略者对已迁往大山中的湖南大学仍不放过。1939 年 10 月和 1940 年 10 月，先后两次对湖南大学进行轰炸。侵略者的暴行不但未吓倒英勇的湖大师生，反而激起了他们的抗日怒火，慈云桂和同学们怀着对日寇的满腔仇恨，积极参加抗日宣传、募捐和劳军活动。

1940 年元旦，慈云桂参加了为前方抗日将士征募寒衣和募捐活动，到学校附近村庄宣传抗日救亡及防空知识。他们绘制了国家形势图及湘北会战图，张贴于辰溪各要道，让闭塞的辰溪人民清醒地知道中华民族到了最危险的时候，深受当地农民欢迎。他们组织歌咏戏剧队，排练抗日话剧《放下你的鞭子》《古城怒吼》《重逢》

《苗可秀》《凤凰城》等，在校内外演出大型话剧《雷雨》，把抗日斗争的勇敢机智场面，再现在大后方的舞台上，于 1941 年先后在辰溪和沅陵县城公演，观众如云，轰动一时，在山城人民心中燃起了熊熊抗日烈火。

到了 1943 年，随着世界反法西斯战争形势的胜利发展，为中国人民争取抗战胜利提供了有利的国际环境。但是代表大地主、大资产阶级利益的国民党统治集团，不但不加强内部团结，实行民主改革，巩固和扩大抗日力量，而是仍坚持一党专政及反民主、反人民的政策，掀起了第三次反共高潮。远在湘西的湖南大学，也受到这股反共高潮的影响，慈云桂在《自传》中回忆说："到大学的最后一年（1943 年），特务常来学校抓人，有四个安徽同乡，其中一个和我同房间都被抓去了。我到辰溪的临时牢狱里去看望过他们两次，狱卒记下了我的名字。回来后听说这个案子很大，还要逮捕一大批嫌疑分子。又听说他们宁愿错杀一千，也不放走一个。听说常常秘密处死，沉尸于江底。所以我当时觉得自己一定会被抓，回来后一周左右总是放心不下，心想如果这样被抓去处死实在太不值得了，因为我当时的志向是努力做一个科学家，这样的死，也不算敢作敢为。"

流亡中的慈云桂在同样流亡到湘西的湖南大学"贫困地、埋头苦干地读了四年书"，他回忆说："在大学四年中，生活真是苦极了，第一年是依靠流亡学生贷金度过的，每个月仅够吃饭，其余三年都是靠奖学金资助。除了吃饭外，只有极少数的零用，服装和书籍都无着落，服装的破旧是可想而知的，就依靠假期中替中学生补课来解决。同时，家乡远在敌后，常年没有消息，家里人不知死活，所以生活中总是有一种逃亡者的忧伤情绪。"那段时间，慈云桂摘抄和写了一百多首反映抗日和流亡学生情绪的诗词，抒发心中的仇恨和忧伤，可惜这个笔记本后来在“文革”中烧掉了。

作为湖湘文化的策源地，在长达千余年的文化传承中，湖南大学一直秉承传道济民、经世致用的教育思想，重践行、务实行的优良学风和心忧天下、敢为人先的爱国精神，始终保持着文化教育的连续性。慈云桂深受湖湘传统文化的影响和熏陶，立志科学救国，同时也培养了他吃苦耐劳、坚忍不拔、敢于担当、勇于创新的意志品质。

1943 年 7 月，26 岁的慈云桂以优异成绩从湖南大学毕业，获电机工程学士学位，并被保送清华大学无线电通讯研究所读研究生。大学四年的苦读为慈云桂奠定了扎实的电子学理论基础，也更加坚定了他科学救国的理想志向。

2. 圆梦清华大学读研究生

1943 年 8 月，慈云桂怀着对清华大学的向往，冒着酷暑，只身一人跋涉上千里到达春城昆明。到昆明的旅费是他毕业后为当地 10 名高中生补习文化课筹措的。

“七七事变”爆发后，国立清华大学、北京大学与私立南开大学被迫南迁，先迁到湖南省会长沙，在岳麓山下借用湖南大学校舍组成长沙临时大学，开学不到两个月，南京陷入敌手，武汉、长沙为之震动，长沙临时大学被迫再度搬迁入滇。1938 年 4 月，学校改名国立西南联合大学，中国教育史上这个熠熠生辉的名字由此诞生。昆明，这个原本仅有5万多常住人口的边陲小城，因西南联大和其他学校的到来而一下子热闹起来。

西南联大由北大、清华、南开三校校长蒋梦麟、梅贻琦、张伯苓为常务委员，共主校务。1938年5月4日，学校正式开课，分理、工、文、法、师范五学院，共26个系，2个专修科，1个先修班，学生最多时总数达3000人，规模之大在抗战时期堪称全国第一。

西南联大成立后，清华大学用自己的基金建立了一个由5个研究所组成的机构：农业研究所、航空研究所、无线电通讯研究所、冶金研究所和社会普查研究所。著名物理学家叶企孙教授担任这些特种研究所主席。

无线电通讯研究所设在距昆明市区30多里的乡村中，人员和设备都安置在临时搭建的平房里，环境清幽，设备比较齐全，读书研究的条件远比湖南大学好多了，能够基本满足研究需要。这个研究所是抗日战争时期清华大学创办的两个物理类研究所之一，也是中国大学中建立的第一个无线电专业研究机构。研究所虽然不大，却人才济济，集中了当时国内许多物理学方面的精英，光是学业上的导师便有微波量子物理学家任之恭教授，晶体物理学家叶楷教授，电子物理学家孟昭英教授，半导体物理学家范绪筠教授等当时国内物理学界响当当的人物，他们都是美国著名大学毕业的博士，使慈云桂有耳目一新的感觉。此外还有8个副研究员、10个研究助教，助教中包括后来成长为著名科学家、教育家的陈芳允、戴振铎、罗远祉、余瑞璜、王天眷、韦宝锷、官知节、周国荃等。

慈云桂报到后，师从著名电子学家、物理学家、教育家孟昭英教授。

刘盛纲、慈云桂、孟昭英、毕德显（左起）四院士（1985年）

孟昭英（1906—1995），河北乐亭人，1928年毕业于燕京大学，1936年获美国加州理工学院博士学位。回国后任燕京大学副教授，抗日战争爆发后任西南联大教授，1955年，当选中国科学院学部委员。著有《阴极电子学》等著作，及《Linear Plate Modulation of Triodes》和《Oxygen Microwave Absorption Spectrum》等论文，还翻译过不少苏联教材，曾在美国取得一项精确测量波导中阻抗的专利。

在抗日战争的艰苦岁月中，研究所主要开展了真空管的装配技术和半导体性能的理论研究，对无线电波通过地球介质和电离层进行传播的理论和实践研究。慈云桂主要参加由任之恭、孟昭英教授领导的后一个课题的研究。1944年，课题组进行了相当大范围的精密射频仪器试验，精确测量到装在一个很高的木塔上的窄带无线电的各种辐射型式。7 月 24 日，他们观察在昆明看到的日环食对电离层的影响极其有用，并就此发表了论文，引起英国物理学家、1947 年诺贝尔物理学奖获得者 E. V. 阿普尔顿（Appleton）教授的注意，很快给他们写信询问某些问题。慈云桂在叶楷教授指导下开展了超短波振荡器和双聩线匹配研究，研究结果曾报中国物理学会；在任之恭、叶楷教授指导下同官知节等进行过米波雷达天线的研究；独立开展了电抗管调频问题研究，就此在《物理学报》发表论文，对电抗管的基本理论分析有一定贡献。研究所在条件极其困难情况下开展的这些研究，不仅为抗日战争的胜利做出了重要贡献，而且对中国无线电技术和电子学发展产生了积极的推动作用。

慈云桂每天同这些国内一流学者和优秀学生在一起学习讨论，尽情地徜徉于学术的殿堂，畅游在科学的天地中，进步很快，收获很大。此后几十年，他与其中的许多导师和同学保持着密切联系，与他的导师孟昭英成为清华大学的同事。

虽然抗日战争激战正酣，西南联大经常跑警报，在大后方的大学城却依然弦歌不断，泡茶馆、听昆曲、看电影、组织音乐晚会和舞会成了学校生活的一部分。平静表面的背后却暗流涌动，较量悄悄展开。进步教授华罗庚、黄子卿等，闲谈中有意无意地介绍一些苏联的情况，经常将《新华日报》带给大家看。闻一多、吴晗、曾昭抡、张奚若等进步教授经常进行公开演讲，揭露国民党的黑暗统治与腐败无能，公开介绍共产党领导的解放区自由民主与光明新生的景象。慈云桂听了他们的演讲和介绍后，逐渐产生了同情并寄希望于共产党的政治倾向，对解放区充满了向往，对中国革命前途有了新的认识和启发，愈来愈痛恨国民党政府及其统治者。

此时慈云桂已与父亲取得联系。望着父亲的来信，任泪水滴湿信纸，真是“烽火连三月，家书抵万金”呀！父亲在信中倾诉了相思之情，介绍了家乡在日寇占领后的惨况和家中的情况，询问他在外面的学习情况。根据父亲信中指点，他找到在昆明经商的同乡兼亲戚杨海源，抽空帮他辅导三个孩子，杨家付给他优厚的报酬，使慈云桂的生活有了较大改善。

1945 年 8 月 15 日，当慈云桂得知日本宣布无条件投降的消息后，顿时热泪盈眶。中国人民经过十四年艰苦卓绝、不屈不挠的战斗，终于取得抗日战争的最后胜利。中国沸腾了！昆明沸腾了！西南联大沸腾了！他立即和老师同学们涌上街头，欢呼雀跃，载歌载舞。多少个不眠之夜，他们兴奋地唱呀、跳呀狂欢，热望着、憧憬着战后的新生活，“精神上得到极大鼓舞和兴奋，读书研究的劲头也大大地提高了”。

然而抗日战争胜利后的喜悦和希望，很快就被国民党统治集团的倒行逆施所破坏。他们违背全国人民迫切要求休养生息、和平建国的意愿，坚持反共反人民的内战政策，弄得经济凋敝、物价飞涨，通货严重膨胀，民众生活“比未胜利时还痛苦”，人民对于和平的希望迅速破灭，战争的阴霾重新笼罩在中国大地，国统区人民对此表示强烈义愤，不久就爆发了一场群众性的反内战运动。

1945 年 11 月 25 日，在中共云南省工委的组织发动下，慈云桂和在昆明的六千余名大、中学生和各界群众在西南联大举行时事晚会，钱端升、费孝通、潘大逵、伍启元等教授在会上作反内战讲演。会议通过了反内战和反对美国派军队参加中国内战的通电，遭到国民党军队的武装包围和恫吓。

次日，国民党中央社发布造谣新闻，肆意诬蔑与会的爱国师生。11 月 26 日至 28 日，昆明 31 所大、中学校三万余名学生相继罢课，成立罢课委员会，发表宣言，明确提出立即制止内战、要求和平、要求民主、组织民主联合政府、切实保障人民自由权利等主张。学生们的正义行动得到社会的广泛支持，却遭到国民党政府的血腥镇压。12 月 1 日，国民党云南当局组织大批特务和军人闯入西南联大、云南大学等校，捣毁校舍，殴打学生，并投掷手榴弹，致使四名师生遇难，十多人受伤，酿成了震惊全国的“一二·一”惨案。

面对国民党当局的血腥镇压，慈云桂和师生们义愤填膺，他们勇敢地走上街头，高举反对内战、要求民主的大旗，向人民群众控诉国民党当局的暴行。昆明各界纷纷行动起来，进行募捐、签名、慰问、吊唁等活动，声援学生。延安各界、各解放区、国统区及各民主党派等以各种形式，支持昆明的学生运动，一个群众性的反内战运动在全国范围内迅速兴起。在全国人民的压力下，国民党当局被迫接受学生提出的大部分条件，昆明市人民为四烈士举行了隆重的出殡仪式，“一二·一”学生爱国运动最终取得了胜利。

通过参加这一爱国运动，慈云桂得到了很大锻炼，政治觉悟迅速提高，思想上也更加成熟，进一步认清了国民党蒋介石反共反人民的本质，从而把中国的前途命运寄托在中国共产党身上。

1945 年底，28 岁的慈云桂从清华大学无线电通讯研究所毕业，因成绩优异留校任教。

西南联大是在抗日战争的烽火中催生的特殊大学。在昆明办学的八年中，汇集了北大、清华、南开一批著名专家、学者、教授，师资充实，人才济济。他们以天下国家为己任，背负求富求强、振兴国家之志，在极其艰苦的条件下，和衷共济，同仇敌忾，共赴国难，历尽艰辛而办学不辍，创造了战时高等教育的奇迹，也开创了古今中外教育史上出色的联合办学之先河。先后有约 8000 名学生在此就读，约 2000 人毕业。他们中很多人后来成为中国各条战线的骨干，其中有 2 位诺贝尔奖获得者，5 位国家最高科技奖获得者，8 位荣获“两弹一星”功勋奖章，173 位成为新中国成立后的两院院士，慈云桂就是其中的佼佼者之一。

1946 年 5 月 4 日，随着由西南联大文学院院长冯友兰撰文、中国文学系闻一多教授篆额、中国文学系主任罗庸教授书丹的“国立西南联合大学纪念碑”（史称“三绝碑”）落成，西南联大解散，三校于 8 月底前陆续迁回北平和天津。

从“神童”到中国最高学府研究生，尽管家境贫寒，一路坎坷，但无论在哪个学习阶段，慈云桂一直都是佼佼者，因而在他骨子里有一种固有的骄傲。这种骄傲逐渐转化为压力和动力，使他眼界开阔，境界提升，促使他不断追求更高的目标。此时他“热望着，而且很有信心地要成为专家”，特别希望有一天能够到英美名牌大学学习深造，以实现他“成为著名科学家”的梦想。可是这个愿望却迟迟未达成，然而他说“的确是心向往之”。

3. 阔别八年返回故乡

抗日战争胜利后，到了 1945 年底，西南联大开始准备搬迁复员了。此时慈云桂接到父亲来信，告诉他母亲病重，让他速归。慈云桂得知这一消息后心急如焚。12 月 7 日，他向学校请假回家探望母亲，并向学校预支薪金和米代金 15 万元（法币，当时每斗米需 2500 元），学校同意了他的请假和预支请求，并同意他次年 8 月底前到北平清华园报到。

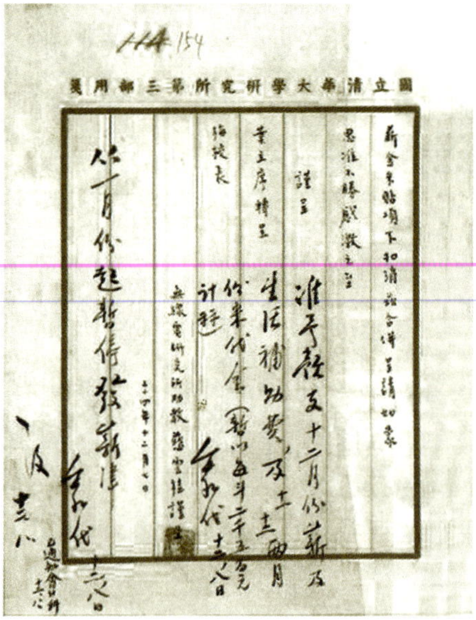
154
國立清華大學研究所第三部用箋

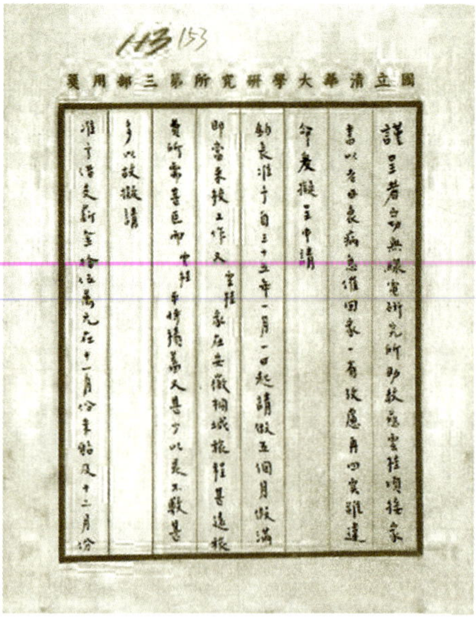
153
國立清華大學研究所第三部用箋

慈云桂的请假条（1945 年 12 月 7 日）

12月10日，慈云桂心急如焚动身赶回家乡。自从1938年逃亡离开家乡后，他已快八年没有回家了！八年来，他无一日不翘首东望，思念亲人，思念母校的老师和同学，思念家乡的山山水水和乡亲们。

到达安庆后，慈云桂走在熟悉的泥泞小路上，望着日寇在江淮大地上留下的断垣残壁、荒郊野草，看着沿途面黄肌瘦、衣衫褴褛的乡亲，他的心情格外沉重，完全没有“白日放歌须纵酒，青春作伴好还乡”的激动，倒是多了几分“近乡情更怯，不敢问路人”的感觉。

回到熟悉的已经破败的家中，慈云桂一下跪倒在祖父牌位前，无语凝噎。满头白发的祖母把他揽在怀中，他像个尚未长大的孩子，任凭泪水开闸似的流淌。弟弟妹妹们望着这个有点陌生的大哥，眼中充满惊喜，脸上露出期待的神情。

八年不见，慈云桂和家人有叙不完的亲情，有说不完的话。此时家中已一贫如洗，父亲衰老不堪，母亲得了伤寒卧病在床。恶性传染病在家乡流行，来到安徽的国民党桂军官兵万分凶恶，三青团随便大批抓捕、活埋进步青年，乡保长横征暴敛，经常逼死人命，家乡已民窘财尽，凋敝不堪，百姓生活在水深火热之中。慈云桂了解这些情况后义愤填膺，痛恨极了，决心回到北平后登报揭发。

慈云桂迅速给母亲吃了带回来的奎宁和阿司匹林，又挨家挨户把药片送给得病的乡亲们。药仍然不够，他又倾其所有，专程到县城买了一次药，才使母亲和乡亲们的病情好转，得以捡回性命。多年后，乡亲们还记得，当年是慈云桂救了他们的命。

祖母好不容易盼到长孙回来了，说什么也不让慈云桂再离开家乡，并张罗着给他介绍对象。父母年迈体弱，还要种地，弟妹们又小，家里确实需要他，希望他留在当地中学当老师。望着全家人渴求的目光，慈云桂犹豫了。他知道，作为家中的长子长孙，全家人把希望都寄托在他身上，他理应挑起家庭的重担，孝敬长辈，抚养弟妹。但远方在召唤！事业在召唤！日本鬼子已被赶跑了，国家迫切需要像他这样的知识分子搞建设，正是他大显身手、实现理想抱负的大好时机，他不能再犹豫。慈云桂说服祖母和父母，鼓励弟妹们好好读书，决定如期到清华大学报到。

慈云桂带回的路费不久就用完了。为了筹措路费，1946 年 4 月，他只好到远在安徽泸江县叔祖慈克庄所在的省立八中代课，为学生讲了两个月左右的数学课，慈克庄给了他一笔路费。6 月底，他恋恋不舍地离开家乡，来到上海，住在他之前辅导过的学生杨寿康家里，受到热情招待。8 月底，他随赶到上海的复员大队一起来到北平清华园。

家乡是游子力量的源泉。这里有挚爱自己的亲人，有熟悉的乡音，有儿时的伙伴，有哺育自己成长的一山一水、一草一木。慈云桂贪婪地呼吸着家乡弥漫着青草味的空气，享受着亲人无微不至的关怀，汲取着家乡的山水灵气，八年来的思乡之痛迅速平复，心理上得到极大满足。此后几十年，他无论走得多远，官当得多大，工作多么繁忙，都难以割舍对家乡的牵挂与思念。

第四章 *Chapter 4*

从清华才俊到大连海校副教授

从如火如荼的解放战争到中华人民共和国成立，从首都北京到海滨城市大连，从年轻的清华大学无线电实验室主任到大连海校副教授、系副主任，这是慈云桂事业起点的第一个八年。参加平津师生革命运动的锻炼和赴东北参观，使他在思想上政治上更加成熟；边工作边学习边研究和参军入伍的经历，为他日后事业发展奠定了重要基础；成家立业、结婚生子，使他承担起了家庭重担。

1. 领衔筹建清华大学无线电实验室

1946 年 9 月，29 岁的慈云桂任清华大学理学院物理系助教，学院让他挑起无线电实验室主任这副重担，负责与孟昭英教授、吴全德讲师一起筹建无线电实验室。

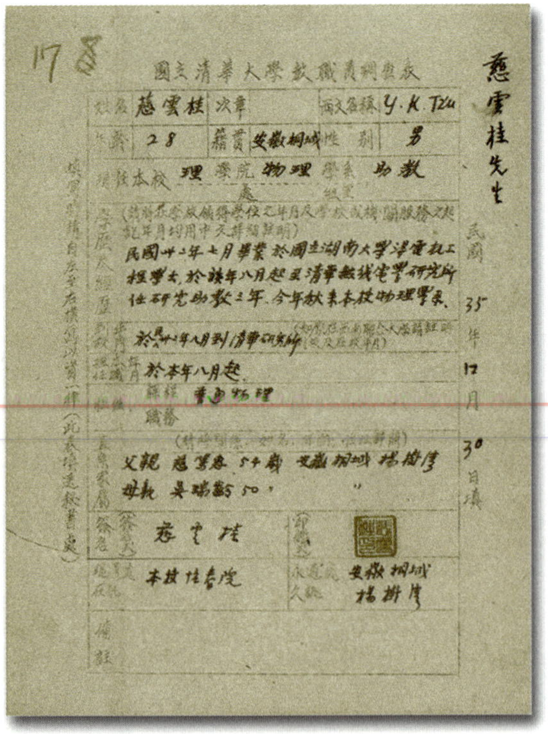
国立清华大学教职员调查表

姓名	慈雲桂	次章		西文名称	Y. K. Tzu
年龄	28	籍贯	安徽桐城	性别	男

现任本校 理 学院 物理 学系 助教

民國卅二年七月畢業於國立湖南大學電機工程學士，於該年八月起至清華無線電學研究所任研究助教三年，今年秋來本校物理學系。

於民卅二年八月到清華研究所

於本年八月起

父親 慈箬春 54歲 安徽桐城

母親 吴瑞龄 50

慈雲桂

本校 安徽桐城

慈雲桂先生

民國 35 年 12 月 30 日填

慈云桂在清华大学的登记表（1946 年）

“七七事变”后，1937 年 7 月 29 日日军占领北平，同日清华园陷落，遭到日军大肆劫掠。10 月 13 日，发动卢沟桥事变的日军牟田口部大规模进驻清华园，在长达八年的日军占领期间，清华大学被日军作为军营、野战医院、马厩和随军妓院使用，遭到很大破坏，损失极其惨重。抗日战争胜利后，国民党军队又将日军医院改编为第 38 兵站医院，清华园再次遭到严重破坏。

面对这样一个烂摊子，清华大学广大教职员工努力化被动为主动，积极恢复重建，谋求发展。经过重新修缮，拟作为无线电实验室的物理馆基本上恢复了旧观，但室内空空如也，一切都要从头开始。慈云桂以极大热情投入实验室建设和教学准备，带领其他几位同事，从国内外购买设备器件，设计实现每个实验，写出实验说明书和撰写实验教材等，夜以继日，埋头苦干，周末也不休息，工作十分紧张，效率很高。

清华大学物理馆

在不到两年时间里，慈云桂他们边教学边试制设备，先后开出13个高水平的实验课程。他设计自制了电子管电压计、音频振荡器、方形波振荡器和稳压电源等仪器，还自制了一部输出功率约100瓦的短波试验电台。慈云桂一边选修特殊相对论和量子力学研究生课程，一边开展科学研究，先后与孟昭英教授合作开展了“利用空腔谐振器测量波导管阻抗”研究，独立研究并试装了“自动记录游离观测站”，研究并试制过几种精密的测时电路和单段微时测量仪，并就此在《清华大学学报》发表《电抗管调频电路中影响之因素》论文。

清华大学复校后，学术氛围十分浓厚，系每两周要组织一次学术讨论会，每学期每人要做一次学术报告，年轻助教慈云桂都认真准备，积极发言。这些使得他踌躇满志，信心满满，倍受锻炼，才华初显。

慈云桂在清华大学（1946 年）

在清华大学的这段时间里，慈云桂接触最多的是他的导师、清华大学无线电系主任孟昭英教授，本实验室的吴全德讲师，还有调往北京大学的叶企孙教授，在中国科学院财贸物资经济研究所工作的中学同学章有义，还有他辅导过的同乡学生、外交部英文翻译杨寿康。这些人思想进步，拥护革命，工作认真负责，埋头于科学研究和业务工作，对他的影响较大。

慈云桂边教学、边学习、边研究，一直没有放弃出国留学的想法。一方面，清华大学有“连续工作七年便可出国进修”的制度，这给了他希望；另一方面，清华大学有“必须获得国外名牌大学博士学位才能任教授”的不成文规定，促使他积极申请公费留学资格。1946 年 11 月，他曾申请美国马里兰州州立大学奖学金，却迟迟未获得批准。

2. 积极参加平津师生革命运动

抗日战争胜利后，中国人民迫切需要和平安定环境进行休养生息，重建家园。1946 年 6 月，国民党当局为了继续维持一党专政，不顾全国人民的强烈反对，以围攻中原解放区为起点，向多个解放区展开大规模进攻，全面内战爆发。恰在此时，西南联大解散，北大、清华和南开三校陆续迁回北平和天津。

清华大学迁回北平后，立即开展了如火如荼的学生爱国运动，年轻教员慈云桂积极投身其中，度过了一段激情燃烧的岁月。他在《自传》中回忆说："那时我相当活跃，我住的单身宿舍内多半是年轻的进步分子，15 人中有 4 人是地下党员，他们闲谈中经常涉及目前中国的政治问题，使我对当前的革命形势有了比较深入的认识，并且积极参加学生游行和几次罢教活动，签名过好几次罢教宣言，发表在平津各大报纸以声援学生运动。还参加了清华大学地下党领导的清华教联会的发起和组织工作，组织领导了反对美援运动。"

12 月 24 日，北平发生驻华美军强奸北京大学女学生事件，引起广大师生和民众的强烈愤慨。12 月 30 日，在中共地下党领导的北平学委发动组织下，慈云桂和北京大学、清华大学等校师生 5000 余人走上街头，举行抗议美军暴行的大游行。他们愤怒地高呼"美军滚出去""美军退出中国""维护主权独立"等口号，要求严惩暴徒，赔偿损失，公开道歉，撤走美国驻军。北平学生运动兴起后，在中共地下党的领导下，全国各地的学生纷纷响应。至次年1月初，全国几十个大中城市的50万名学生相继举行示威活动，各民主党派、社会各界知名人士纷纷发表声明和谈话，海外爱国华侨也发起抗暴签名运动和集会，对学生表示声援。

慈云桂和清华大学的几百名教师积极参加平津各院校教师罢教宣言签名和罢教活动，声援学生运动。在广大人民群众的强烈抗议下，美国政府被迫宣布陆续撤退其驻北平、天津、青岛等地的美军，甚至减少和一度中断了对国民党政府的军事援助。抗议美军暴行运动取得重大胜利，有力配合了人民解放军正面战场作战。

由于国民党政府把大量教育经费挪用于内战，使得国民党统治区的教育危机日趋严重，许多师生挣扎在饥饿和死亡线上。1947年5月20日，在南京的中央大学等校学生3000人，为要求增加教育经费举行大规模游行和请愿，遭到国民党宪警的镇压，109名学生受伤，20多人被捕，酿成“五二〇”血案。同日，北平各大中学校学生7000人上街游行，不断高呼“反饥饿、反内战、反迫害”等口号，声援南京的学生运动。慈云桂和清华大学的几百名教师又一次参加了平津各院校教师罢教宣言签名和罢教活动，罢教宣言发表在平津各大报上。

1947年6月，在清华大学中共地下党负责人洪川城同志领导下，慈云桂团结进步教师，牵头发起成立清华大学教职员联合会，组织大家学习革命理论，介绍解放战争形势，组织领导清华大学师生上街游行，反对美援运动，帮助教师解决工作生活中的困难，极大地鼓舞了广大教师的斗志，坚定了革命胜利的信心。

解放战争进行一年后，战争形势发生了有利于革命力量的变化。至1947年夏秋之际，人民解放军相继由内线作战转向外线作战，由战略防御转入战略进攻。这一有利形势给在国民党统治区的人民以巨大鼓舞，慈云桂在《自传》中回忆说："那时清华的政治空气日益浓厚，进步教授如张奚若、吴晗、费孝通等常常在校内作明晰激动的演讲，学生们生活、学习、演剧、宣传等都好像在解放区一样，而特务却经常殴打师生，围攻清华园。一方面是昂扬进步的空气，一方面是恶劣黑暗的统治。那时我刚结婚，我的爱人是清华大学毕业的，在东北临时中学教书，经常受到特务的监视和威胁。这些都对我有深刻的影响，使我逐渐有了巩固的厌旧迎新的政治倾向，希望旧的政府快垮台，新的政府快出现。"

1948 年 3 月，国民党政府北平当局公然宣称"学联为共匪策动之组织"，宣布取缔华北学生联合会。4 月，北大、清华等十所大学学生举行抗议总罢课。慈云桂积极参加了北平各大学教职员工、研究院的研究人员和医院的医护人员一致举行的罢教、罢研、罢诊、罢工、罢职运动，与学生的罢课一起，形成"六罢合一"的"四月风暴"。

12 月 12 日，东北野战军陆续到达平津前线，对平、津、塘国民党军队实施战略包围。13 日，清华园解放。第二天，慈云桂就报名参加了清华大学"师生联合巡防委员会"，负责保护学校安全。不久国民党便派飞机轰炸清华园，投弹达八九枚，空袭警报连续响了十几天，激起了全校师生的愤慨。那时每天都有很多人骑车出城去找解放军，慈云桂和爱人曾几次跑到围城部队最前线参观慰问。

清华园解放二十多天后，北平市委工作团通过清华地下党领导组织了清华大学"教职员志愿进城工作团"，慈云桂和新婚不久的爱人琚书琴积极报名参加，慈云桂还担任了小组长。地下党每天组织他们学习《新民主主义论》《中国革命与中国共产党》以及城市政策、工商业政策和《入城八条》等文件达一个半月。同时，慈云桂还参加了歌咏队和集体舞队，学唱革命歌曲，学跳秧歌舞，准备迎接解放军进城。

解放军平津前线指挥部经过与傅作义当局谈判，北平于 1949 年 1 月 31 日宣告和平解放。北平各界举行了盛大的欢迎人民解放军入城仪式，街道上红旗飘扬，锣鼓喧天，人山人海，北平市各界民众高举“热烈欢迎解放军进驻北平”的横幅和彩旗，载歌载舞地夹道欢迎人民解放军入驻北平。慈云桂和舞蹈队员们一边欢快地扭着秧歌，一边伸长脖子看着一队队解放军开着坦克、装甲车，拖着大炮从眼前经过，内心非常激动。

当天下午，慈云桂和爱人琚书琴就随工作队进城赴各大专院校开展工作，进行宣传鼓动，组织学习，召开大会或座谈会，组织演剧和歌咏活动，协助各校成立护校委员会和工作队，每天收集了解情况，开会、学习，忙得不可开交，时间达 24 天。慈云桂在《自传》中回忆这段时期心情时写道：“这三个月对我而言，进步最大，转变也最多。我从对革命理论和政治知识茫无所知，到有了一个明确的概括的认识；从清高冷淡的超政治观点，到积极参加政治斗争与学习。记得当时学习每一章节，都恍然有着所悟，感觉这些革命理论都是切合国情的，都是科学的真理。而回首过去，自己好像一直蒙在鼓里，因而学习的热情一天比一天高涨。但那时还有不少人仍然采取冷淡的等待的态度。我能转变如此之快，我想与我的家庭出身、我回家时的观感和长期受压抑的心情等是分不开的。”

回校以后，慈云桂仍沉浸在兴奋之中，一直保持着积极的工作和学习热情，曾担任过两次学习小组长。

1949 年 5 月，冰雪消融春暖花开的时候，慈云桂作为清华大学赴东北参观团团长，带领几十名清华大学物理系应届毕业生赴东北参观。当时东北大部分工厂停产，迫切需要技术骨干，中央为了动员平津技术人员和大专院校毕业生赴东北工作，组织平津各院校部分师生赴东北参观。他们伴着“解放区的天是晴朗的天”的歌声，先后参观了沈阳铁西区各大工厂，鞍山钢铁厂，抚顺煤矿，本溪钢铁公司，长春光学研究所，哈尔滨工业大学、农业大学和小丰满水力发电厂等，受到当地领导和工人的热烈欢迎、热情接待。

一个月的参观让慈云桂十分感动，终生难忘。率先解放的东北干部工人表现出的主人翁意识、忘我的工作精神、欢乐的气氛和同志之间的团结友爱精神，使慈云桂思想触动很大。途中，他按捺不住激动的心情，立即给爱人写信，准备离开清华大学，投入这革命洪流，到工作最需要的岗位去。

3. 携笔从戎效力大连海校

1949 年 6 月回到清华大学后，慈云桂的工作积极性更高了，然而从此他的内心却像平静的湖面上投下了一颗石子，一时难以平静。多少个夜晚他彻夜难眠，旧中国积贫积弱，遭受外敌入侵，国家备受蹂躏，老百姓流离失所，没有尊严。现在新中国成立了，中国人民终于可以扬眉吐气了！作为中国自己培养的知识分子，他决心要用所学知识，为新中国建设贡献一切力量，使国家尽快实现富强，因而离开清华大学到革命工作最需要的地方去的想法日益强烈，且愈来愈坚定。

慈云桂先报名要求参加南下工作团去土改，学校没批准；又申请到大连大学或哈尔滨工业大学去工作，学校还是没批准。1949 年 12 月，新成立的大连海军学校政治部主任李东野亲自到清华大学招聘教员，土木系张维教授征求慈云桂的意见，他听说后立即心动。可当时爱人正准备生小孩，他只好暂时放弃这一念头。

1950 年 1 月，大连海校又通过教育部在清华各系动员，慈云桂决心抓住这次机会，与爱人经过一周左右的商量和思想斗争，最终决定离开清华大学，参加新中国海军院校建设。了解他的几位教授好心挽留，劝他留在清华发展科学，成名成家。有人还说新中国刚刚成立，国际局势未定，朝鲜半岛形势很紧张，大连、旅顺可能成为国际战争的焦点。这些都没能动摇慈云桂携笔从戎的决心。

为培养新中国人民海军各级指挥和专业技术人才，党中央和军委在组建人民海军的同时，即着手创办海军院校。1949 年 11 月 22 日，中央军委命令以半年前组建的安东（今丹东）海军学校为基础，在大连组建中国人民解放军海军学校（通称大连海校）。海军司令员萧劲光兼任校长和政治委员，张学良将军的胞弟、原安东海军学校副校长张学思任副校长兼副政治委员。1950 年 2 月 1 日，大连海军学校正式开学。学校创建之初，解决师资成了当务之急，从苏联聘请了 87 位海军专家，而中国教员极缺，急需从全国各地动员选调教师为海校建设效力。

慈云桂决心离开清华大学参加海校建设的动机是多方面的、复杂的。新中国成立前后积极参加革命活动和政治学习，引起他对革命事业的向往和热爱，特别是赴东北参观时受到的教育和影响，促使他急欲投身这种革命洪流，为新中国建设贡献力量是主要原因。除此之外，还有其他一些原因。

慈云桂在《自传》中写道：

> 第一、觉得过去没有参加轰轰烈烈的革命斗争，现在应该参加到一个伟大的新建设，将来能留下美好回忆，而无愧于子孙（这本质是个人英雄主义的）。
>
> 第二、我觉得祖国有一万多里的海岸线（注：中国大陆海岸线为 1.8 万公里，岛屿海岸线为 1.4 万公里），必须如毛主席说的，“一定要建设一支强大的海军”，因而参加海军是当前一件光荣而伟大的任务；而无线电、雷达又是现代化海军的重要部门，自己参加进去，必将随着海军事业的发展而有很大的成就。同时还想，人民海军也一定会像帝国主义海军一样，要成立庞大的研究所，一定能够充分地发挥自己科学技术方面的

特长，而有无限的发明创造的前途。

第三、听说大连是现代化的，并且是接近社会主义的先进都市，而海校据说有很多苏联专家，又全是老干部领导，我想在这样的环境里去工作学习一定会有很大的进步和成就，会很快地就能学好俄文，也一定会精神愉快。

第四、那时我在清华的工作自觉不太重要，一时无线电和电子学方面的主课轮不到我教，而那时的研究工作又没有条件，方向也不明确，也不受重视。我想在这革命潮流高涨、处处迫切要人的时代，不应该再坐等而无意义地消耗青春，应该到新的工作中去锻炼成长。

第五、那时我和爱人之间，因为出身不同，认识不同，常常争吵，给邻居们的印象很坏。我想长此下去，不但政治上不能进步，工作也会弄垮，学问更谈不上了。当时认为只有双方争取改造的一条道路，而改造必须借助社会力量和客观的影响，所以就决心到思想进步的大连和要求严格的海校；我幻想环境变好，一定会改造很快；我感觉自私自利的小资产阶级思想和生活方式，只能带来无穷无尽的痛苦（当然这种求解脱的动机还是个人主义的）。这时我开始希望自己能做一个共产党员，全心全意为人民服务。

从以上回忆可以看出：新中国成立后热火朝天的社会主义建设大环境影响，是慈云桂思想上积极要求进步和促使他下决心去大连海校的主要原因；在清华大学前途不明朗，渴望到海军院校发挥自己科学研究特长，特别是海军学校答应他可以评副教授的承诺，是他举家前往海校的重要原因；渴望通过改变环境从而改造思想，处理好家庭矛盾也是原因之一。从小时候坚持要求读书，到这次毅然离开清华大学携笔从戎，在人生道路的重要关口，慈云桂总能做出正确判断，而且敢于决断。这是他的一个突出特点。

1950 年 4 月初，春寒料峭大地回暖之时，慈云桂怀着兴奋而复杂的心情和对新生活的憧憬，告别学习工作了近七年的母校清华大学，偕妻子和不满半岁的长子，毅然登上北去的列车，离开首都北京，举家出关参加新中国海军院校建设。在来大连的火车上，慈云桂遇到了他在湖南大学的同班同学周清一夫妇。七年未见的老同学在火车上偶遇分外高兴，互诉毕业后的情况，一问方知都是怀着同样的理想，到同一所学校报到。

海滨城市大连是渤海明珠，是中苏友好气氛最浓的城市，当时还驻扎着苏联红军，从城市到乡村，随时可以看见苏联军人，听到苏联歌曲。慈云桂经过宽广的斯大林广场，望着高耸的苏联红军战士雕像，听着传入耳畔的《莫斯科—北京》歌曲，一路兴奋地来到海军学校报到。

海军学校建在大连市著名风景名胜区老虎滩附近，依山傍海，是在苏军的一个炮兵基地和寺儿沟一所日本建的旧学校基础上改建而成的。学校初创时可谓一穷二白，条件非常艰苦，各种教学、训练和科研设施很不健全，官兵和工人以极大热情投入学校建设之中，随处可见热火朝天的建筑工地和挥汗如雨的建筑工人。

慈云桂和周清一报到后，由于所学专业相同，两人都被分配到海军指挥系通信组工作，同时被任命为副教授，组里已有两位苏联专家、一位翻译、一位教授、几位讲师和助教。慈云桂满腔热情地迅速投入新的工作，承担了大量雷达、无线电等主要课程教学任务，边教学边建设，边写教材，任务十分繁重。

不久慈云桂发现，由于周清一是留学生，学校对他比较重视，周自己也有一些高人一等的表现，尤其是他爱人表现得更明显。从而引起慈云桂的不满，他觉得周在大学时学习成绩远不如自己，留学也不是万验灵丹，没有什么了不起！自己这几年在国内埋头苦干，成绩至少不在他之下……就这样逐渐产生了比学问和不服气的思想，由暗斗渐渐变成明争。表现在工作方面，两人都抢，都想争取上级的信任。为了要表现自己，争着做雷达专家，两人都要教两年制学员的雷达课，而不愿意教通信短训班的无线电课，直到开学的前一天，才决定两门课都由慈云桂承担。周料定慈云桂忙不过来而累垮，等着看他丢丑；自尊心和好胜心极强的慈云桂定要争一口气，做了给你看。慈云桂在《自传》中回忆说："就这样，两人无耻地拿着革命工作来做个人争风斗气的工具。"而且类似这样的事经常发生，一直持续到"三反"运动（反对贪污、反对浪费、反对官僚主义），双方都做了深刻的自我批评，矛盾才基本解决。

大连海校组建之初，既缺乏教材，又缺乏实验室。慈云桂立即组织编写教材，领导了颇具规模的无线电和雷达实验室建设，组装了两套苏联进口的航海雷达，创造性完成了实验室建设任务。他还指导并参加了海军学校实习舰队和青岛舰队共 4 部航海雷达的中修和调整，为二海校造船系设计了 1 部船模测速仪，由胡克强、邵大成试制成功。同时受大连医学院和市三医院邀请，帮助修理并部分改装了 4 部心动仪和 1 部 X 光机这些较复杂的电子仪器，为他们教学、医疗和研究工作起到相当大的作用，受到这两个单位的表扬。

在此期间，慈云桂还开展了一些科学研究。他与邵大成合作开展了"直读式电子管测时测量仪"研究，论文发表在《物理学报》上。独立开展充气管电码练习机试验，创造了一种简式电码练习机，获海军学校二等科学技术奖，奖励小米 200 斤，报告发表在海军学校《技术参考资料》上。

鉴于慈云桂积极的工作态度、扎实的理论功底和出色的领导能力，1951 年 3 月，来到大连海校不到一年时间，他便担任了大连海校第一分校通讯系副主任。

担任系领导后，慈云桂积极协助系主任吴子佩加强教学管理，狠抓教学质量，培养年轻教员。这一方面是由于他多年养成的工作认真负责的习惯；另一方面他决心要用良好的工作态度和成绩来证明自己对组织的忠心耿耿和自己的能力。他觉得如果工作也做坏了，那就没有任何值得骄傲的了，就算是最大的失败。因此他工作干劲十足。

那个时期，党中央在全国先后开展了“镇压反革命”运动和“三反”运动。根据系领导安排，非党员的慈云桂用很大精力领导组织了全系的这两项运动，表现得很积极。他如实向组织汇报了自己的历史和社会关系，检举揭发了过去有反革命嫌疑的两个人，带病参加了“打虎队”（批斗某个有贪污、浪费和官僚主义行为的领导），撰写了一篇文章刊登在黑板报上。运动中他感到，某些同志的做法有些过火，召开批斗会时，没有掌握一些材料硬打硬逼，很多与事实不符，有人甚至趁机打击报复，带有“左”的成分。慈云桂是个实事求是的人，也是个心直口快的人，他在会上提出自己的这些想法和建议，希望能够得到纠正。谁知与会领导和同志们对他提出严厉批评，认为他思想水平不高，政治觉悟低，“书生气”十足，为此勒令他写出书面检查。他两次带病在组里做检查，又在训练部全体人员大会上做了两次检查才算过关。

从自由散漫的清华，到要求严格的军校，慈云桂经历了一个痛苦的适应过程。首先，他感到行动不自由，出入不方便，动辄得请假。爱人感觉更厉害，常为出入校门与哨兵发生纠纷。其次，对医疗和对家属的照顾等都有意见，认为领导不掌握统一战线政策，对知识分子不够关心，一味强调不准用电炉，而不照顾他小孩生病的特殊情况，心里极端不满，埋怨组织和领导。对此慈云桂作了深刻的自我批评，他在《自传》中写道：

> 那时候没有参军，对组织性、纪律性的重要性的确没有认识，只是要求民主和庸俗地滥用批评，表现出极端无组织无纪律的态度，在组织和群众中造成了不好影响。这些都说明我来校前那一点进步表现和认识水平是如何的肤浅、不稳和没有基础。但几年来在上级的耐心教育与不断学习下，在历次运动的影响下，我觉得无论是在认识上或行动上都有显著提高，过去一些荒谬的想法和习惯也都逐步的、通过主观努力和客观影响，而得到了基本的纠正和克服。

经过一年多政治运动锻炼和教学科研实践，1951 年 12 月，慈云桂被批准光荣入伍，同时改任大连海校第一分校电讯系副主任。

入伍后的慈云桂与夫人、长子（1951 年 12 月）

穿上军装后的慈云桂显得精神抖擞，目光炯炯，信心大增，决心以军人的标准，努力工作，不辜负组织的信任和领导的培养。

1952 年 8 月的一天，慈云桂在大连海校第一次见到大名鼎鼎的陈赓将军。当时，陈赓陪同苏联首席顾问奥列霍夫空军中将为筹建军事工程学院赴有关军校考察，在结束上海、南京的考察后，第三站便来到大连海校。

大连海校副校长张学思首先介绍了学校基本情况，接下来考察组听取电讯系副主任慈云桂等人的汇报。慈云桂对陈赓的历史并不了解，不知道坐在他面前的这位首长就是让敌人闻风丧胆的一代名将，便不慌不忙、声音洪亮地向考察组领导和专家汇报了教学规划、教员与苏联专家的配合等问题，随后进行了座谈交流。陈赓望着眼前这位中等身材、皮肤白皙、体现出儒雅学者风度的青年知识分子，对他的汇报和回答十分满意，也记住了这位清华大学无线电专业毕业的年轻副教授的名字。两年后，军事工程学院点名要调慈云桂，显然与这次汇报有关。

1952 年 12 月，系里一位教员不慎丢失了一份学员准备出海实习的秘密文件，这位教员因此受到严重警告处分，作为负责这项工作的领导，慈云桂也受到队前警告处分。他虽然是系领导，却是只有一年兵龄的“新兵”。这件事对他触动很大，让他切身感受到什么是部队“铁的纪律”，从此一生养成保守秘密的良好习惯。

1953 年夏，慈云桂第一次随学员登上“四明山号”大型坦克登陆舰出海实习，时间近两个月。他以顽强的毅力，克服海上颠簸带来的呕吐不止，亲身体验了海军官兵艰苦的生活，在大风大浪中磨炼了意志，经受了锻炼。

由于慈云桂在通信学科专业教学科研方面的出色表现，很快确立了他在这一学术领域的地位。6 月，他被大连海校第一分校训练部任命为通信组组长，负责全校通信学科专业建设。他不负众望，带领大家制定了通信学科专业建设发展规划、学术研究规划和制度等，并狠抓各项规划的落实，有力促进了通信学科专业建设发展。

慈云桂来到大连海校后，经历了一个痛苦的蜕变过程，完成了由一名老百姓到合格军人的转变，初步确立了革命人生观，工作成绩也比较突出，高质量完成了教学、实验室建设和通信学科建设任务，受到组织和群众肯定，荣立小功一次，被学校训练部评为先进工作者。

慈云桂在大连海校（1954 年）

尽管在大连海校的工作比较顺利，慈云桂有时内心仍然感到痛苦和迷惘。他总自信地认为自己有创造性，有一定的理论基础，努力不懈将来在科学研究方面会有所成就。回想自己过去十几年埋头于无线电和雷达技术的钻研，取得了一些成绩，也有一些心得，而到海校后的现实与他当初想象的差距较大。他原本以为新中国的海军院校会像“帝国主义的海军一样开展许多科学研究”，这里将有他施展才华的广阔舞台，没想到这是一所海军初级指挥院校，科研工作只是辅助性的，自己的特长无法得到充分发挥。他感到长此以往，技术上不但不能上进，反而渐渐荒废，因而总觉得自己在这里是大材小用，渐渐地有些不安心了，“很想找到一个愿意终生奋斗的工作岗位”。

在此情况下，慈云桂思想上仍积极要求进步，努力干好本职工作，为入党创造条件，特别是通过参观空军模型展览、传达学习学校党代会精神、参加出海实习和各种政治教育，思想逐渐稳定下来，又满腔热情地投入工作，积极协助系主任吴子佩同志把系里的工作搞好，把全部雷达讲义整理付印，把实验室正规化建设搞好。

第五章 Chapter 5

奉调“哈军工”踏上新起点

在陈赓院长领导下，军事工程学院初创时期展现的勃勃生机，为慈云桂施展才华提供了广阔舞台。他先后在多个教学科研重要领导岗位工作，光荣加入中国共产党，晋升教授，成为军事工程学院首批研究生导师，在教学、科研和学术研究方面取得许多重要成果，成为学院雷达学科学术带头人。这是慈云桂事业发展的重要阶段。

1. “哈军工”招贤纳才被选中

正当慈云桂在大连海校积极投入新的工作时，1954 年 11 月初，军事工程学院两名干部来到大连海校选调教员，点名道姓要见慈云桂副教授。当他们说明来意，征求他的意见时，慈云桂心里不禁一阵窃喜，干脆地回答：“我是一名军人，坚决服从组织安排。”经过简单的交接，几天后便偕全家来到地处哈尔滨的军事工程学院报到，从此踏上人生新的起点。

慈云桂要调入的学院，正规名称是中国人民解放军军事工程学院。因学院设在黑龙江省哈尔滨市，人们习惯地把这所学院称为“哈军工”。

军事工程学院是新中国成立后组建的第一所高等军事工程学府，肩负着培养高级军事科学与工程技术人才、研究先进武器装备的重要任务。出于保密要求，学院大门口始终没有悬挂过院名，对外先后称 103、9042、943 部队，因而这所学院显得特别神秘。

早在人民革命战争时期，中国共产党就十分重视军事科技人才培养，在延安成立了自然科学院，在各革命根据地先后分别成立了太行工业学校、淮北工业学校、东北军事专门学校、张家口电讯工程专科学校等培养各类专门人才的学校。

新中国成立后，根据毛泽东主席“我们不但要有一个强大的陆军，而且要有一个强大的空军和一个强大的海军”的要求，中共中央和军委及时决定建设革命化、正规化、现代化的国防军，组建人民解放军各军兵种部队。

随着军队现代化建设程度的逐步提高，军兵种建设的迅速发展，武器装备的不断更新，军事技术愈来愈复杂，部队急需一大批能够掌握现代军事技术的专门人才。抗美援朝战争实践也表明，武器装备的确是决定现代战争胜利的重要因素。要打败用现代化武器装备武装起来的敌人，自己必须具有相应的武器装备。我军在抗美援朝战争中无法包围团以上的敌军并迅速吃掉，眼睁睁地看着敌人逃跑；缴获的坦克、大炮也开不走，只好把它炸毁，其原因也正在于此。因此，创建一所高等军事工程技术院校，为全军培养高级科学与工程技术人才，已成为一项十分紧迫的任务。

根据我军现代化建设和抗美援朝战争实践的紧迫需求，1952年3月18日，代总参谋长聂荣臻和副总参谋长粟裕向中央人民政府人民革命军事委员会毛泽东主席和朱德、周恩来、林彪三位副主席呈送了《关于成立军事工程学院的报告》，报告指出：

两年多以来，我军各特种部队发展甚快，成绩亦大，其装备正日益增加和复杂。惟在技术上尚远落后于部队的发展和不能满足部队的要求，以致屡次造成不应有的损毁。

长此以往，则势必影响特种兵部队的建设和质量的提高。且各特种兵武器的供应，不宜长期依赖苏联的帮助，必须从建设国防工业，培养自己的技术人才上着手，求得逐渐能够自己修理与装配，以至于将来培养起军事工业设计工程人才。

为此，有即着手建立军事工程学院（在人力财力物力上较各特种兵自办技术学校更为经济）借以培养军事工程技术干部之必要。

报告经三位副主席审阅后，3 月 26 日，送到毛泽东主席住处。毛主席对总参的这个报告十分满意，认为报告指出了军队现代化建设的当务之急，应尽快实施，便批示：

同意。退粟裕办。　　　　　　毛泽东　三月二十六日

6 月 11 日，朝鲜战场激战正酣。中国人民志愿军代司令员陈赓，突然接到党中央要他迅速回国述职的电报，同时任命邓华为志愿军代司令员兼代政治委员。7 月 8 日，中央人民政府人民革命军事委员会主席毛泽东任命陈赓为中国人民解放军军事工程学院院长兼政治委员，免去其第三兵团司令员兼中国人民志愿军第二副司令员职务，决定以西南军区第二高级步兵学校、华东军区军事科学研究室和志愿军第三兵团的部分干部为基础，筹建军事工程学院。

陈赓是具有传奇色彩的一代名将。1903 年 2 月 27 日（光绪二十九年农历二月初一）出生于湖南省湘乡县。1916 年至 1921 年入湘军当兵。1922 年加入中国共产党。1924 年入黄埔军校第一期学习，毕业后留校任队长、连长，参加了平定商团叛乱和讨伐陈炯明的东征。1926 年赴苏联学习，1927 年回国后参加南昌起义，后赴上海在中共中央机关做情报工作。土地革命战争时期，历任中国工农红军四方面军师长、红军学校校长、干部团团长、陕甘支队第十三大队队长、红一军团第一师师长，参加了长征。抗日战争时期，历任八路军 129 师 386 旅旅长，太岳军区、太岳纵队司令员。解放战争时期，历任晋冀鲁豫野战军第四纵队司令员、第四兵团司令员兼政委。1949 年后，历任西南军区副司令员兼云南军区司令员、云南省人民政府主席，中国人民志愿军第三兵团司令员，志愿军副司令员兼第三兵团司令员，中国人民解放军军事工程学院院长兼政

委，中国人民解放军副总参谋长，国防科委副主任，国防部副部长。是第一、二届国防委员会委员，中共第七届中央候补委员、第八届中央委员。1955 年被授予大将军衔，获一级八一勋章、一级独立自由勋章、一级解放勋章。1961 年 3 月 16 日在上海逝世，享年 58 岁。

1953 年 9 月 1 日，军事工程学院在北国冰城哈尔滨举行了隆重的成立暨第一期开学典礼。中央人民政府人民革命军事委员会主席毛泽东为学院成立颁发了《训词》，亲笔为校报题写了“工学”两个遒劲的大字。《训词》指出：“为了建设现代化的国防，我们的陆军、空军和海军都必须有充分的机械化的装备和设备，这一切都不能离开复杂的专门的技术。中国人民解放军军事工程学院的创办，对于我国的国防事业具有极重大的意义。今天我们迫切需要的，就是要有大批能够掌握和驾驭技术的人，并使我们的技术能够

军事工程学院成立暨第一期开学典礼（1953 年 9 月 1 日）

得到不断的改善和进步。军事工程学院的创办，其目的就是为了解决这个迫切而光荣的任务。”《训词》强调：“我们必须学习苏联的先进科学和技术知识，学习苏联军事工程建设的丰富经验，学习苏联顾问同志的学习态度和工作态度，学习苏联顾问同志高度的爱国主义和国际主义精神。”《训词》要求全院师生“保持和发扬中国人民解放军的光荣传统，特别是全心全意为人民服务的精神和自我牺牲的英雄气概，这在你们的学院，是和全军一样，必须充分领会和一刻也不能忘记的”。“哈军工”的成立，标志着人民解放军培养高级军事技术人才的开始。

军事工程学院成立时，根据苏联顾问的建议，系和专业全部是按军兵种兵器、装备建设的需要设置的；随着兵器、装备的更新发展及新兵种的建立，各系和专业也逐步进行调整和充实，增加了一些按学科设置的系和专业。

海军工程系是军事工程学院最初设置的 5 个系之一，共设 5 个专业、16 个专业教研室，有教师 65 名。根据海军部队建设需要，海军工程系的专业不断增加，1954 年 9 月增设了雷达专业，迫切需要从全国全军各地选调雷达专业教员，慈云桂就此踏入“哈军工”大门，开启了人生新的篇章。

2. 首任海军工程系雷达教授会主任

1954年11月，东北平原早已被冰雪覆盖，慈云桂偕妻子和两个儿子（此时二儿子慈新新已出生），带上简单的行李，冒着严寒，从海滨城市大连来到冰城哈尔滨。

在陈赓院长领导下，“哈军工”经过两年多的建设，不仅高速完成了筹建工作，学院全面建设也很快走上正轨。党委一班人精神振奋，团结协作，始终把培养忠于党、忠于祖国、献身国防科技事业的又红又专合格人才放在首位，坚决贯彻“以教学为中心”的思想，提出“依靠两老办院”的口号，积极学习苏联先进军事科学技术和先进教学经验，坚持从严治校方针，艰苦奋斗、勤俭建院，边建边教边学，不断积累总结经验，初步形成了自己的办学思想和良好作风，广大教师、学员和干部兢兢业业，努力工作和学习，以教学为中心的各项工作轰轰烈烈开展起来。

初来乍到的慈云桂，迎着凛冽的北风，踏着厚厚的积雪，以新奇的目光漫步在宽广的校园里。宏大的校园规模，名师荟萃的教师队伍，严格正规的教学组织，朝气蓬勃的校园氛围，让他心潮澎湃，激情冲天。他感到自己有着比同龄人更为丰富的阅历，比许多人更早踏上从军之路，相信这里一定有他施展才华的广阔舞台，定能干出一番业绩。

报到的当天晚上，两年前从大连海校调来的杨士莪到学院招待所看望慈云桂，快人快语的杨士莪兴奋地告诉他："我在海校工作时最想不通的是上级规定：除俄文书外，所有外文图书，包括纯科技书籍，都是充斥着资产阶级思想的，因此一律上缴没收。科技前沿都出自英美国家，却不让看英语书籍，怎么搞好专业建设？我刚到军工时曾去图书馆帮忙，哎呀，整间整间的各个国家的图书，真把我给看傻了。这所大学学风开明，政策对头，陈赓院长了不起，我实在是喜欢这里。"听了杨士莪的一番介绍，慈云桂也来了兴趣，决定次日去一趟图书馆。

军事工程学院图书馆文庙

第二天上午，沐浴着冬日的阳光，慈云桂独自一人向设在文庙大殿的图书馆走去，路上正好遇到他在大连海校时的学生李传胪，两人便一起来到图书馆。他浏览一遍后感到还真不错，中外文都有，类别也很多，让他感到奇怪的是许多外文书刊上盖着清华、北大、交大等学校的藏书印章。他让李传胪问图书管理员"从哪儿弄到这么多书”？那位女同志不无自豪地回答：“这都是陈赓院长派人从全国各地收集来的，他还委托驻外使馆人员从国外买科技资料呢。在我们学院，是鼓励大家学习外文的，没有人限制你。”慈云桂听后更加佩服陈赓院长了。他借了一些通信雷达方面的书便匆匆离开。

慈云桂还见到了在清华大学时的学生徐升祥，徐升祥向老师介绍了“哈军工”的一些情况，告诉老师：当年母校为支援“哈军工”组建，1952 年 11 月一同调来了曹国惠教授，殷之书、刘绍棠、黄明慎三位副教授，刘长路和自己两位讲师。清华机械系的刘长路和电机系的徐升祥都是毕业后留校两年多，因业务水平和工作出色，提前晋升为讲师调到“哈军工”。徐升祥这时在电工原理教授会，他是“哈军工”初期最年轻的讲师。慈云桂很高兴，来到这里能和清华的同事和学生一起工作。

军事工程学院海军工程系教学大楼

几天后，慈云桂被军事工程学院任命为新成立的海军工程系雷达教授会（教研室）主任，负责筹建雷达专业，全面负责教授会工作。

雷达教授会属于“哈军工”73个专业教授会之一，主要任务是负责拟定和实施本专业教学计划，组织毕业设计和毕业答辩，进行科学研究。学院对专业教授会建设十分重视，每个教授会一般配有一至两名苏联专家，雷达教授会的专家是乌克兰人安·里·杜德尼克海军中校。这些苏联专家主要负责提供教材，帮助制定专业教学计划、教学大纲和规章制度，审查、修改青年教师的讲稿等，而不直接讲课，因而在专业建设中起决定作用的还是学院自己的教师。

走马上任后，慈云桂首先与苏联专家杜德尼克见面，虚心向他请教，希望他多介绍一些苏联的办学经验，帮助制定教学计划，指导年轻教员尽快成长。接着逐个与教授会人员谈心，了解他们的成长经历、专业背景、家庭情况等，鼓励大家团结一心，共同搞好教授会工作。

加强师资队伍建设、课程建设、教材建设和教学设施建设，是教授会主任的主要职责。与在大连海校一样，慈云桂首先碰到的难题是缺乏教材。学院设置的专业全部与军事工程技术直接相关，有些为国内少有甚至是独一无二的，均属秘密以上，有些为机密专业，导弹、原子两个专业几乎全部属绝密级。当时解决教材的主要途径是一选二编，以编为主，随编随印。雷达专业属于机密级，开设的课程许多属于学科专业前沿，国内没有现成教材可供选用，国外最新的教材引进不到，能看到的又比较陈旧，或不完全适用，慈云桂毫不犹豫地下决心自己组织编写。

编写教材是一项十分繁重的任务，必须先拟制提纲，经集体讨论后再分工执笔编写，形成讲义后，再经过教学实践，不断修改补充后再铅印。为尽快编好教材，这段时间，慈云桂牺牲所有星期天和节假日，整天泡在办公室和图书馆，回家时也带着未写完的讲义，晚上经常加班至深夜，孩子小也顾不上，家里的大小事务全交给爱人琚书琴承担。

经过一年多努力，一百多万字的《雷达原理》《电子技术》《概率论与信息论基础》教材陆续编写完成。望着学员们欣喜地拿着浸透着自己和同志们心血的铅印教材，慈云桂满意地笑了。

鉴于慈云桂的出色表现，1955 年 3 月，来到军事工程学院仅仅四个月时间，他就升任海军工程系教育副主任兼雷达教授会主任。

海军工程系主任黄景文、政委邓易非都是资深老革命。特别是主任黄景文，这个看起来温文尔雅、瘦高个的广东佬，是身经百战的老红军。1932 年，他考入黄埔海军学校第十九期学习，毕业后历任游击队长、团长、纵队参谋长、支队司令员兼政治委员、军政大学第四分校教育长、志愿军第三兵团军务处长等职务，参加过土地革命战争、抗日战争、解放战争、援越抗法战争、抗美援朝战争等大小无数次战役战斗，留下许多传奇故事。

在这样经验丰富的领导带领下，慈云桂干劲十足，积极协助系领导抓好教学科研工作，同时负责雷达教授会全面工作，仍然承担着那些重头课的授课任务。

随着第一、二期学员进入高年级，专业课程逐渐增加，为深入研究专业课程教学方法和特点，1955—1956 年，慈云桂多次组织专业教学经验交流研讨会，研究的问题非常广泛具体，着重研究如何培养学员独立工作能力、如何发挥专业课教师教书育人作用、如何发挥教师的主导作用、如何培养学员自学能力等，对于教给学员辩证唯物主义立场观点方法，培养共产主义道德品质，形成良好的学习风气，发挥了重要作用。同时就如何指导专业课程设计和毕业设计、如何讲好专业课、如何进行实验室建设等具体问题开展广泛研究讨论，对于加强专业课教学，提高教师专业教学水平，保证专业教学和毕业设计质量，起到很大促进作用。

为了集思广益、群策群力办好学院，1955 年 12 月 2 日，“哈军工”成立了院务委员会。这是院长的咨询机构，任务是审查和讨论全院的教学工作、科学研究及其他重要问题。它作的一切决议，经院长批准后生效。委员会成员由学院领导，各部、系、教授会主任及个别优秀青年教师组成。委员名单由国防部批准，以院长命令形式公布。第一届院务委员会成员 105 人，主任委员由陈赓院长担任，副主任委员由刘居英副院长、刘有光副政委和徐立行教育长担任，慈云桂是委员之一。

慈云桂在海军工程系工作的六年多时间里，正是该系大发展时期。《国防科技大学校史（1953—1993）》记载：至 1959 年，海军工程系设有 8 个专科，17 个专业（实际招生 12 个专业），19 个教授会，53 个实验室和 11 个陈列室。教师由 65 人增加到 191 人。慈云桂协助系领导统筹兼顾，突出教学工作这个重点，组织开展了大量学术科研工作，取得了一批学术科研成果，为培养我军海军高级工程技术人才做出了积极贡献。

3. “哈军工”首批研究生导师

培养研究生对提高高等学校教学质量和促进科学研究具有十分重要的意义。军事工程学院建院之初，由于本科教学任务繁重，研究生培养工作还没提上日程。1955 年 2 月，海军要求学院在海军工程系成立研究生班，为海军培养具有高度业务素养的教育干部和科技干部。学院经严格考试和政治、身体条件审查，当年只录取了胡守仁、季鑫泉、叶润培三名研究生，导师分别是慈云桂、

慈云桂中校（1956 年）

赵国华、胡寿秋。浙江大学毕业的年轻教员胡守仁被雷达专业录取，导师是慈云桂。慈云桂成为军事工程学院最早一批三名研究生导师之一。

胡守仁，1926 年 9 月出生于浙江省江山县，1949 年 5 月从浙江大学电机系毕业后，随即加入人民军队行列。1950 年 8 月，随部队奔赴东北通化执行防空警戒任务，曾三次深入朝鲜前线，受到战火的洗礼和锤炼。1952 年“哈军工”组建时，胡守仁奉命来到海军工程系工作，1958 年涉足计算机领域，后一直在计算机教学科研战线上工作，参与和主持了多台计算机系统的研究与开发，培养博士研究生 20 余名、硕士研究生 30 余名，曾任国防科技大学计算机系兼研究所副主任。

1957 年夏慈云桂从苏联访问回国后，从 1958 年开始用不到一年时间，领导研制成功中国第一台电子管专用计算机。根据陈赓院长指示，1959 年计算机专业建立并开始招生，慈云桂从此便从雷达教学科研领域逐渐转入电子计算机这一新兴交叉学科专业方向，把主要精力投入计算机专业教学和研究，领导计算机专业人才培养、科学研究和师资队伍、教材、课程和实验室建设，成为我国较早从事计算机教学科研的开拓者之一。

1961 年 6 月 28 日，军事工程学院向国防科委上报了当年招收研究生计划，国防科委批复同意学院在条件较好的专业开设研究生班，并指示“可先在空气动力、舰艇设计、电子计算机三个专业重点试办”。根据国防科委指示精神，1961 年 11 月，军事工程学院仅招收 4 名研究生，慈云桂、罗时均、赵国华、顾懋祥分别担任研究生导师，慈云桂招收的研究生是品学兼优的空军工程系毕业学员王振青，慈云桂也成为军事工程学院计算机专业第一个研究生导师。

王振青，祖籍河北永年县，1934 年 8 月 8 日出生在山东青岛。1955 年 8 月从北京市一中保送到军事工程学院空军工程系学习，1961 年毕业后就读计算机专业研究生，先后参加了 441B、441D、441B－Ⅲ、151、“银河－Ⅰ”计算机等研制任务。曾任国防科技大学计算机系兼研究所副主任，国防科技大学训练部副部长；教授，硕士研究生导师。

王振青经过一年多理论和外语学习，1963 年 6 月，参加了慈云桂领导的 441B 晶体管通用计算机研制。他没有辜负导师期望，为 441B 机研制成功做出了较大贡献，科研能力有了显著提高。

1964 年和 1965 年，慈云桂分别招收了王朴、邵仁昌两名计算机专业研究生。由于“文化大革命”的到来，他们提前结束了研究生学习。

在陈赓院长领导下，军事工程学院认真贯彻落实党的知识分子政策，院党委在建院之初就做出了对知识分子在政治上信任爱护、工作上大胆使用、生活上关心照顾、待遇上略微从优等一系列具体规定，极大地调动了广大知识分子的积极性。慈云桂自从来到军事工程学院工作以来，始终保持旺盛的工作热情，充分发挥基础理论扎实、学术造诣深厚、教学经验丰富等优势，很快掌握了有关教学业务，不仅在专业课教学中发挥了重要作用，而且取得了一批高质量的学术研究成果。

1956 年，中共中央召开知识分子问题会议，第一次明确地将知识分子问题与发展科学技术的极端重要性提出来，军事工程学院迅速掀起“向科学进军”热潮，广大教员、学员积极投入科学研究、学术研究的洪流中。2 月 29 日至 3 月 1 日，军事工程学院召开第一届科研会议，经学院各级逐级推选，共有 21 篇学术论文在大会上宣读，慈云桂宣读的《直读式单段微时测量仪》论文受到与会专家好评。此后在学院第二、三、四届科研会议上，慈云桂分别宣读了《数字积分的误差分析》《一台专用数字积分机的总体逻辑设计》《基于 lg2 的快速近似算法》等论文，并在《高教学报》上发表。二十世纪五六十年代，慈云桂先后在《物理学报》上发表了《简单电子管测时仪、测速仪和测距仪》等文章，在军事工程学院学报《工学》上发表了《速调管理论分析》《雷达测距数字化初探》等 12 篇文章。

鉴于慈云桂在电子学方面的突出贡献，1956 年，他担任了中国电子学会理事、黑龙江省和哈尔滨市电子学会理事长，为我国电子学建设建言献策，为黑龙江省和哈尔滨市电子学学术研究和电子工业发展做出了有益贡献。

为发挥全院电子科学工作者的作用，推动学院电子科学研究工作，保证科研任务的完成，1957 年 6 月 4 日，军事工程学院成立了电子科学技术委员会，慈云桂是三个副主任委员之一。

1961 年 11 月，慈云桂从英国回国后，即被任命为军事工程学院新成立的电子工程系教育副主任，分管专业教学与科研工作。来到新系任职后，他仍同从前一样，积极协助系主任杜鸣柯抓专业教学，担负着许多计算机重点专业课程授课任务，投入很大精力组织人员开展晶体管通用计算机研制（另章叙述）。后来调到湖南大学的刘伯中回忆说：“一次，听慈教授讲‘数字积分机原理、结构与应用’课，那时他刚从英国考察回来不久，他结合国外考察情况，把一堂枯燥的原理课讲得非常生动幽默，课堂气氛十分活跃，大家都喜欢听。”

1962 年 6 月，经国防部批准，慈云桂晋升为教授。这是对他多年来在雷达、电子计算机学科专业领域贡献的充分肯定。

为了加强教学工作，引导广大教师、学员和干部精益求精地把教学工作搞好，1963 年 11 月 25 日，军事工程学院成立了院党委的教学咨询机构——教学委员会。主任委员是院长刘居英，秘书长张文峰，副秘书长曹鹤荪、戈果、李天庆，慈云桂是 12 名副主任委员之一。

1965 年 8 月，全国第四次计算机专业学术会议在哈尔滨召开，慈云桂撰写的《数字积分机与算术型机混合型系统的研究与设计》一文受到与会专家的广泛好评，认为该论文提出了新的计算机体系结构，具有独创性，有很高的学术价值和应用价值。我国第一代弹上计算机就是参考这种方法设计的。国外到七八十年代才出现这种结构的计算机系统，如 AD - 10 等。该论文发表在《高教学报》上。

慈云桂夫妇（1965 年）

自从调入军事工程学院工作以来，慈云桂把全部精力投入教学科研和学术研究，取得一系列教学科研成果，其学术水平和教学科研能力得到充分体现和大家的一致认可，成为学院著名学术带头人之一。

4. 终于实现多年入党心愿

置身于轰轰烈烈的社会主义建设和火热的军校生活，慈云桂对中国共产党的认识越来越全面深刻，加入中国共产党组织的愿望也越来越迫切。然而，实现这一愿望却经历了比较漫长曲折的过程。

慈云桂出身于贫苦农民的家庭，目睹了旧中国军阀混战、民不聊生的黑暗，亲身感受了下层群众生活的艰难，也亲身经历了日本侵略者对中国人民犯下的滔天罪行，因而具有强烈的爱国主义思想基础。

读小学时，慈云桂曾阅读过郭沫若、鲁迅、胡适、孙中山、高语罕等进步作家和革命者的大量书籍文章。一位小学老师和几位小学同学很早就加入了共产党组织，他与这些同学一直保持着密切联系。受这些因素影响，慈云桂很小就了解共产党，小小年纪就埋下了革命的种子。

读中学时，大敌当前，家乡沦陷，慈云桂积极参加抗日宣传和募捐，在战乱中经历了数千里的大逃亡，激起他强烈的爱国热情和复仇思想。他目睹了国民党特务的无耻行径，亲身经历国民党特务的殴打和侮辱，一直仇恨反动党团，拒绝国民党的威逼利诱和拉拢，坚持精神独立，立志科学救国，希望用自己的努力和智慧从学问中间开辟道路，找到救国救民的光明前途。

在流亡中读大学期间，慈云桂受到中共地下党和进步教授的影响，了解了苏联和解放区的情况，积极参加“一二·一”学生爱国运动，对中国革命前途有了新的认识与启发。

抗战胜利后，慈云桂精神上得到极大鼓舞和解放，革命热情空前高涨。受进步书籍、中共地下党员和进步教授思想的影响，多次积极参加平津师生爱国运动，有了巩固的厌旧迎新的政治倾向，对中国共产党和中国革命的前途逐渐有了比较全面正确的认识。

这些思想认识的积累和发展，是慈云桂迫切要求加入中国共产党的深刻思想根源。北平中共地下党组织鉴于慈云桂在这一时期的积极表现，地下党员洪川诚同志曾两次找他谈话，了解他对共产党的态度，准备发展他入党。慈云桂是个实事求是的人，他如实向地下党汇报了自己的想法。他在《自传》中写道：“我当时一方面认为，自己这一时期的积极表现只是朴素的阶级感情，是一种小资产阶级的革命狂热，并没有巩固的阶级立场和十分明确的政治观点，对中国共产党还缺乏深刻的认识。另一方面，觉得自己是科学技术人才，将来应努力于这方面的贡献，若是入党会影响这方面的成就。同时爱人那时还怕入党后，就不能照顾家庭。此外我的潜意识里还有一种奇怪的错误的想法：就是觉得过去党在地下斗争的艰难危险时期，我没有加入；今天武装斗争基本上取得胜利，再来请求入党没有什么光荣，算不上革命的英雄志士，相反地却有参加统治阶级而进行投机之嫌。所以那时我并没有积极地争取入党，而和我一起进城工作的几个同志都入党了。也就因为抱着这种错误观点，我对那时期新入党的同志和正在积极入党的同志多少有些瞧不起，认为他们是在投机。”这样，慈云桂就错过了较早入党的时机。

直到1950年前后，慈云桂经过前期革命活动锻炼和参观刚刚解放的东北地区，在政治上有了极大的转变，从最初对革命的狂热，逐渐地对共产党有了比较深入的正确认识，初步确立了革命人生观，开始有了入党的愿望。

调入大连海军学校后，慈云桂经过参加政治理论与党史学习，观看进步影片，参加轰轰烈烈的抗美援朝、镇压反革命和“三反”运动，在巨大的社会变革影响和党组织的教育培养下，思想认识水平和政治觉悟得到进一步提高，有了入党的迫切愿望。

1953 年底，慈云桂向党组织递交了一份长达 43 页近 3 万字的《自传》，如实详细地向党组织汇报了自己的家庭情况、成长经历、在革命潮流中锻炼成长情况、对党的认识过程及思想和工作中存在的不足等，对自己作了一次全面深入的剖析。在当时的历史背景下，这是申请入党的必经程序，因而慈云桂的态度非常严肃认真，字里行间体现出迫切的入党愿望。他在《自传》中写道：

> 我在东北参观之后、来海校之前，开始在思想上有了入党的要求。刚来海校时，觉得时间不长，条件不够，所以一直没有提出。到去年（1952 年）秋天，这一愿望就更加迫切。我深切体会到做一个共产党员的光荣，我要争取这光荣的称号，要使自己的一生不白白地过去，要让自己发出最大的光和热。我最恨也最怕投机分子混入党内腐蚀党。我也常常冷静地分析，自己有没有投机的成分？入党究竟为了什么？根据我主观上的检查是没有的。我所追求的在科学技术方面能有一些有价值的创造发明，贡献给人类，以求无愧于生命的想法，现在认识到这不过是个人英雄主义的期望与幻想，与伟大的共产主义事业比较起来实在是渺小。因而进一步愿意无条件地把自己贡献给这个光荣伟大的事业，我坚决地相信共产主义一定能实现。今后我决定积极靠拢党，实事求是地时刻检查自己，不断

克服缺点，积极地搞好工作，争取进步，期望有一天我能够具备党员标准，而成为一个光荣的共产党员，在光荣伟大共产主义事业中，能尽到自己的最大力量。

1954年初，慈云桂所在党支部通过了他的入党申请。然而，系党委在研究他的入党问题时认为：“该同志政治是清楚的，没有发现参加过反动组织。参加革命前努力于科学研究，积极参加师生爱国运动。入伍后对我军的教学工作是认真负责的，思想认识亦在逐步提高，一贯地要求进步，靠拢组织，要求入党。但还存在着个人英雄主义思想、荣誉地位观念和性情急躁等缺点和不足，还须进一步考察。”

新中国成立初期，中国共产党对从旧中国过来的知识分子采取了团结、教育、改造的方针，在整个文化教育系统开展了知识分子的自我教育和自我改造运动，以消除帝国主义、封建买办思想在知识分子中的影响，为他们逐步树立革命人生观打下初步基础。对知识分子的入党问题党组织尤其慎重，把关很严。所在系党委对慈云桂的优缺点作了客观全面的分析，指出了存在的问题和不足，认为还需进一步考察，因而没有通过他的入党申请。

慈云桂正确对待党委意见，没有因此而影响入党的决心，工作更加积极努力。党组织正在考察他时，他调入“哈军工”。来到新单位后，他知道党组织需要对他重新进行考察，同志们对他需有一个了解认识的过程，便没有急于递交入党申请，而是用埋头工作、做出成绩接受党组织的考察和群众的认可。

经过近两年的努力，1956年10月31日，慈云桂鼓起勇气，再次向党组织递交了入党申请书。他在申请书中谈了对党在思想认识上的演变过程，深刻剖析了自己存在的缺点和不足，表达了迫切要求入党的强烈愿望，表示要虚心向同志们学习，严格要求自己，争取“做一个真正的共产党员”。

12 月 31 日，慈云桂所在支部党员大会讨论通过了他的入党申请，海军工程系党委副书记、系主任黄景文和党员尹孤萍担任了他的入党介绍人。1957 年 1 月 20 日，军事工程学院海军工程系党委批准慈云桂同志为中共预备党员，预备期从 1956 年 12 月 31 日至 1957 年 12 月 31 日。从此，慈云桂把一切交给了党，在思想上组织上行动上切实履行“做一个真正的共产党员”的庄严承诺，为党的事业奋斗终生，直至生命的最后一刻。

5. 中国第一个计算机系主任

由于多种复杂原因，1966 年 4 月 1 日，中国人民解放军军事工程学院退出军队序列，更名为哈尔滨工程学院，近 2 万名军人集体转业，一夜之间变成老百姓，留给“哈军工”人的只是那泛黄的军装上帽徽领章刻下的深深印记。军事工程学院从 1953 年 9 月成立到 1966 年 4 月退出军队序列，只存在了短短 13 年时间。相对于历史长河，它像流星一样一闪而过。然而“哈军工”这个响亮的名字，却长久地嵌入人民共和国的历史和哈尔滨这座北国城市的记忆里。

在短短 13 年时间里，军事工程学院共招收 13 期学员，为军队和国防工业部门培养了一万余名综合素质好的优秀毕业生。据不完全统计，这些毕业生中共产生“两院”院士（学部委员）39 人，国家和省部级高级领导干部 20 多人，共和国将军 147 人，完成了 595 项较大的科研任务，形成了“哈军工”优良传统，培养锻炼了一支又红又专的教学科研队伍，为我国国防和国民经济建设做出了重大贡献，创造了中国乃至世界高等教育史上的奇迹。

4 月底，200 多名教职员工及兄弟单位参加计算机研制的科研人员聚集在学院俱乐部礼堂，新成立的哈尔滨工程学院隆重召开电子计算机系成立大会。会上，学院领导宣读了国防科委聂荣臻主任的命令，任命慈云桂为电子计算机系主任，夏常平、俞克曜、胡守仁、董玮为副主任；国防科委党委批复同意张景华同志担任电子计算机系党委书记；系下设 1 个教研室、1 个研究室、5 个学员队。

这次会议规模虽然不大，影响却非常深远，在中国计算机发展史上具有里程碑意义。1965 年 7 月，卡内基梅隆大学建立了美国乃至世界上第一个计算机科学系，使计算机科学成为独立的学科。第二年，中国高校即成立了第一个电子计算机系，仅仅比美国晚了九个月。

宣布命令时，慈云桂正率中国计算机代表团在英国考察访问。遗憾的是，等他 8 月从英国回国后，“文化大革命”动乱开始了，慈云桂没当一天系主任就“靠边站”了。庆幸的是，虽然系主任当不成了，作为我国知名计算机专家，慈云桂被列入国家重点保护的科学家和科技工作者人员名单，在“文化大革命”开始最初近两年没有受到打击迫害，以普通教员身份参加了多种型号计算机研制，以不同方式关心和参与计算机系的建设，默默无闻地为我国计算机事业发展无私付出。

从1954年至1966年，慈云桂在“哈军工”工作了12年。从报到的第一天起，他就把满腔爱国热忱化作为国防教育事业不懈奋斗的动力，与全院教职员工一起白手起家、艰苦创业，把三尺讲台当阵地，情系学子，爱洒讲坛，组织编写了上百万字的教材，承担了大量专业课教学任务，领导建设了雷达、电子计算机等多个实验室，为国防和军队建设培养了大批雷达、电子工程和计算机专业人才，圆满完成组织赋予的各项任务。

在12年时间里，慈云桂积极开展学术科研活动，领衔研制成功中国第一台901电子管专用数字计算机和中国第一台441B晶体管通用计算机，发表了大量学术科研论文，任军事工程学院第一批研究生导师和中国较早的计算机专业技术教授，同时担任中国电子学会理事和黑龙江省、哈尔滨市电子学会理事长，担任学院院务委员会委员、教学委员会副主任委员和电子科学技术委员会副主任委员，成为学院雷达、计算机学科著名专家和学术带头人。

在12年时间里，慈云桂光荣加入中国共产党，先后担任了教授会主任和两个系的副主任，为雷达、电子计算机学科专业建设做出重要贡献。他公道正派、任人唯贤的优秀品质，敢于担当、勇于创新的开拓精神，无私奉献、忘我工作的拼搏劲头，得到组织和群众的高度评价和一致认可。

第六章 *Chapter 6*

领导研制
电子管专用计算机

正当慈云桂在雷达领域干得顺风顺水时，一次海上实习和一次出国访问，使他和同事萌生了研制鱼雷快艇专用数字计算机的想法。在全国开展“大跃进”运动和技术革命形势推动下，他带领十多个二十来岁的年轻人，以敢想敢干的大无畏革命精神，一头扎进电子计算机这个新兴交叉学科专业领域，不到一年时间就研制成功样机。从此，慈云桂的名字与中国计算机事业的发展就紧紧地连在了一起。

1. 出访苏联后开始计算机研制

新中国成立之初，根据积极防御战略方针，我人民海军制定了重点发展空、潜、快的建设方针，也就是大力发展海军航空兵、潜艇和鱼雷快艇。鱼雷快艇体积小、速度快、造价低，适于近距离对目标实施攻击。

1956 年夏，慈云桂带领海军工程系学员到海军舰艇部队实习。一天，波涛汹涌中，他随海军官兵驾驶的苏制鱼雷快艇在海上高速航行。突然，前方发现预置目标，只听指挥员下达“发现目标，瞄准!”的口令，一名战士紧急操作机械式三角杆计算器进行鱼雷攻击计算，可是等目标接近时还未计算出来参数，错过了最佳发射时机。后来海军官兵告诉他们，由于鱼雷快艇航速快，颠簸厉害，用肉眼观察瞄准目标并计算参数是很不准确的，在实战、夜战、近战的情况下效果非常不好，尤其是在雾天和夜间几乎无能为力，手段十分落后。同时，近距离攻击目标危险性很大，这是发展鱼雷快艇亟须解决的紧迫问题。

慈云桂了解这一情况后被强烈震撼了，心里很不是滋味。回到宿舍后，他一直琢磨如何才能改变这种落后状况，思考解决这一问题的途径和方法。这也成为全体实习师生的共同心声。

1957 年 5 月 30 日，军事工程学院刘居英副院长受总参谋部委派，率中国人民解放军院校参观团访问苏联、波兰和捷克斯洛伐克，旨在学习办学经验，索取技术资料，商谈建立对口学术联系问题。参观团一行共17人，其中军事工程学院11人，装甲兵司令部5人，国防部第五研究院1人。海军工程系副主任慈云桂是参观团成员之一，海军工程系电气自动指挥专业教员柳克俊也作为翻译、秘书兼“医生”一同出访。

对来自中国军事院校的同行们，苏联军方给予了热情接待。参观团先用10天在莫斯科集体参观了茹科夫斯基航空学院、捷尔任斯基炮兵工程学院、莫斯科大学等高等院校和研究所，尔后按军兵种分成6个小组进行访问学习。当时中苏关系处于“蜜月期”，正在莫斯科大学读研究生的慈云桂的二弟慈云祥，未请示校方，直接带参观团到莫斯科大学的实验室、教室、图书馆等各处参观，包括原子能研究所这样高度机密的地方也去了。苏方人员看是中国同志

慈云桂（左3）随军事院校参观团访问苏联

也不介意，给予了热情接待和详细讲解。慈云祥给他们当向导和翻译，中午还请大哥等 7 人在学校食堂吃了饭。

苏联的海军院校主要集中在波罗的海之滨的列宁格勒，刘居英、慈云桂和柳克俊组成的海军组到达列宁格勒后，访问了著名的克雷洛夫海军工程学院、库兹涅佐夫海军学院、捷尔任斯基高级海军学校、伏罗希洛夫海军军事学院和高级海军无线电学校。国外科学技术的发展进步，不仅使他们开阔了视野、增长了知识，也进一步激起他们奋起直追的强烈民族自尊心和责任感。

访问快结束时，慈云桂突感腹部疼痛难忍，紧急送往医院后诊断为急性阑尾炎，需马上做手术。经刘居英团长同意，病愈后他没有随团访问波兰和捷克斯洛伐克，留在列宁格勒克雷洛夫海军工程学院研究生院学习访问两个多月，获得了不少雷达、计算机和指挥仪方面的知识，收获很大。

当慈云桂第一次看到电子计算机时，不禁眼前一亮！计算机神机妙算，奥妙无穷，不停闪烁的各种指示灯看得他眼花缭乱，深深吸引了他的目光。回到住处，他的心情久久无法平静，嘴里不停地念叨着“计算机！”“计算机！”心里想着如何把计算机技术学到手，应用到军队建设上，直接为提高我军战斗力服务。

计算机是“电子数字计算机”的简称，是一类能够自动进行信息加工处理的电子装置，按照预先编写的程序，对计算机里的数据进行加工、处理、存储和传递，获得人们所希望的信息和知识。

计算机不仅是二十世纪最大的技术进步，也是人类文明史上的一次飞跃。自 1946 年世界上第一台电子数字计算机 ENIAC 在美国问世以来，在短短七十年时间内得到了迅速发展和广泛应用，已渗透到人类社会的各个领域，成为人们参加政治、经济、科技、学习、生活和娱乐的必备工具，对人类社会进步发展产生了巨大推动作用。可以说，人类历史上很少有哪项发明可以像计算机的发明这样运用得如此广泛、如此深入，对人类社会的影响如此巨大。

当世界上第一台电子数字计算机诞生时，中国正处于全面内战的前夜，基本无暇顾及这一重大发明，除部分学者在一些学术刊物上将计算机知识介绍给国人外，绝大部分中国人不了解计算机，更没法想象它巨大的影响和发展潜力。

中国古代“四大发明”等有力推动了经济社会文化的发展。东汉徐岳《数术记遗》记载，中国至少在公元前200多年就发明了算盘，这是世界上最早的计算工具。二进制可以追溯到中国古代的阴爻、阳爻和八卦。然而当西方发生以机器代替手工劳动的第一次工业革命时，中国还躺在“天朝大国”的美梦中沉睡。1662年，当西方传教士将纸筹式手摇计算机带入大清王朝时，康熙皇帝只把它看作与钟表一样的“稀罕物”，几百年间成了皇宫的摆设。

新中国成立之初，旧中国留下的是十分可怜的烂摊子，电子工业基础十分薄弱，懂得电子技术的科技人员少之又少。对于新兴的电子计算机技术，由于西方国家的封锁，科技信息很闭塞，除个别刚从国外回国的科技人员外，当时很少有人知道和懂得，不仅与西方国家有很大差距，而且基本上是一片空白。

1946年9月，华罗庚在美国讲学时曾参观过著名计算机专家冯·诺伊曼（John Von Neumann）的实验室，与他一起进行学术交流。1950年华罗庚回国后与钱三强一起为新中国计算机事业的发展奔走呼号，运筹帷幄。在他们的大声呼吁下，1953年1月，中国科学院数学研究所成立了中国第一个计算机研究三人小组。

1954年10月，苏联经济及文化成就展览会在北京开幕，展出了苏联研制的3台计算机。为了普及计算机知识，11月8日，《光明日报》发表了中国科学院近代物理研究所副研究员吴几康的文章《漫谈计算机》。这是新中国报刊上第一篇介绍计算机的署名文章。文章用通俗生动的语言对计算机的功能和作用作了普及性的介绍，突出强调“电子计算机已成为工业先进国家经济发展中所必需的计算工具”，我国必须急起直追，努力向苏联学习。

1955年11月14日，中国科学院数学研究所研究员闵乃大在《人民日报》上发表题为《一个新的科学部门——自动快速电子计算机》的文章，第一次系统介绍了电子计算机的概念和作用。文章指出电子计算机的发明给我们开辟了一个新的时代，即人类开始用机器来减轻人们脑力劳动的时代，在社会上引起很大反响。

二十世纪五十年代中期，计算机技术无论是在基础理论、设计思想、生产工艺还是新技术应用上，都有了明显的进步，特别是计算机软件的萌芽和晶体管在计算机上的应用，促使计算机技术孕育着一次飞跃。

此时，中国已从战争状态中恢复过来，中国共产党领导全国各族人民开始转入全面的大规模的社会主义建设，沉寂在中国人民心中多年的激情终于被点燃，发展计算机技术已有了迫切要求和有利条件，促使新中国加快追赶世界计算机技术发展步伐，发展计算机事业已成为一种必然。

1956年1月中共中央召开关于知识分子问题会议，毛泽东讲话，周恩来做报告，强调要充分调动知识分子的积极性，努力发展我国的科学技术事业。随后，党中央向全党发出“向科学进军”的伟大号召。

根据世界科学技术发展状况，1956年党中央组织制定了中长期科学技术发展远景规划——《1956—1967年科学技术发展远景规划纲要（修正草案）》。规划纲要确立了“重点发展，迎头赶上”的指导思想，提出 13 个方面、57 项国家重要的科学技术任务和 600 多个研究课题，并确定 12 个带有关键意义的重点项目或课题。对某些特别重要而在我国却比较薄弱的环节，还制定了 1956 年“四项紧急措施”，即大力发展计算机、半导体、无线电电子学和自动化技术。

计算技术规划迅速得到实施。1956 年 5 月，中国科学院成立计算技术研究所筹委会，主任是华罗庚。3 月和 9 月，国家先后派出两个计算技术考察团赴苏联参观访问，不久又从苏联引进了 6ЭCM 和 M3 两种型号计算机设计图纸与资料，着手进行仿制。自此，在党中央“向科学进军”号召鼓舞下，在十二年科学技术发展远景规划纲要指导下，在世界上第一台电子计算机问世十年后，中国计算机事业终于急起直追，快速起步。

军事工程学院广大师生受到巨大鼓舞，投身社会主义建设的积极性被充分调动起来。“向科学进军”的伟大号召，立即成为全院师生发愤读书，刻苦学习，向现代科学技术攀登的强大动力。

1957 年 9 月，列车在广袤的俄罗斯大地上奔驰！慈云桂一边欣赏着窗外俄罗斯美丽的风光，一边心里想着如何研究开发计算机。回国后，他立即到图书馆查阅资料，发现最新一期美国 IRE（无线电工程学会）杂志上发表了一篇关于数字计算机的综述性文章，如获至宝。文章对数字计算机的过去和未来做了一个比较全面的综述性的分析、论证与预测，使他受到很大启发。

柳克俊随团访问回国后，也在琢磨如何用计算机为部队建设服务。年仅 24 岁的柳克俊人很聪明，充满朝气，8 月 10 日向系里递交了《关于发展舰用电子计算机，研究试制供快艇用的快速电子指挥仪的报告》，得到系领导的批准，随即向主管的系副主任慈云桂专题汇报。

柳克俊，1933 年 11 月生，江苏省南京市人。1956 年从哈尔滨工业大学研究生毕业后来到军事工程学院海军工程系，1962 年成为“哈军工”最年轻的副教授。曾任国防科技大学系统工程与数学系副主任，海军装备论证研究中心总工程师；教授。

柳克俊向慈云桂详细汇报了自己的想法，得到慈云桂的支持。他俩经过深入研究后，决定采用专用数字计算机完成鱼雷快艇指挥仪研制任务。年底，海军司令部批准了他们的研制报告。

机遇只青睐那些有准备的头脑。偶然出现的机会，如果抓不住就可能成为过眼烟云。慈云桂和柳克俊通过参加海上实习和出国访问，找到了电子计算机这个新生事物与军队现代化建设的最佳结合点，而且都看到了电子计算机可能的无限广阔的发展前景。

慈云桂一直在苦苦寻找“愿意终生奋斗的工作岗位”，以使自己科学研究的优势得到充分发挥，从而实现科学救国理想和成为著名科学家的梦想。这几年他虽然在雷达研究领域做出了一些成绩，但当电子计算机这一新生事物出现时，让他一下看到了希望，立即满怀信心义无反顾投入这一科研领域。

2. 带领“九人小组”901首战告捷

在全国开展“大跃进”运动和技术革命形势推动下，军事工程学院开展的勤工俭学运动与科学研究密切结合起来，并向尖端科学技术发展，技术革新蔚然成风，学员毕业设计结合国防建设任务和生产实际“真刀真枪”地进行，逐步出现了群众性的技术革命高潮，科研工作进入全面大发展时期。电子数字计算机鱼雷快艇指挥仪就是在这一背景下拉开研制序幕。

1958年4月，海军工程系党委研究决定：成立以柳克俊、胡守仁为负责人的331型（即三系三科一号任务，后新建第九专业，更名为901）电子数字计算机研制组，组织该机的研究与开发。这项工作由系副主任慈云桂领导。

海军工程系党委把“一号任务”交给慈云桂全权负责，充分体现了系党委对他的高度信任。40岁出头的慈云桂激情澎湃，大刀阔斧地紧急行动起来，以海军工程系柳克俊、胡守仁、陈福接、耿惠民、张玛娅、卢经友、李宗阳、盛建国、俞咸宜“九人小组”为基本力量，迅速组建起一个研制班子，平均年龄仅25岁。

陈福接（1935—2006），福建省安溪县人，1956年8月从上海交通大学毕业后分配到军事工程学院海军工程系工作，先后参加了901、441B、441C、151、“银河－Ⅰ”巨型机等多种型号计算机研制。1983年接慈云桂任国防科技大学计算机系兼研究所主任，并担任“银河－Ⅱ”巨型机工程总指挥，同年当选第六届全国人民代表大会代表。曾任国防科技大学顾问；教授，博士研究生导师。

系里的苏联专家听说这群“毛头小伙子”要搞军用计算机，耸肩摇头，好心地劝说他们不要想得太简单，建议他们先派人去苏联学习，走仿制的路。研制小组的同志们对此一笑置之。在苏联出生的研制小组成员张玛娅是革命烈士沈泽民（著名作家茅盾的胞弟）的女儿，她听到此话后坚定地对大家说：“别听苏联专家的，我们要坚定一点，我们并不笨，要搞就搞出自己的计算机。”慈云桂给学院副院长刘居英说起这事时，刘居英也摇着头说：“这些苏联老大哥呀，又不了解我军官兵，又喜欢乱下结论。”

苏联专家的话自有他们的道理。在苏联，研制计算机都是院士一级的科学家领着干的。在他们看来，这些年轻的中国军人，仅凭热情和勇气就敢研制计算机，真是“天方夜谭”。确实，慈云桂领导的这个研制小组除了他和柳克俊见过计算机机、略懂计算机外，其他人员都是从各个单位抽调来的，所学专业不一，在计算机知识基本上是一片空白。对于这个年轻的科研小组来说，研制计算机确实就像攀登一座险峻的高山，开垦一片未知的布满荆棘的荒原。而军用计算机对运算速度、存储容量、可靠性、安全性、保密性、抗毁性、实时性、功耗、体积等若干方面提出了更高的技术要求，因而研制难度更大。在党的破除迷信、解放思想、敢想敢干号召鼓舞下，这群年轻的拓荒者以大无畏的英雄气概，向着电子计算机这座险峻高山勇敢攀登，向着这片未知荒原奋力挺进！中国自主设计研制第一台专用电子数字计算机攻坚战就此打响。

军事工程学院领导对研制小组给予大力支持和鼓励。陈赓院长对他们说：“别管他什么列别捷夫，我们干我们的！不一定照着苏联的办，海军装备落后的面貌一定得想办法改变。经费、材料有困难找院领导，找系领导，让他们出面解决。”正在北京参加八大二次会议的刘居英副院长给海军工程系主任黄景文打电话，询问计算机研制进展，并让他转告大家：毛主席号召破除迷信，解放思想，请同志们坚定信心，打破一切框框，走自己的路。院领导的关心和鼓励，给了研制小组以巨大鼓舞和信心。

为了解决不懂不会的问题，慈云桂立即组织开办了计算机知识培训班，教材只有一本苏联科学院列别捷夫院士编写的计算机科普小册子和一篇英文科普文章，年轻教员柳克俊、康继昌等分别走上讲台，带领大家学习电子数字计算机基本知识，介绍901电子数字计算机的初步设想，讨论确定研制计划、步骤、方法与进度，发动大家充分讨论和提出改进意见。参加培训的达30多人。

陈福接和耿惠民负责筹备实验室，地点设在海军工程系雷达教授会四楼一个100多平方米的房间，仅有几台简易实验设备。

电路实验开始后，慈云桂发现研制计算机运算器、控制器、存储器的基本元件缺乏，特别是磁芯存储器是研制计算机的关键，没有它，研制计算机就无从谈起。

1944年，美籍匈牙利裔科学家冯·诺依曼首先提出了具有里程碑意义的“程序存储计算机”思想，论述了程序存储计算机的基本概念，完整地给出了关于新机器逻辑系统描述，完稿时间是1945年6月30日。而最先把这一思想变为现实的却是英国人莫里斯·威尔克斯（Maurice Vincent Wilkes）。他于1949年5月6日试运行成功了世界上第一台具有存储功能的计算机EDSAC（Electronic Delay Storage Automatic Computer），即电子延迟自动计算机，使计算机真正具备了科学计算能力。1951年，美籍华裔科学家王安发明了磁芯随机存取内存（Random Access Memory），即磁芯存储器，使电源中断时仍可保留其内容，解决了存储器断电时磁芯体丢失信息的问题，大大提高了电脑的存储能力，成为二十世纪五十年代中期至六十年代中期计算机存储器的首选。

巧妇难为无米之炊。为了加快研制进度，根据研制组实际情况，慈云桂当机立断，决定由他带一部分人去北京，另一部分人留在学院进行基本电路设计与实验，以及运算器、控制器的逻辑设计和其他部件的准备，研制工作在北京和哈尔滨两地同时展开。

“五一”刚过，慈云桂和胡守仁、康继昌赶到北京。他们此行的主要任务，一是向国防科委、国家科委和海军司令部汇报，以求得到领导机关的支持与帮助；二是学习兄弟单位经验，特别是到中国科学院计算技术研究所取经，收集有关资料，学习相应技术；三是解决研制器材，开展部分研制工作，主要是研究磁鼓存储器。早他们几天到达的耿惠民、苏文斗了解到，一个月前，中国科学院计算所研究生产出更先进的磁芯，非常紧俏，担心不可能给他们。慈云桂听后高兴地说，办法总是有的，便决定将研制磁鼓存储器改为研制更先进的磁芯存储器。

慈云桂立即向有关部门领导汇报，争取得到支持。他先后找到国防科委副秘书长安东少将，国家科委副主任李强，中国科学院党组书记、副院长张劲夫，请他们予以支持和帮助。最后，张劲夫批示中国科学院计算技术研究所筹委会：尽最大可能给军工同志提供帮助。

慈云桂手持张劲夫批示来到中国科学院计算技术研究所，得到阎沛霖所长等领导的热情接待。阎所长带他们参观了正在仿制的104大型计算机和103小型计算机、有关实验室和计算机工厂，阅读了计算技术研究所资料室的资料，使大家进一步增长了电子计算机基本知识，增强了感性认识。阎所长同时决定，把军工同志作为研究所的一部分，编为第10组，专门安排了一个实验室，提供实验仪器设备和工具，可以方便借阅各种资料，请领各种实验器材，参加包括学术活动在内的各种活动，吃住行都管。这一决定超出了慈云桂等一行人的预期，令大家十分惊喜。不久，系里又增派袁扩怀、靳军发、赵清海及海军701厂的一名女电焊工加入进来，使在京研制队伍增加到9人。北京的工作理顺后，慈云桂便赶回哈尔滨参加“电路会战”。

中国科学院计算技术研究所的热情接待和无私帮助，让参加研制的同志们感到十分温暖，更感到肩负任务的重大和紧迫。在胡守仁带领下，留京人员迅速展开磁芯存储器模型机设计与实验，夜以继日地查阅资料，研究问题，每天忙到深夜两三点，终于定型了有关电路，装配成功磁芯测试台，进展很顺利。在此期间，刘居英副院长来京开会，顺道看望研制组同志。当他听说研制组目前遇到的最大困难是缺乏电子元器件时，立即提笔给总参通信兵部王诤主任（即部长）写信，请他帮助解决。经王诤主任介绍，胡守仁得到一机部刘寅副部长的批示和盖章，在北京和天津领到了所需电子管及其配件。这些器材足够研制一台半计算机使用，满足了他们的需要。

所需器材大部分解决了，可是要获得合格的磁芯这个关键元器件仍是个难题。中国科学院计算技术研究所在提供其他器材方面都很大方，但在提供合格的磁芯上却感到很为难。因为磁芯试制成功才一个月，质量不太稳定，数量很少，本系统有需求的单位太多，非常紧俏。“哈军工”属于部队单位，不在他们供应之列。当时年轻教员赵清海在金工金相组学习，与磁芯组人员混得很熟，他软磨硬缠，硬是要到了全部所需磁芯，解决了这个大难题。

8月13日，模型试验基本过关，胡守仁带领留京人员离开北京，携带研制成功的存储器模型机、磁芯测试仪、大量元器件及研制资料等满载而归。

慈云桂赶回学院后，立即带领同志们废寝忘食地开展“电路会战”。为了解决人力不足的矛盾，他从大连海军学校借调胡克强加入研制队伍，又从来学院参加培训的海军短训队抽出一个班帮助工作。仪器设备不够，就从系内和全院调拨。他们凭着对祖国的一片赤子之心和对计算机事业的无限热爱，边讨论、边研究、边实践，日夜加班，自动取消节假日，许多人半个多月吃住在实验室，终于攻克了基本电路设计与实验及运算器、控制器逻辑设计等一系列难关。慈云桂在电子学方面的扎实基础，在“电路会战”中发挥了重要作用。当年5月，“哈军工”校报《工学》对他们的事迹作了报道。

两路人马汇合后，开始了最后的总攻。为适应“大跃进”期间全国大专院校大办工厂的形势，901研制组改为电子计算机工厂，由胡克强任厂长，胡守仁任指导员，柳克俊任副厂长。

军事工程学院和海军工程系领导对901任务高度关注，经常到现场督战，明确提出“向国庆献礼”的要求。时值8月下旬，国庆节日益临近，慈云桂和大家心急如焚，连夜召开战前动员会，布置任务，明确分工，提出要求。他和同志们昼夜奋战在机房，许多同志通宵不眠，天亮打个盹再接着干，有的同志个把月不理发、不洗澡。由于过分疲劳，柳克俊累得脸色发青，眼圈发黑。陈福接、卢经友带病坚持工作，不肯休息。张玛娅脸色蜡黄，嗓音嘶哑。袁扩怀因胃病吃不下饭，一手顶着胃，一手调试机器。胡守仁后来回忆说：“当时大家干劲特别大，拼命干，连走路吃饭都想着计算机的设计与实验以及在调试中出现的问题。我当时就睡在实验室。”

科研人员在研制 901 计算机（1958 年）

毕竟是第一次搞计算机研制，每前进一步都困难重重。每遇困难，慈云桂就召开“诸葛亮会”，发动大家出主意想办法，一个个难关被攻克，这已成为他们一条成功的经验。这次遇到的问题却不比寻常：整机调试过程中，磁芯存储器总是稳定不下来，战斗程序读不出来，大家怀疑磁芯体有问题。磁芯体结构复杂，检查维修非常困难，一时半会难以完成，怎么办？会议开到午夜时分还拿不定主意。

这段时间，海军工程系政委邓易非每天都来到 901 任务现场，给大家加油鼓劲。这位久经沙场的老八路听了大家的意见后，斩钉截铁地说：“此次背水一战，破釜沉舟，存储体立即开刀，推倒重来。只许成功，不许失败！”要求大家先回去好好睡一觉，次日再接着干。

第二天，慈云桂立即组织抢修小组，大家纷纷踊跃请战。经过三天三夜连续奋战，终于找出问题所在并立即解决，经测试磁芯存储器达到设计指标要求，扫清了整机调试中的一个拦路虎。

901专用电子数字计算机的研制，始终得到国务院、中央军委、国防科委和各军兵种领导的亲切关怀。在攻关进入关键阶段，中央和国家机关多位领导来学院视察，亲临901任务现场，给科研人员以巨大鼓舞。

9月1日，国防部长彭德怀元帅第二次来“哈军工”视察，亲临计算机研制现场，称赞他们狠抓质量的做法，并对通过能者为师的办法培训人员感到很满意，语重心长地说：“这个办法好，师傅带徒弟。”他在向中央写的报告中说，军事工程学院经过四五年的经营，规模很大，在远东可能是唯一的，并对学院的新技术研究工作给予高度评价。报告指出“学院在打倒奴隶思想，埋葬教条主义的号召下，基本树立了以我为主、大胆创造的思想”，“独立地进行了国防科学技术的研究设计工作，已经设计成功一些新式武器和战斗器材，并且有些已达到或者已超过了国际先进水平”。

9月16日，中共中央书记处总书记邓小平，与国务院副总理李富春、全国妇联主席蔡畅、中央办公厅主任杨尚昆等来到研制现场视察。邓小平详细询问计算机研制情况，甚至蹲下来看示波器，与科研人员探讨技术问题。当得知这些年轻人平均年龄才25岁时，高兴地说：“好啊！不要迷信外国，我们中国人要有这个志气，攀登科学高峰就要有你们这种拼劲！”他鼓励大家不要怕困难，不要怕失败，就是失败它一百次，最后搞成功了，就是胜利。

第一机械工业部部长赵尔陆、副部长刘寅，总政治部主任谭政大将，装甲兵司令员许光达大将，也先后前来视察。

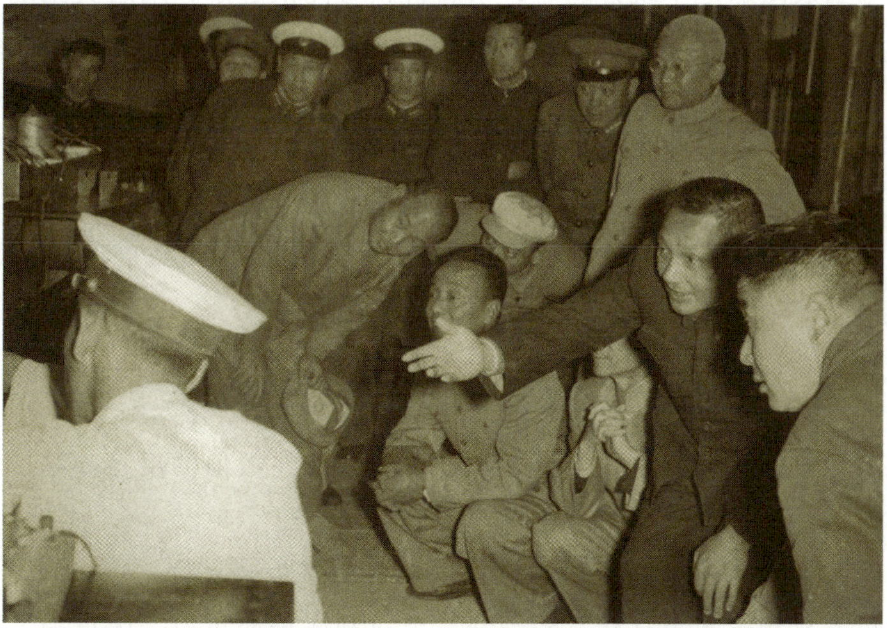

邓小平视察军事工程学院（1958年）

中央首长的亲切关怀给全体研制人员以巨大鼓舞和鞭策。他们一鼓作气，团结一致，乘胜追击，经过一个多月的顽强拼搏，整机调试任务终于完成。

9月28日凌晨4点，901鱼雷快艇电子数字计算机原型机通过了逻辑性联调。当操作员把由吴国平、俞咸宜编写的椭圆积分方程程序输入计算机时，十多双眼睛紧张地盯着计算机输出端。片刻，计算结果出来了，慈云桂仔细与人工计算结果核对后高声宣布："计算结果，全部正确！"

顷刻，实验室沸腾了！大家欢呼雀跃，热泪盈眶，无不欢欣鼓舞。曾被苏联老大哥嘲笑为"做计算机梦"的这群年轻人，终于在研制计算机的道路上迈出了第一步。由中国人自己设计研制的电子管专用数字计算机终于获得成功！

当晨曦从地平线升起时，系、科领导闻讯赶来，刘居英副院长也来到研制现场，“可靠性怎么样？”他一边大声问，一边与研制组的同志们握手。几乎通宵未眠的慈云桂兴奋地向各位领导汇报算题情况，大家沉浸在无比喜悦之中。这时有人建议“向中央报喜吧”，刘居英不愧是经验丰富的老将，他心里清楚，这可是共和国历史上自主设计研制的第一台军用计算机，来不得半点马虎，须慎之又慎。

“不行！”刘居英果断地说，并以命令的口气补充道：“先考验两天再说！”

经过两天对弹道数学模型和复杂动态战斗数值的反复验算，计算机运行正常，计算结果正确。

9 月 30 日上午，学院政委谢有法、教育长徐立行、政治部主任张衍亲自到实验室查看，回到办公室与刘居英商量后，决定马上向中央报喜。

在宽大的办公室里，聂荣臻元帅拿着秘书刚刚送来的急电，仔细读着：

报聂总、黄总长、陈副总长、海司肖刘首长：

海军工程系自行设计、自行试制的 331 型舰用数字电子计算机，经三个月苦战，于二十八日完成。经检验算题，证明成品完全合乎要求。该机如装到我快艇和潜艇上，将会很大地提高战斗力。特电报捷。

军事工程学院　谢有法　刘居英

九月三十日

聂荣臻元帅笑眯眯地在电文上签了字，对秘书说：“快把电报送给黄总长和陈副总长吧。”其实，兼任军事工程学院院长的陈赓在第一时间就从刘居英电话中得知了这一喜讯。看到电报后，他仍掩饰不住内心的喜悦，拿起电话便打给刘居英，向研制组同志们再次表示鼓励和慰问。

军事工程学院研制成功专用电子数字计算机的消息像长了翅膀，很快在军委首长和总部机关传开。

331（901）专用电子数字计算机（1958 年）

3. 中国计算机事业的重要开端

1958 年，在军事工程学院开展的勤工俭学运动中，出现了群众性的技术革命高潮。海军工程系始终走在这项技术革命的前列，取得了 901 鱼雷快艇专用电子数字计算机、海军 62 护卫艇防摇自动装置、水翼艇、磁致伸缩铁氧体电声转换材料等 134 项技术革命成果。

11 月 12 日，海军工程系在北京海军司令部大院单独举办了一次技术革命跃进报捷成果展览，精心挑选的几十项科研成果依次摆放在海军俱乐部，901 专用电子数字计算机参加了这次展览。这项工作由系副主任慈云桂负责。

在副总参谋长兼军事工程学院院长陈赓的热情邀请和陪同下，周恩来总理，朱德委员长，陈毅、贺龙、李富春三位副总理，罗荣桓元帅等中央首长，以及二总部和各军兵种领导先后来到展览现场视察，一时间将帅如云，盛况空前。首长们对军事工程学院一个系能取得这么多高水平科研成果感到非常惊讶，给予高度评价和热情鼓励。贺龙元帅说：“要注意保密啊。”意思是连苏联人也不让知道。

周恩来总理兴致勃勃地观看了展览，他对 901 专用电子数字计算机很感兴趣，仔细听完慈云桂的介绍后，深情地对陈赓和慈云桂说：“干得很有成绩嘛，要继续努力！”临别时还握着慈云桂的手说："要发展我们自己的计算机啊！我们起步晚，但也要赶超！"

周总理的嘱托和老帅们的赞扬鼓励，使慈云桂和在场的科研人员倍受鼓舞，更感到肩负责任的重大。这也成为他们继续努力拼搏的强大动力。

在此期间，慈云桂还专门请中国科学院计算技术研究所阎沛霖所长来现场观看了计算机，并对研制组在计算技术研究所期间得到的大力支持和无私帮助表示衷心感谢。

展览期间，慈云桂向陈赓院长详细汇报了研究开发和应用电子计算机的重要性，901 计算机的研制情况、战术技术性能、应用领域和范围，以及今后的发展方向等。陈赓院长细心倾听，不时发问。当慈云桂汇报目前遇到的最大困难是人才短缺时，陈赓院长明确指示："人力不够，靠自己培养，你们研制 901 机，不是边学边干，在战斗中成长吗？学校就是培养人的，机器研制出来，还要继续发展，人也要培养出来，使我国的计算机事业发展得更快一些。你们回去，立即成立计算机专业（学科），学员来源就在北京解决。你们马上写个报告，找海军罗舜初副司令员批。"

陈赓不愧是位有远见卓识的大将，他高瞻远瞩，当机立断，及时做出建立电子计算机专业（学科）的重大决策，为军事工程学院－国防科技大学计算机事业发展奠定了基础，同时也解决了学员来源问题。"边学边干""在战斗中成长"也成为慈云桂领导的这支计算机教学科研队伍在长期教学科研实践中的战斗口号和实际行动。

根据陈赓院长指示，1958 年底，参展展品和人员回来后，海军工程系党委立即召开会议，就成立计算机临时教学组织、学员到校后的安排、教员来源、实验室建设、教学大纲和教学计划的制订等问题进行了专题研究部署。1959 年初，计算机临时教学组织在海军工程系成立。1960 年 2 月，海军工程系成立军用计算机教研室，很快组建起一支计算机教学队伍。9 月，第一期学员开学，正式拉开计算机专业人才培养的序幕。

1959 年元旦，军事工程学院举行技术革命报捷大会，154 项科研成果参加展出，901 专用电子数字计算机参加了这次展览。

5 月 15—17 日，军事工程学院召开第二届先进集体暨积极分子代表大会，901 研制组被评为先进单位并荣立集体二等功，先进分子柳克俊受到表彰。

6 月 23—30 日，海军司令部组织对 901 专用电子数字计算机进行鉴定，一机部 9 局、10 局，四机部 15 所（华北计算技术研究所）、32 所（华东计算技术研究所），总后军械部，海军科学研究部，国营 710 厂，军事工程学院等单位 20 多名专家和领导参加了鉴定。鉴定认为：901 专用电子数字计算机设计可行，军事工程学院首次在国内设计制造出专用电子数字计算机，为计算机在武器装备上的应用做了有益的尝试，为专用机的研制提供了经验。同时指出需继续解决的问题，决定立即在一机部国营 710 厂进行研究、设计、试制正式样机。这项工作由军事工程学院陈福接、耿惠民负责。

根据鉴定组提出的要求，901 专用电子数字计算机进行重新设计和改进。12 月下旬，研制组首先进行海上试验和调查。根据海上恶劣环境对计算机的要求，结合 901 调机经验后决定：一是按可靠性、稳定性要求，重新进行设计定型；二是利用军事工厂优势，对机械结构、通风方式等重新设计；三是严格把好电路实验定型关、元器件老化测试关、机械加工质量关、电器装配质量关、分调联调关等。

1961 年 11 月，在全国经济十分困难的情况下，国营 710 厂生产了一台性能较好的901电子管专用数字计算机。由于慈云桂他们是初次研制计算机，对装艇条件和武器装备的特点认识不足，对军工产品的生产缺乏经验，在机械结构上过多考虑坚实可靠，结果由于体积较大、重量较重，不能满足装艇要求。运回哈尔滨后，军事工程学院成立计算中心，901机改为学院唯一接受计算任务的通用计算机，解决了学院的燃眉之急。经1963年8月至1964年2月近半年时间统计，开机1587小时，算题时数954小时，共算了12种类型25道题，有的题目连续运算19小时，结果正确，有力说明该机的稳定性和可靠性。

从1959年初开始，901鱼雷快艇指挥仪小型化科研项目由柳克俊挂帅，历时30余年，经历电子管、晶体管、指挥系统开发、系统试验与设计定型、计算机集成电路升级和生产定型、装备部队、系统退役几个阶段。在不同年代、不同岗位参加这一任务的科研人员累计达百余人，他们克服工作和生活中的许多困难，做出了各自的贡献。

当年参加这一科研项目的齐治昌后来深有感触地说："901任务组科研攻关非常艰难，付出大量艰苦劳动，最终完成了这一光荣任务。这种为军队现代化建设勇于创新、艰苦奋斗、团结协作、锲而不舍、为军队建设服务的精神是'哈军工'优良传统的具体体现，是学校一笔宝贵的精神财富。我有幸加入我国计算机先行者慈云桂、柳克俊、胡守仁、陈福接、耿惠民、盛建国等创建的研发团队，参加鱼雷快艇指挥系统的软件研制工作并最终装备部队，从中受到了锻炼，增长了才干，为我后来的军校生涯和科研教学工作打下了良好的基础。"

齐治昌，1942年1月生，辽宁省锦州市人。1965年毕业于中国科技大学应用数学系计算数学专业，分配到军事工程学院电子工程系408研究室工作。先后参加了901鱼雷快艇指挥仪软件、441B－Ⅲ机Fortran语言编译器、424随机振动控制系统、“银河－Ⅰ”Fortran语言编译器的研发工作。曾任国防科技大学计算机系兼研究所副主任，国防科技大学研究生院副院长、教务部教务长、副校长兼研究生院院长；少将；教授，博士研究生导师。

901专用电子数字计算机是在“大跃进”的时代背景下，在慈云桂领导下，以敢想敢干的大无畏革命精神，自主设计研制的我国第一台专用电子数字计算机，标志着中国人在计算机研究与开发的道路上迈出了第一步，在中国计算机发展史上具有重要意义。同时也有力说明，计算机并不神秘，外国人能做到的中国人同样可以做到。

慈云桂以科学家的战略眼光和远见卓识，敏锐地觉察到计算机这一新生事物具有的无限发展潜力，积极主动适应中国计算机事业发展的紧迫需要，果断从雷达学科领域转入计算机这一新兴学科专业方向，成为中国最早从事计算机事业的主要开拓者之一。耿惠民高级工程师回忆说：“在研制901机时，慈云桂不仅是领导，还和我们在一起，每天加班到凌晨两三点，为此付出了大量心血。”

901专用电子数字计算机虽然很小，速度也不快，却是参观人数最多的一台计算机。在该机研制及展示过程中，近百位党和国家领导人、部委领导和高级将领的视察，两百多位院校领导和专家参观，进一步推动了党和国家对发展我国计算机事业的战略部署，有力促进了计算机知识的宣传普及，有效推动了我国计算机教育事业的发展。在短短两三年内，全国各地计算机研究、生产和教育机构如雨后春笋般纷纷建立，许多高等院校先后开设了计算机专业，国家有关部委陆续成立了主管计算机研究、生产和应用的机构，国家向苏联、英国派出学习计算机专业的留学生，创办了计算机学术刊物等，形成了一股学习、研究和生产计算机的高潮。这一良好局面的出现，901 机功不可没。1978 年，该机荣获全国科学大会奖和湖南省科学大会奖。

通过参加 901 计算机科研实践，首先，使慈云桂和科研人员认识到计算机在国防和国民经济建设中的重要作用，从而激发了研制计算机的热情，坚定了研制计算机的信心与决心。其次，学习掌握了计算机技术，使许多人从“门外汉”变成研制计算机的行家里手，培养了一批理论联系实际、动手能力强、能够研制计算机的专业骨干队伍，积累了宝贵的科研经验，为“哈军工”计算机事业未来发展奠定了基础。再次，催生军事工程学院计算机学科专业的形成与发展，从而开启了“哈军工”自主发展高性能计算机的大门，走开教学科研相结合培养人才的新路。最后，研制 901 机的经验教训，使慈云桂和科研人员充分认识到计算机稳定可靠的极端重要性，从而把确保稳定可靠作为以后研制计算机的首要指导思想。

胡守仁后来说：“901 机对‘哈军工’来说非常重要。因为搞了 901 之后，把计算机学科专业搞起来了，这个是星星之火。计算机专业搞起来了，也培养了人，计算机研究方向也定了，科研也开始搞了，它是一个非常重要的开端。没有 901，就没有‘哈军工’的计算机系！”

第七章 Chapter 7

主持研制中国首台晶体管通用计算机

二十世纪六十年代初，计算机技术全面进入晶体管时代。慈云桂访英期间发现这一新动向后，立即写信回国，建议停止电子管计算机研制，并利用访问间隙完成了晶体管计算机体系结构方案设计和逻辑电路初步设想。回国后他立即向国防科委汇报并争取到研制任务，在极其困难的情况下，用国产晶体管研制成功中国第一台 441B 晶体管通用计算机，其高可靠高稳定性达到国内领先和国际先进水平，标志着中国计算机技术从电子管时代走向晶体管时代的重大转折。这是慈云桂事业上的重大贡献，也使他成为我国计算机事业发展最初阶段少数几位著名学术带头人之一。

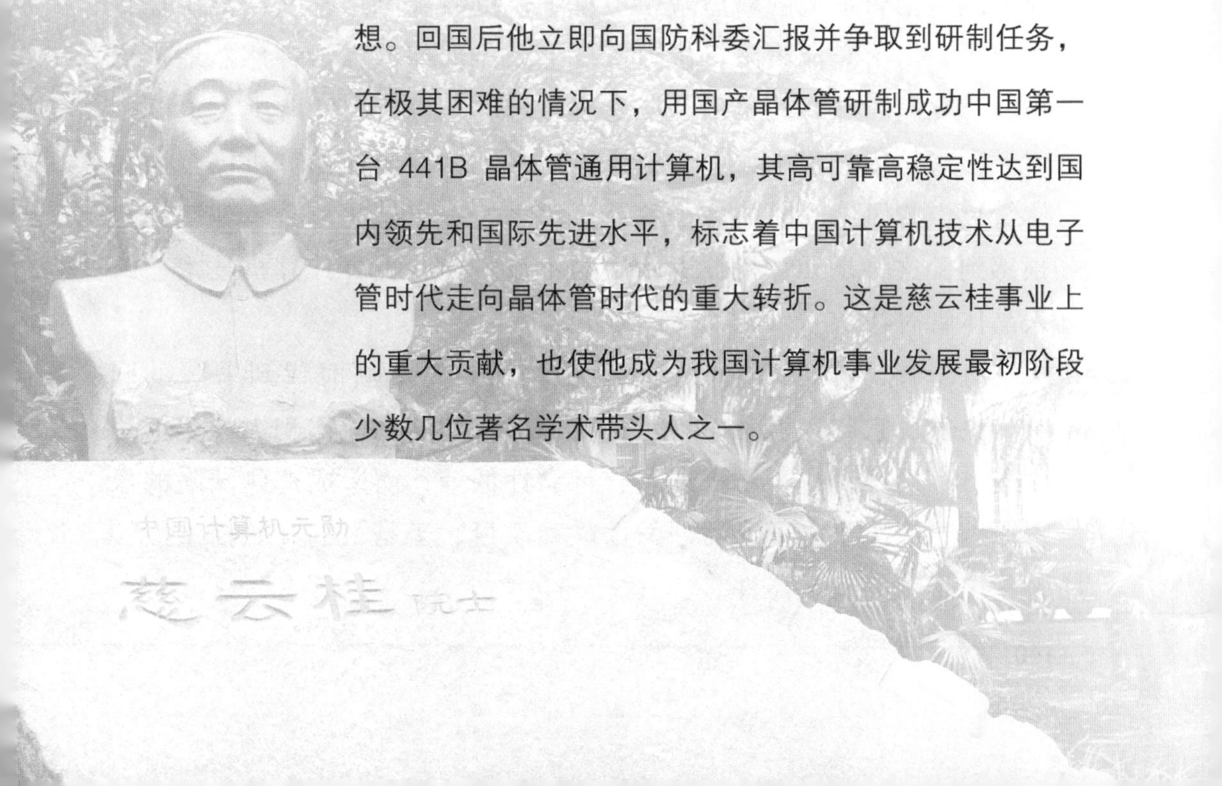

1. 从英国发回研制建议

1961 年 9 月，慈云桂作为中国电子学会计算机代表团副团长访问英国。在两个多月的访问中，他们走访了剑桥大学、牛津大学、曼彻斯特大学、爱丁堡大学和伦敦大学帝国学院，参加了许多学术会议，参观了电子技术展览会，考察了多个计算机公司，搜集到一大批计算机资料，受益很大，收获颇丰。

早在 1947 年上半年，慈云桂受国民政府委派，赴英国参加雷达技术培训。时隔十多年后，当他再次来到伦敦时，发现第二次世界大战给伦敦造成的断垣残壁不见了，世界金融之都又恢复了往日的繁华，街上车流滚滚，伦敦塔桥上人流如织，大本钟悠然地正点报时，北欧明珠在战争的废墟上迅速崛起，重新焕发出迷人光彩。

参观访问过程中，慈云桂惊讶地发现，英国的计算机已全面晶体管化，曾风靡一时的电子管计算机迅速退出历史舞台。他敏锐地预感到，这将是计算机技术发展的主流方向，世界计算机技术已跨入晶体管时代。

电子管计算机诞生后，人们在欢呼“一个新时代到来”的同时，也发现它与生俱来的不足：寿命短、功耗高、体积大、运算速度慢、存储容量小、坚固性差、可靠性低等，而造成这些缺陷的根本原因，取决于电子元器件的性能和质量，于是人们开始探索能够替代电子管的新元器件。

1947年12月，美国贝尔实验室科学家肖克莱（William Braford Shockley）提出了绝缘栅场效应理论，同实验室的布拉顿（Walter Houser Brattain）和巴丁（John Barden）根据这一理论，发明了世界上第一个“点接触晶体三极管”。1949年，肖克莱又发明了以PN结为基本结构的“结型晶体管”，比点接触晶体管具有更显著的优越性，在半导体技术发展中意义更为重大，因而肖克莱被公认是“晶体管的真正鼻祖”。他们三人因此共同获得1956年度诺贝尔物理学奖。晶体三极管既有电子管的跨导（transconductance）特性，又有变阻器（varistor）的特性，于是贝尔实验室的技术主管皮尔斯（J. R. Pierce）取前者的头和后者的尾，合成了“transistor”这个新词来命名。在中国则称为“晶体管”。

半导体晶体管的问世，标志着飞速发展的信息革命的正式开始，具有划时代的重大意义，从而揭开了微电子学革命的序幕。随着生产工艺的不断改进，到二十世纪五十年代中期，半导体晶体管已达到可以批量生产民用计算机的水平，从此晶体管很快代替了真空电子管。

1953年11月，英国曼彻斯特大学研制成功的实验型晶体管计算机首次运行。虽然这台计算机只有简单的7种功能操作码和一条64个字的磁道作为主存储器，但他们认为这是世界上能进行工作的第一台晶体管计算机。

美国虽然比英国晚两三年研制晶体管计算机，但发展势头迅猛。从二十世纪五十年代中期至六十年代初期，他们先后研制成功弹载晶体管计算机，全晶体管数字计算机TRADIC，晶体管化试验计算机TX－O、TX－2，大型通用晶体管计算机Philco Transa S－2000，小型晶体管计算机Recomp－Ⅱ等多种机型。特别是1960年6月IBM公司为弹道导弹预警系统生产了晶体管计算机709TX，其中作为商用型号的7090计算机，是当时世界上最强的数据处理机，广泛适用于导弹、火箭发动机、喷气式发动机、超音速飞机和原子反应堆的设计和商业应用，把晶体管计算机水平提高到一个前所未有的高度。

夜幕降临了，古老的伦敦华灯初上，被五光十色的霓虹灯装扮成真正的不夜城。回到住处，慈云桂伫立窗前，无心欣赏伦敦美丽的夜景，任微腥的海风吹拂衣角，陷入了深深的沉思。

目睹西方发达国家计算机技术发展如此神速，更新换代如此之快，慈云桂感到非常震惊，更感到一种从未有过的紧迫感。然而就在出国访问前不久，由他主持的4041通用电子管计算机项目刚刚上马，同事们还在日夜攻关。本来研制通用计算机从上到下包括院领导就有很大异议，他经过顽强争取才上马，现在他又提出要下马，岂不是自打嘴巴？慈云桂感到如芒刺背，坐卧不宁。他认为，中国计算机事业既以赶超世界先进水平为目标，就不能无视世界计算机发展的新动向，要赶超就得不断加速、奋起直追，否则就会让别人拉下更远的距离……想到这里他顾不了那么多了，为了国家计算机事业发展，为了跟上世界计算机技术发展步伐，他立即提笔给研制组领导写信，介绍世界计算机技术发展情况，建议立即停止电子管通用机的研制工作。

访英期间，慈云桂一边参观学习，一边想方设法搜集晶体管计算机方面的资料，到了晚上他把自己关在宾馆里，参考英国的一些先进机型，通宵达旦地开始了晶体管计算机设计，终于赶在回国前完成了晶体管计算机体系结构方案设计和逻辑电路初步设想。

初冬时节，中国计算机代表团准备踏上回国的旅程。慈云桂回眸英伦大地，忽然想起徐志摩《再别康桥》中的诗句“悄悄的我走了/正如我悄悄地来/我挥一挥衣袖/不带走一片云彩”，慈云桂哑然失笑，英国的云彩我是带不走，可我却带走了新的思想观念，带走了许多新的计算机知识和资料，带回了一份计算机体系结构框图和部件方案。

1961 年 11 月，慈云桂回到北京后，立即到国防科委汇报。

国防科委成立于 1958 年 10 月 16 日，经中共中央批准，原先成立的国防部航空工业委员会与国防部第五部（负责常规武器的科研工作）合并，成立国防部国防科学技术委员会，简称国防科委。聂荣臻任主任，陈赓任副主任，黄克诚、方毅、刘亚楼、萧劲光、陈士榘、宋任穷、赵尔陆、许光达、张爱萍、张劲夫、钱学森、刘居英等 23 人为委员。

慈云桂来到国防科委科技部主管雷达、计算机和指挥仪的四局局长李庄办公室，汇报了自己访英期间了解的计算机技术发展情况和感受，建议国内立即停止电子管计算机的研制与生产，迅速上马晶体管计算机项目，并主动要求承担这一艰巨任务。李庄局长听了他的汇报和建议后高度重视，立即向国防科委主任聂荣臻元帅汇报，还安排他在国防科委大楼作了一次访英专题报告。聂帅对慈云桂的建议给予肯定与支持，并指示：尽快用国产晶体管研制出通用计算机。

聂帅的指示让慈云桂感到喜出望外，也感到沉甸甸的压力。军事工程学院本来没有研制计算机的任务，科研试验条件也比较差，鉴于慈云桂的积极要求，李庄局长同意了他的请求，并要他回去后以学院名义向国防科委写报告，列入国防科委科研项目。临走前，还给了他 700 多支国产晶体三极管。

时任国防科委科技部四局参谋唐遇鹤后来回忆说：“1961 年，慈教授从英国访问回来向李庄局长汇报时，因我分管计算机和指挥仪，当时也在场。他说现在国际上的主流机型是晶体管的，跟英国人谈，英国人说不卖给我们。他说从计算机发展趋势来看，我们国家应该马上搞晶体管计算机，电子管计算机应该停止生产了。我们局里那时候根据国际计算机发展情况也正在考虑上马晶体管计算机，这跟我们的思路就吻合了。‘哈军工’本来没有计算机攻关任务，科研试制条件也不太理想，但慈教授知道国防科研急需性能更好、速度更快的计算机，主动向国防科委请战，我们相信他的实力和决心，就同意把任务给他们。”

慈云桂在国防科委口头受领任务后，以急迫的心情马上赶回哈尔滨。在我国计算机技术由电子管向晶体管发展的关键时期，慈云桂发现国际计算机技术发展新动向后，积极向上级主管部门建言献策，并勇于承担这一风险很大的创新项目，充分体现了一位科学家的拳拳爱国心、战略眼光和勇于担当的精神。然而他没有首先向“哈军工”领导汇报，就在北京接受了新的重大科研任务，给这一任务上马与研制工作带来许多意想不到的困难。

2. 力排众议艰难上马

果不其然，晶体管计算机的上马与研制工作遇到很大阻力，可谓一波三折。慈云桂回忆说：“研制441B－Ⅰ、441B－Ⅱ晶体管计算机的过程是曲折的复杂的，多灾多难，困难重重。”

回到学院的当天晚上，慈云桂到实验室看望大家。偌大的实验室仅有五六个年轻人在加班，显得冷冷清清。大家看慈教授回来了，马上围拢过来，兴高采烈地问这问那。慈云桂向大家介绍了自己在英国的所见所闻和感受，以及英国计算机发展情况和发展趋势，几个年轻人听得很入神。

当慈云桂了解到4041任务没有停止，科研队伍仅剩下几个年轻人后非常生气，他让他们马上回去休息，并告诉他们这个项目要马上停止，准备上晶体管计算机项目。几个年轻人听后感到有些难以理解，小声议论：慈教授怎么搞的？怎么又要搞晶体管计算机了，晶体管看都没有看到过。

待到几个年轻人离开后，实验室一下安静下来，慈云桂呆呆地望着堆满半个房间的计算机元器件，心情十分沉重。他清楚，这个4041通用电子管计算机项目是他领导设计的，对方已投入200多万元，而且已与用户签了合同，这时候喊停项目，难怪同志们不太理解，他心里也万般不舍。尽管这个机型与901相比有很大进步，在国内属一流设计，但在国际上已成为淘汰产品，如果继续干这一项目，将给国家造成很大浪费。

慈云桂哪里知道，他一离开学院去英国，研制队伍就基本解散，只剩下几个年轻人。本来教研室有的领导就不热心科研工作，同时认为搞通用计算机不是方向。个别专科领导也不太服知识分子出身的慈云桂管理，尽管他是系副主任，却一直将矛头对着他。

当时国家的经济形势也无法与几年前相比。1961 年我国正处在三年困难时期，吃饭都成问题，中央实施“调整、巩固、充实、提高”八字方针，基本建设处于调整压缩时期，全国多项大工程纷纷下马，这时候要启动新的重大科研项目可谓困难重重。慈云桂的长子慈林林回忆说：“那时条件十分艰苦，我爸是教授，可那时我们家吃什么呢？经常吃忆苦饭那样的菜团子和在豆制品上涂了颜色的人造肉，烙的添加了麸子和糠皮的玉米饼，吃了以后拉不出大便。”

因此，慈云桂从英国来信让立即停止电子管计算机项目，上马晶体管计算机项目，科室领导不予理睬。等他带着新的科研任务回来时，研制队伍已七零八落。

第二天，慈云桂来到系里，要求马上停止电子管计算机项目，立即上马晶体管计算机任务，大家听后普遍感到震惊！下马意味着否定自己用心血换来的成果，还意味着撕毁协议，上马又谈何容易。专科领导认为这是系党委批准的项目，不同意下马。其他系领导对他的想法和建议也不太理解。

慈云桂看无法说动系和科室领导，立即向学院领导汇报。令他没想到的是，学院有关领导听了他的汇报后，也不同意他的想法和建议。他据理力争，强调在国际上电子管计算机已属淘汰产品，继续研制将给国家造成很大浪费。这位领导听后讽刺道：“当初说要上马的是你，现在说要下马的还是你，你把科研工作当儿戏啊？”

慈云桂争辩说："此一时彼一时。现在西方发达国家电子管计算机已遭淘汰，已全面晶体管化，这是今后计算机技术发展的主流方向，我们要急起直追，否则就会被他们甩得更远。"

这位领导听得实在有些不耐烦，便怒气冲冲地拍着桌子说出了心里话："你未经院党委同意叫停科研项目，又以个人名义在北京接受新的科研任务，这是目无组织的行为！"

慈云桂听后也毫不示弱，把桌子拍得"啪""啪"响："这是经聂总批准、国防科委机关同意的！"

"想用聂总来压我？"这位领导听后更加生气，便口不择言："聂总也要接受党的领导，不能个人说了算。院党委不知道此事，不能上马！"

谈话无法继续下去，慈云桂愤愤地离开办公室。

此后几天，学院尤其是系内就此议论纷纷，有人说他"想出风头"，有人说他"越权"，有人说"搞通用机是方向性错误"。议论的声音越来越大，调子越来越高，有人甚至无限上纲上线，上上下下都不理解他的想法和建议，让慈云桂的心凉透了。他回忆说："真是满腔热情，一盆冷水。"

当然，议论中也不乏一些中肯的意见。五十年代末，我国晶体管研制刚刚起步，生产的晶体管质量较差，有的晶体管上的三条"腿"摸起来都摇摇晃晃。1959 年，我国相继研制生产出一批晶体管 ZK307，立即被有关单位用来研制计算机。到 1961 年，机器是安装起来了，但很不稳定，几分钟就出一次毛病，不是管子被烧坏，就是电路出现故障，最终不得不以失败告终。因此，国内一些计算机专家听说慈云桂想用国产晶体管研制计算机，就告诉他"别做梦，不可能的"，叫他死了这条心，并断言：五年内用国产晶体管做不出稳定可靠的通用计算机。

面对重重阻力和强大的舆论压力，一般人可能会就此罢休，可慈云桂不是“一般人”，为了国家利益，为了中国计算机事业的长远发展，他一定要坚持到底，决不后退！哪怕前路艰险，荆棘遍地。他坚定地认为，路总是人趟出来的！我们只有以壮士断腕的决心和勇气，忍痛割爱，才能追上西方先进国家的步伐。

关键时刻，国防科委领导和机关给予慈云桂以坚定支持。他马上向李庄局长打电话反映情况，李庄局长向聂帅多次请示汇报后，国防科委领导和机关多次给军事工程学院领导和科研处打电话做工作并下文件，学院最终才勉强同意停止电子管通用计算机项目，接受了晶体管通用计算机研制任务。

胡守仁后来回忆说：“当时国内对搞晶体管计算机分歧较大。因为我们国家刚开始生产晶体管，有的专家认为，国产晶体管质量比较低，技术参数参差不齐，可靠性不高，用国产晶体管五年内搞不出稳定可靠的计算机。而慈教授认为，用国产晶体管还是可以搞的。首先，国产晶体管你不用它的话，它的性能怎么提高？你只有不断地用它，发现问题，不断改进，才能不断提高啊。其次，可以从电路设计方面来想办法，弥补它的一些不足。换句话讲，我们可以用不太稳定可靠的元器件，采用可靠性设计方法，研制出稳定可靠的基本电路来弥补它的不足，进而研制出稳定可靠的计算机。”

经过深入调查分析，慈云桂带领大家迅速完成《关于立即开展晶体管计算机研究与开发》的详细论证报告，以学院名义报国防科委后，很快得到批准。至此，军事工程学院正式承担了晶体管通用计算机研制任务，标志着中国计算机技术将从电子管时代走向晶体管时代的重大转折。

放弃总是比坚持要来得容易，后退总是没有前进那么举步维艰。曾国藩有句名言："天下事有所逼有所激，而成者居其半。"天下难事必须有人站出来躬身入局，挺膺负责，勇于担当。如果大家都事不关己、高高挂起，当旁观者，那什么事也别想办成。晶体管化已成为世界计算机技术发展的潮流和方向，国内许多人尚未认识到这一点，慈云桂不仅认识到了，成为少数"先知先觉"者，难能可贵的是他马上付诸行动。更难能可贵的是，当实施过程中遇到很大阻力时，他没有选择放弃，而是迎难而上！这就是慈云桂能够成为中国计算机事业开拓者的过人之处。

3. 奋战三载 441B 大功告成

在慈云桂坚定信念鼓舞下，1961 年底，一批年轻的助教和学生聚集到他的麾下，迅速热火朝天地干了起来。搞科研首先要有队伍，慈云桂紧锣密鼓地招兵买马，他头一个想到的就是见习助教康鹏。

康鹏，祖籍山东鱼台，1937 年 10 月生。1955 年 8 月从河南开封考入军事工程学院海军工程系，1959 年提前毕业留校赴清华大学进修，参加了多种型号计算机研制，六十年代在晶体管电路设计中的两项发明被称为"康鹏电路"。后调国防大学任教，继续从事计算机教学科研工作；教授。

为了备好课，康鹏夜以继日连轴转，当时正赶上三年困难时期，缺乏营养，他两次累得吐血，直至被送到医院。慈云桂对这个有“拼命三郎”劲头的山东小伙子印象很深。他对康鹏说：“有个任务你敢不敢干？”

康鹏急切地问：“什么任务？”

慈云桂说：“晶体管计算机。就是半导体。”他又补充说：“就是苏联科学院院士干的，你干不干？”

康鹏一听说是晶体管，眼睛立即发亮。他知道，晶体管在当时可是尖端，对他这个连毕业证都没有拿到的见习助教来说，就像磁铁一样具有强大吸引力。他立即不假思索地回答：“干！”

慈云桂拍拍康鹏的肩膀鼓励道：“好！我就欣赏你胆大。”慈云桂性格耿直，说话语速很快，办事雷厉风行，与人谈话总是这样随时随地，三言两语，直奔主题，从不拐弯抹角。他简短的一次谈话，使康鹏日后成为计算机研制队伍中的一名主力，做出很大贡献，成为著名计算机专家。

经过几个月紧锣密鼓的准备，1962 年 3 月 5 日，晶体管计算机设计组在电子工程系电子计算机教研室正式成立，组长刘德祯，副组长康鹏、嵇启先，主要成员有任连仲、谭信、曹恤如、李忠德、方观尧、刘文玺、林信荣、俞咸宜、陈显惠等十多人，还有彭昌贵等几个复员战士和技术工人等科研辅助人员，具体由系副主任慈云桂领导。1963 年中，王振青、黄志贤、周凤武、盛运焕、黄盛忠等逐步补充进来。其中王振青正在读慈云桂的研究生，慈云桂对王振青说：“参加科研实践是研究生学习的重要途径。要在战争中学习战争，在战斗中成长。”

通过 901 专用计算机的研制，慈云桂认识到专用计算机具有局限性，因而决定研制一台通用计算机，他主持设计的 4041 电子管计算机就是一台通用计算机。他认为如果通用计算机研制成功，不但能解决科学计算问题，如有特殊需要，只要在此基础上稍作改动就可实现专用计算。因此他认为通用计算机技术将有更广阔的应用前景，发挥更大的作用。随后三十多年，他一直把握着这样一条技术路线，实践证明他的这一决策十分正确。

慈云桂安排康鹏负责运算控制器设计，嵇启先、任连仲负责存储控制器设计，谭信负责电源设计，曹恤如负责机械结构设计。

基本电路是计算机的核心，其中许多关键技术当时国内尚无人解决。慈云桂不拘一格用人才，让年仅25岁的见习助教康鹏做课题组技术负责人和逻辑设计师，一向非常自信的康鹏自己都没有想到，顿感压力巨大。慈云桂鼓励他说："计算机是个年轻的事业，年轻人充满朝气，敢想敢干，不受框框约束，最具创造力。我信任你，大胆干，不要有顾虑。"望着慈云桂信任的目光，康鹏的胆子也壮了起来。

设计组成立了，可还没有实验室，慈云桂让大家四处搜寻，有人发现学院的坦克仓库空着，而且特别宽敞，喜不自胜，向慈云桂报告后，他说"管他呢，先用了再说"。大家七手八脚地打扫卫生，接电源、拉电线、搭工作台，在这里摆开科研战场，一场中国新一代计算机攻坚战就此打响。

队伍建好了，工作场所有了，可新研制的计算机还没有名字。一天，一位教员到仓库领器材时，发现女仓库保管员在器材登记本"科研项目"一栏写着"441B"，指四系404教研室1号任务的第二个型号，回来后将这一情况报告慈云桂。他与大家一商量，认为这个名字好。这样新研制的晶体管通用计算机就有了自己的名字——441B。

研制工作一开始就面临很大困难。起步于"大跃进"时的中国半导体工业还处于试生产阶段，生产的晶体管成品率低，参数离散较大，性能不够稳定可靠。这一问题也成为当时困扰所有计算机研制者们的一个突出问题。如何克服这一缺陷，是研制组必须攻克的头一个难题。

这支科研队伍除慈云桂教授和刘德祯讲师外，其他成员都是二十来岁的助教、见习助教、研究生和工人，除个别人经历过901机的锻炼，大部分人不了解计算机。对于晶体管计算机，包括慈云桂自己在内也很陌生。

研制901机时，由于缺乏经验与严格要求，没有请工人参加，都是科研人员自己动手加工焊接组装，生产工艺水平较差，致使计算机不够稳定可靠。慈云桂清楚地记得，1958年11月在北京展出时，他们都是先一天晚上加班调试好机器，才能保证第二天首长参观时演示不出问题。

慈云桂没有在这些困难面前退缩。越是未知领域，越能激起他探索的兴趣；越是困难，越能激发他迎难而上的斗志。这是贯穿慈云桂一生的一个突出特点。他以极大热情迅速投入研制工作，多次给设计组人员讲，这是国防科委下达的正式任务，要按照毛主席"在战略上藐视敌人，在战术上重视敌人"的指示精神，以科学求实的态度，稳扎稳打，知难而进。他鼓励大家，在思想上要贯彻敢想、敢说、敢干的"三敢"精神，积极探索，大胆创新；在具体工作中，要严格落实聂荣臻元帅倡导的"严肃的态度、严密的组织、严格的要求"——"三严"作风，稳扎稳打，一丝不苟，集中精力打歼灭战；在指导思想上，明确提出必须把系统稳定可靠放在首位，在基本电路、系统可靠性设计和生产工艺三个方面狠下功夫。

康鹏后来回忆说："慈云桂教授对晶体管计算机的热情是无可比拟的。他总说这是一个光荣的任务，是国防科委的项目。开始项目组以为这仅仅是一种鼓励，后来才知道，真的是国防科委的正式任务，是慈教授直接向国防科委要来的任务。那时候，慈教授住在五十年代陈赓院长给教授建的‘老红楼’，我们几乎每天晚上都到他家去，汇报科研进展，共同讨论研究遇到的问题。一开始，慈教授让大家先学习半导体理论。看了几天的书，我就对他说，不应该花太多时间去钻研半导体理论，我们主要是用晶体管，知道它的特性，会用就行了。慈教授在科研上作风很民主，听得进不同意见，我说这话他也不生气。他对我说，小康，你带个人到其他几个所调研一下，看他们是怎么搞的。”

康鹏到中科院计算所、四机部计算机研究所等地调研后，到慈云桂家里汇报。“慈副主任，”康鹏说出了自己的担忧，“科学院等近千人大所研制晶体管通用机，两年过去了，都没有搞出来，可见研究工作难度之大。我们现在只是一个十多个人的小组，连人家一个研究室的规模都不够，我在考虑怎么才能拿下这个任务。”

慈云桂鼓励他：“在苏联，这样的大课题都是院士一级的大科学家们干的，我为什么选你？为什么选的都是一些年轻人？我对你们的创新潜力有信心。不要被大院大所吓住，我们军工在军用机上已经走在前面，通用机也能闯出来。”

康鹏说：“我反复想过，我们不是三头六臂，在实力上无法和人家相比，所以不能走他们的老路，必须闯一条新路。他们大都采用外国的诺尔电路，我们国产的晶体管很难适用这种功耗大的电路，况且还有别的问题。”慈云桂肯定康鹏的思路，充满信任地鼓励他。

晶体管寿命短和不稳定是摆在设计人员面前的两大难关。那段时间，康鹏走路想、坐车想、吃饭想，无时无刻不在想解决这两个难题。在那个以阶级斗争为纲、政治挂帅的年代，三天两头地搞阶级斗争、红专关系教育，康鹏利用这些教育时间，思想开小差跑到解决这些难题上。

1962 年 5 月，设计组成立两个月后的一天，康鹏独辟蹊径，完成了第一个发明——隔离－阻塞式间歇振荡器。康鹏讲了一年多的脉冲电路课，对晶体管原理和电路有比较深入的了解。他认为运算器运算混乱主要是逻辑上出了问题：竞态冒险，抢道。他想办法用隔离阻挡外面信号，用阻塞封堵内部反转，使晶体管在不通导时处于深截止，在通导时用强驱动使其转变为深饱和，圆满解决了这一难题。

这一发明同时解决了减小功耗问题。早先的晶体管功耗过大就会烧毁，康鹏让晶体管在脉冲状态下工作，在无脉冲时就阻塞，这样功耗小寿命自然就会延长。他形象地比喻："就像一个人背东西，走路时就背着，不走时就放下休息，这样就感到很轻松，能走更远的路。"他在 8 位运算器上试验，只要把阻塞拿开就停机，证明阻塞有效。

第一个难题攻克后，设计组人员信心大增。可是，触发器是一个更难啃的硬骨头。触发器的工作原理有三个过程：先触发，接着是恢复，然后是稳定过程。当时所用的触发器使用正反馈，开关电灯都会导致触发器翻转，非常敏感，很不可靠。慈云桂鼓励康鹏："如果你把触发器的问题解决了，人家就真正承认你是电子专家了，你就是这个！"说着他竖起大拇指，给康鹏鼓劲，加压力。

那段时间，康鹏反复捉摸这个问题。他想，既然正反馈易受干扰那就不用正反馈，把电路改成双边触发，信号反相送到电路两边，两个信号分别推拉，合力完成翻转，彻底防范干扰影响，触发器岂不稳定了？

盛夏 8 月的一天半夜，睡在实验室宽大工作台上的康鹏突发的灵感将他"双边推拉"的思路全面导通，兴奋得一夜未眠。第二天一大早，他请实验室周堤基主任帮助做出电路，只花了几分钟就做好了，经试验完全按照他的设想，“推拉式触发器”诞生了。电路只用2个三极管，不像过去要6个，也不再要求两边的晶体管参数对称，不仅电路性能改善，器件准备和生产也都简单多了。

周堤基，1931年生，陕西周至人。1953年从西北工学院（现西北工业大学）电信专业毕业后，分配到军事工程学院海军工程系310教研室工作，长期担任计算机实验室主任，先后参加了441B、151、“银河－Ⅰ”等多种型号计算机研制。1985年调解放军原总后勤部科学技术研究所工作，任总工程师。

康鹏的发明当时轰动了我国计算机界。1963年秋，他在西安召开的第三届全国计算机大会上宣读《隔离阻塞－推拉触发器电路系统》论文获得高度评价。1965年10月10日，这一发明荣获国家科学技术委员会颁发的发明证书和金质奖章。1967年，经国防科委聂荣臻主任批准，决定给这一发明命名为“康鹏电路”。

在慈云桂的破格使用和不断激励下，年轻见习助教康鹏终于发明了高可靠、高稳定、抗干扰能力很强的“推拉式触发器”和“隔离－阻塞式间歇振荡器”，率先解决了国内无人解决的晶体管计算机运算稳定性难题，为确保441B整机稳定可靠工作奠定了基础。如果没有慈云桂这个“伯乐”的大胆重用和热情鼓励，康鹏这匹“千里马”的作用也很难发挥出来。这个事例再次说明，青年人富于理想和朝气，具有强烈的好奇心、丰富的想象力和旺盛的创新欲望，正处于“青春追梦时”的年龄，只要大胆使用，正确引导，不断鼓励，他们的创造力是无穷的。这对于今天的科技创新来说，仍具有重要启示和指导意义。

计算机中用以存数的寄存器，其基本单元就是触发器。计算机中不仅有多个寄存器，还有运算器和控制器等，整个系统十分复杂。慈云桂深知系统可靠性是设计出来的，它不仅仅依赖于基本电路。

核心关键技术获得突破后，慈云桂带领康鹏、王振青等人不分昼夜地反复修改系统逻辑设计方案，审查逻辑图纸。特别是不到30岁的王振青，成千上万的逻辑电路，他一丝不苟地进行推导、检查错误、修改图纸。他的这种认真细致劲头后来逐渐形成了一种作风，慈云桂后来常对人说："只有王振青审过的我才放心。"这不仅是细心，关键是对整个系统的理解把控能力和设计能力。

1963 年 7 月，设计组经过艰苦努力，用试制的性能较差的晶体管，研制成功了 8 位稳定可靠的运算器模型机。直到这个时候，国防科委才看到"哈军工"的科研实力，也对慈云桂教授刮目相看。王振青后来回忆说："刚开始研制 441B 的时候，虽然国防科委是支持的，但并没有把好的元件给我们，给我们的是试制的性能较差的晶体管。直到我们经过艰苦努力，用性能较差的元件做出了稳定可靠的运算器模型机，看到了研制成功的苗头时，才从一个兄弟单位调拨了性能可靠、质量更好的 5000 支晶体管给我们。"

441B 晶体管通用计算机项目虽然勉强上马，可是上马之后许多人仍冷言冷语，处处刁难。慈云桂回忆道：

在 8 位样机试验成功，准备下院综合厂三车间生产时，却遇到了难题。个别课题组以科研任务未完成为由（实际已完成），不准 441B 机下厂生产，我们只好在哈尔滨市南岗区找了一家街道小厂，帮助工厂重建车间，培训工人，定工艺卡，派人和工人一起生产，严把质量关。不幸期间发生了一场火灾，幸亏消防队扑救及时，只烧掉两台示波器和十几块印制板，才未造成大的损失。可是，有关领导就此大做文章，召开机关和系领导参加的专门会议，对我进行严厉批评和围攻。会上，有人批评说‘哈军工’搞通用机是犯了方向性错误，勒令441B下马。我不屈不挠，据理力争，引起在座者群起而攻之，又说我犯了顶撞院领导错误，勒令我停职反省。幸亏另一未参加会议的院领导说我没有错误，不用检讨，我才松了一口气。

慈云桂立即向国防科委机关领导汇报，得到他们的大力支持和鼓励，指示学院一定要让441B机到学院工厂生产，科研工作这才重新上路。

设计组在慈云桂带领下，发扬团结协作、无私奉献精神，夜以继日地忘我工作，研制工作不断取得突破。为了更有把握起见，慈云桂带领康鹏、王振青等将8位运算器模型机扩展到20位，经调试考核后，召开了由国内计算机权威专家参加的技术鉴定会，经过各种严格的干扰试验，运算器模型机仍稳定正确运行，得到与会专家的好评。与此同时，嵇启先、任连仲负责的主存模型机研制成功，运行良好，加快了磁芯存储器的研制进度。

元器件的老化筛选、部件测试、电源负荷试验是确保计算机质量的关键。慈云桂带领设计组人员以科学求实的态度，一丝不苟，从难从严要求。一方面，他们向生产厂家讲明元器件的使用环境和要求，不断向生产厂家反馈产品质量情况，将测试记录、测试报告转给厂家，请他们来看，派专人去说明和帮助他们解决生产中的技术问题，不断提高元器件的生产质量。另一方面，创造性地发明了先用变压器油测试，再拿到高温下测试的一整套对国产晶体管科学测试的方法和标准，确保挑选的每一个晶体管都参数一致，稳定可靠，并用火漆封盖后，放在一个包装袋中，在小袋表格里记上测试参数，使用之后包装袋还要存档，以备维修查询。每个元件引线和所有连线两端都要事先用手工刮去镀层，重新沾锡。最值得骄傲的是手工穿线的磁芯存储器：4096 个直径几毫米的磁芯一个个套穿在 64 +64 +1 根漆包线的交叉点上，每个磁芯穿入三根线，形成一块磁芯板；20 块磁芯板连在一起构成 20 位的磁芯体；每颗磁芯都要测试合格，且每颗磁芯都不能穿错线。当时设计组管理和生产过程之严格完全不亚于今天的明星企业。

慈云桂吸取研制 901 机时没有请装配工人的教训，这次插件焊接、整机装配没有走弯路。从部队复员的焊装工人彭昌贵心灵手巧，工作认真细致，将 4 个机柜 427 块插件板的数万根电线逐一用万用表检查，确保一根不错不漏，使计算机只可能出现元器件故障，不可能出现焊点、插件接触不良的情况。负责检查程序的黄志贤制定了总调步骤、方法和预案，以十分挑剔的目光逐一进行检查，确保没有漏线。

在攻关最紧张的阶段，为了弥补研制人员的不足，慈云桂邀请北京工业学院（现北京理工大学）彭一苇、高永峰、龚天富老师和一名技术工人前来支援，还请国防科委 21 基地 21 研究所的吴光军及总后 31 基地、海军工程学院（现海军工程大学）派人边学习边参加研制，使研制队伍扩大到 40 多人。

设计组将经过严格筛选检测的这些元器件装配在一起，经过较长时间的考验，运行良好，不仅验证了理论和逻辑，也验证了元器件老化筛选和全部生产工艺，为整机生产调试打下坚实可靠的基础。

就在计算机装好进入联调的关键时刻，麻烦又来了。慈云桂回忆道：

设计组 40 余人在我直接领导和参加下，昼夜奋战，干劲冲天，24 小时分三班调机，进展很快，眼看就要成功了，又出现功劳属于谁的问题，强调是专科党委、教研室支部领导的结果。实际上，他们从开始就视441B如眼中钉，千方百计刁难阻挡。他们利用'四清'运动，大抓阶级斗争，在联调最紧张的时候停下来搞运动，把441B的两个骨干王振青、康鹏停职隔离审查，说我和党争夺青年一代，把他们引向了邪路等等，我因此多次受到批判，有一次连续两周组织一帮人对我进行所谓揭发、批判、帮助（实际是诬陷、围攻、打击），使我无法吃睡，不允许我进京主持国防科委召开的计算机学术交流会。国防科委领导得知此事后，据说聂帅很生气，由国防科委副主任兼秘书长路阳亲自给学院领导打电话，指定我第二天到京参加会议，才算暂时解脱。一个多月后，王振青、康鹏也恢复了工作。

在全国开展“四清”运动（清政治、清经济、清组织、清思想）和高校开展“拔白旗”运动中，慈云桂他们全神贯注搞科研的做法，与当时的政治氛围很不协调，慈云桂、康鹏、王振青被打成“白专道路”的典型，并排站在台上接受批判。无私无畏的慈云桂在自身难保的情况下，仍然全力保护他这两员爱将，他“批判”康鹏和王振青：“你们年轻人能有什么思想？你们脑子里除了毛泽东思想，还能有什么思想！”

尽管遇到许多干扰和阻力，由于研制工作进展顺利，眼看着他们付出大量心血的计算机即将诞生，慈云桂心里仍十分高兴。1964年“五一”劳动节那天，他借王振青爱人探亲之机，把他们夫妇和康鹏、彭一苇、吴光军几个弟子叫到家里吃了顿饭。大家边吃边聊，憧憬着即将诞生的计算机，心里十分兴奋，饭后还在一起合影留念。这份情谊令弟子们终生难忘。

慈云桂（中）与彭一苇、王振青、康鹏、吴光军（左起）

1964年5—8月，国务院副总理薄一波、全国人大常委会副委员长兼秘书长彭真、最高人民检察院检察长张鼎丞先后来军事工程学院视察，参观了计算机研制现场，称赞他们了不起，使慈云桂和设计组人员受到很大鼓舞。

8月的一天，经过两年半艰苦奋战，441B整机生产完成并进行分调、联调和试算，样机研制成功，创造了用质量不完全过关的国产晶体管，研制成功高质量、高稳定、高可靠计算机系统的奇迹。

调机成功那天，没有开会，没有鲜花，因为是军事单位也没有作新闻报道，只有慈云桂和几十名研制人员围拢在它周围。

为了给研制成功的计算机配置相应的软件，慈云桂组织人员进行方案论证，一些外系的年轻人也参加了讨论。会上，当别人都不敢发表意见时，一位年轻人大胆地站起来发言。他扎实的专业功底、坦诚直率的性格引起了慈云桂的注意。会后，慈云桂邀请他业余时间参加研制工作。

这位年轻人叫孟庆余，1937 年 2 月生，山东邹平县人。1961 年从南京航空学院（现南京航空航天大学）计算数学系毕业后分配到军事工程学院工作，1970 年调入计算机系，先后参加了 441B、151、“银河－Ⅰ”计算机研制，后调国防科工委指挥技术学院（现装备学院）工作，继续从事计算机软件开发，主持完成多项国家重点科技攻关项目；教授，硕士研究生导师。

由于 441B 晶体管通用计算机研制工作取得突破，10 月，军事工程学院决定将 441B 设计组从军用计算机教研室分出，成立计算机研究室，代号 408，专门从事计算机研制工作。

11 月，慈云桂随学院参观团赴大庆油田参观学习。大庆人高标准、严要求的“三老”“四严”作风，用科学苦干精神开发油田一次成功的范例，给慈云桂留下深刻印象。在大庆精神鼓舞下，他决定对整机进行全面检查，消除隐患，提高质量。他们用一个多月时间，逐块插件、逐个焊点进行认真检查，使计算机的稳定可靠性大大提高。

1965 年 1 月 22 日，研制组经过联调、试算和稳定性考核，一切正常，441B 研制成功，随即向国防科委机关报告。

2 月 10 日，国防科委科技部四局唐遇鹤、袁林祥参谋和“考官”成克懋三人前来考核验收。一进机房，唐遇鹤看到计算机没有磁鼓，便问：“这台机器没有磁鼓能行吗？”慈云桂笑着回答：“请放心。没有磁鼓照样能运行，而且运行得更好。”当时，仿制苏联的第一代 104 电子管计算机运行几分钟便跳一次，每 5 分钟要记一次鼓，以保存中间结果，机器跳动后，取中间结果再进行运算。而慈云桂他们研制的这台计算机却不需要磁鼓，令考核组成员感到很惊奇。

考核开始了。当时国内相关单位研制的晶体管计算机稳定运行的工作时间非常短，最长可稳定运行 12 小时，国际上也只达到平均运行 57 小时，英国最好的晶体管计算机 KDF－9 也只能连续运行 72 小时。慈云桂和大家忐忑不安地计算着时间，48 小时过去了，72 小时过去了，441B 机工作依然正常，大家欢呼起来，说超过英国的 KDF－9 了，都劝考核组人员回招待所休息，他们不肯，寸步不离一定要亲眼看到底。唐遇鹤回忆说："考核 441B 机时我们去了三个人。说实在的，那个时候我们心里也没有底呀，不放心呢。所以一个人 8 小时轮流守着，考核进行了 11 昼夜，机器连续运行了 268 小时，直到一个脉冲变压器出现短路计算机才停止运行。"

441B 晶体管通用计算机顺利通过总部机关的考核，稳定可靠性远远超过当时国际先进水平。

441B－Ⅰ晶体管通用数字计算机（1965 年 2 月）

4月26日，国防科委组织中国科学院计算技术研究所、四机部15所和32所等10个单位26名专家，对441B晶体管通用计算机进行正式鉴定，认为该机达到了国内领先和国际先进水平。

441B通用计算机全部采用国产晶体管，其主要性能：字长二进制40位；单地址指令系统；浮点、定点运算；磁芯存储器，容量为8192字×20位；时钟频率为50kHz；电源拉偏±20%，对电源和环境条件要求很低，机器稳定可靠。

根据国防科委聂荣臻主任指示，9月4日，国防科委副主任兼秘书长路阳一行5人专程来到军事工程学院，主持召开了隆重的441B晶体管通用计算机总结庆功大会。他在讲话中高度赞扬慈云桂和设计组全体人员发扬艰苦奋斗精神和爱国主义、集体主义优良传统，创造性地为我国计算机事业和国防现代化建设做出了重大贡献，是一个甘于奉献、不怕困难、勇于攀登、敢打硬仗的战斗集体，把科研任务交给他们是可以放心的。会上宣读了聂荣臻元帅签发的国防科委嘉奖令：给军事工程学院441B晶体管通用计算机设计组荣记集体一等功。

尽管441B机已声名远扬，却是“墙内开花墙外香”，学院内部对此仍存在着一些不同看法。在随后召开的学院党委扩大会上，路阳秘书长针对院内流传的开发441B机是搞“自留地”的非议，义正词严地指出：在我国计算机技术发展的关键时期，441B研制组为国家做出了很大贡献，他们的干劲和精神应该给予充分肯定和大力宣扬。要说这是“自留地”，也是我们国家的“自留地”，我们多么希望有更多这样的“自留地”！同时对某些官僚主义、个人主义和各种不正之风提出严厉批评。

十天后，国防科委在北京召开441B晶体管通用计算机推广大会，路阳秘书长主持。康鹏跟着慈云桂到了会场，慈云桂在会上介绍了441B机的艰难研制过程和经验体会，康鹏也意外地被路阳请上主席台，讲述在441B中的发明。

创新的路异常艰难，正如恩格斯指出的那样："在科学上没有平坦大道，只有不畏劳苦沿着陡峭山路攀登的人，才有希望达到光辉的顶点。"慈云桂以非凡的勇气和执着的劲头，在我国三年困难时期刚刚过去，条件十分艰苦的情况下，带领部分青年教师、学生和工人，从国产晶体管具体问题出发，求真务实，迎难而上，埋头苦干，经过三年多顽强努力，终于攻克了计算机稳定运行等多个难题，研制成功中国第一台441B晶体管通用计算机，在国内计算机界产生了很大影响，迫使许多大型电子管计算机项目纷纷下马，对中国进入第二代计算机发展阶段起到关键推动作用。

4. 441B系列机大显神威

441B晶体管通用计算机研制成功后，尽管没有做任何宣传，然而消息依然像长了翅膀迅速传遍全国。《中国计算机工业概览》在"中国计算机工业发展简史"一章中写道："哈军工的441B机的稳定性很高，较之电子管计算机有明显的优越性。虽然到1965年初才鉴定，但在试运行期间，已经在我国造成很大影响，吸引了有关单位来参观学习。它用无可置辩的事实说明我国已有条件生产晶体管计算机，对我国计算机进入第二代起到很好的示范作用。"

1964 年 8 月，441B 晶体管通用计算机样机刚刚研制成功，67 所地方高校 200 多名领导和专家闻讯先后赶来参观学习，许多单位领导当面向慈云桂提出装备要求。9 月上旬，成都电讯工程学院等七家单位，以迫切的心情多次向国防科委写报告，强烈要求复制。

得到消息的国防科委聂荣臻主任十分高兴，立即指示：马上办学习班，在国防科委系统尽快推广复制。根据聂帅这一指示，9 月 29 日，国防科委发文批复：同意西安军事电讯工程学院（现西安电子科技大学）、上海交通大学、成都电讯工程学院（现电子科技大学）、西北工业大学、北京工业学院（现北京理工大学）、三机部六院一所、六机部七院六所等单位复制 441B 晶体管通用计算机，每台 60 万元经费和主要器材由国防科委提供。

国防科委机关对这项工作高度重视。10 月 28—30 日，国防科委科技部四局在北京专门召开军事工程学院和以上单位领导专家参加的座谈会，就培训复制中可能遇到的困难和问题进行了深入研究讨论，会后还发出《会议纪要》。军队办事就是这么认真，执行首长指示绝不打折扣。

1946 年，世界上第一台电子计算机 ENIAC 研制成功后，研制者之一莫奇利在美国宾夕法尼亚大学莫尔学院举办了世界上第一个计算机培训班，时间为 6 周，培养了世界上第一批计算机人才，许多学员后来成为著名计算机科学家，如领导研制内存储计算机 EDSAC 的英国计算机科学家威尔克斯，组织领导研制美国最早的存储程序式电子计算机 SEAC 的塞缪尔·阿历克山大等。时隔近 20 年后，中国运用自己独立研制成功的计算机也组织了一次大规模计算机技术培训。这是计算机领域的一次盛会，也是对十年来中国计算机事业发展成果的一次检阅。

1965 年 3 月 1 日—4 月 25 日，国防科委在军事工程学院举办了 441B 晶体管通用计算机推广复制培训班，实际参加培训的单位扩大到 16 个，人员达 64 名。除上述七个单位外，四机部 738 厂（北京有线电厂）、北京航空学院（现北京航空航天大学）、哈尔滨工业大学、炮兵研究所、总参测绘局、后字 233 部队、国防科委 21 基地 21 研究所、海军试验基地等都派主要技术骨干参加培训，其中包括上海交通大学副校长侯文永教授带领的 3 名科研骨干，成都电讯工程学院的 10 名科研人员，海军葫芦岛试验基地黄占厚等 8 名科研人员。国防科委科技部四局参谋唐遇鹤任培训班党支部书记兼班主任。半个多世纪后，90 高龄的唐遇鹤回忆说："开班前我给慈教授讲，所有内容哪个人设计的由本人来讲，负责到底，全部交底。不懂就问，问懂为止。慈教授同意我的意见。"

根据这一要求，为了国家整体利益，"哈军工"人毫无保留地敞开大门，441B 所有技术机密全部公开。那段时间，慈云桂忙得团团转，一方面组织培训班开课，不断回答学员提出的各种问题；一方面带领设计组将 441B 样机性能做了很大改进和提高，速度从每秒 8000 次提高到每秒 2 万次，容量、结构工艺都进一步提高，配套也更加合理，图纸资料更加齐备和标准化，改进后的计算机称 441B－Ⅱ。

康鹏、任连仲、谭信、王振青、刘文玺等主要科研骨干担任主讲人，谁负责研制哪部分，就由研制者对照图纸和实物进行讲解，直到学员全部弄懂为止，几乎是手把着手教，许多人把嗓子都喊哑了，仅有的一台计算机供学员们学习操作。军事工程学院晒图室日夜加班，参加培训的学员离开时，高高兴兴地带着学习笔记、技术资料和全部图纸返回本单位。

441B－Ⅱ晶体管通用数字计算机（1966 年）

441B 样机研制成功后，慈云桂考虑要为它配备一些应用程序。1965 年上半年的一天，他看到高等数学教研室年轻教员陈立杰事情不多，就问他愿不愿意参加这一任务的后续研制工作，陈立杰马上回答愿意。这样，计算机研制队伍又增添了新鲜血液。

陈立杰，1940 年 1 月生，辽宁省兴城市人，1963 年 7 月毕业于吉林大学数学系。先后参加了 441B、151、“银河－Ⅰ”、“银河－Ⅱ”计算机研制工作。曾任国防科技大学计算机系兼研究所副总工程师，教授，硕士研究生导师。

复制生产计算机是一项复杂的系统工程，也是一个深入学习计算机知识的过程。在国防科委机关统一协调下，上述十几个单位上千名科研人员参加了复制工作，为这些单位培训了大批计算机技术骨干，极大提高了他们设计开发生产计算机的能力，有力推动了我国计算机事业发展。

成都电讯工程学院为此专门成立了工程领导小组，提供了 216

平方米房间，100 多人参加了这一任务，为他们培养了大批计算机技术骨干，也成为该学院研制计算机的起点。至 1966 年 5 月他们终于复制成功一台，随即用专机空运重庆，参加了“全国仪器仪表新产品展览会西南地区展”，成为西南地区第一台全晶体管通用数字计算机，为该学院赢得了荣誉。

经过两三年的艰苦努力，各单位共复制生产 441B－Ⅱ机 11 台，仅上海交通大学就复制了 3 台，除一台自己使用外，还提供给海军试验基地和七院七所使用。

在此期间，军事工程学院接到国防科委通知，要求 441B－Ⅱ晶体管通用计算机代表国防科委，参加年底在北京展览馆举办的新中国成立以来规模最大的“全国仪器仪表新产品展览会”。报名参展的包括四机部 15 所、清华大学、四机部 32 所和军事工程学院研制的 4 台晶体管计算机。32 所还用专机将计算机运到北京。参展前，其他 3 台计算机很早就进入展位，开始运行了。

由军事工程学院下属的四海机械厂与天津电子仪器厂联合生产的第一台 441B－Ⅱ机运到北京的不是整机，而是一箱箱电路板、一个个机柜、导线和接插头等零部件。慈云桂派出支部书记稽启先和康鹏、王振青、任连仲、黄志贤、彭昌贵等 30 多人到北京工业学院装配和调机。接近展览会开幕前，他们仍未将计算机装配调试好，展览馆多次打电话催促。为了尽快完成任务，这些年轻人每天工作达 20 个小时，几乎“连轴转”，终于赶在展览会开幕的前一天将计算机调试好。

1965 年 12 月 23 日，展览会开幕的前一天晚上，军事工程学院才将参展的计算机拉到展览馆进行安装。经过一夜通宵工作，天亮时计算机终于开始运行了。不像其他几台计算机必须使用经过变换的 400 周电源，441B－Ⅱ对电源要求不高，使用普通市电，“即插即用”。第二天早上，展览馆负责同志检查准备情况时，441B－Ⅱ机反而是第一个进入正常表演的计算机，令展览馆的同志非常吃惊。

在北京参加441B－Ⅱ机装配调试的全体人员

展览一直持续了近半年时间。1966年3月8日5时29分，河北邢台地区发生6.8级强烈地震。50年后，解放军301医院信息中心原总工程师任连仲回忆说：“地震发生时，北京展览馆从塔尖到地基都在晃动，大家焦急地赶到展览大厅，同台展览的其他几台机器因经不起如此强烈震动，全部停止运转，唯独我们的机器照常工作，毫不惊慌地依然在那里算题，吸引了地质、气象等众多大单位的技术人员观看，给他们留下深刻印象。展览期间，除接待观众参观外，晚上和中午我们还加班给21基地和北京工业学院算题，一大堆数据，一会儿结果就出来了，给他们节省了大量人力和时间，他们惊呼441B真厉害。”

展览结束后，这台计算机被直接运往国防科委21基地。次年秋天，将生产的另外两台441B－Ⅱ机分别交付20基地和31基地，解了基地的燃眉之急。为了纪念最初诞生的这3台计算机，慈云桂专门从国防科委申请了1公斤黄金，为它们分别做了一个镀金铭牌，可惜后来由于计算机更新换代，这些都不知下落了。

国防科委21基地工作人员在441B－Ⅱ机上操作（1966年）

由这次地震引发的计算机性能无声大比武，441B－Ⅱ晶体管通用计算机的高可靠高稳定性又一次得到公认，让慈云桂和他领导的这支很小的科研队伍名声大振，在全国影响很大。著名计算机专家、四机部科技司副司长罗沛霖在全国订货会上大声称赞441B，说它是“高可靠性的优选品种”，并带头点名订购。康鹏教授不无自豪地说：“441B一炮打响，我们‘哈军工’的计算机在全国就响当当的了，开始有地位了。”

441B晶体管通用计算机的研制成功，奏响了一曲奋发图强自主研制高质量计算机的凯歌，“哈军工”精神振奋了整个计算机界。

它像一只功勋卓著的“母鸡”，五年内，慈云桂和他的战友们在此基础上再接再厉，先后研制成功运算速度每秒7万次的441C高射火炮攻击指挥仪，每秒5万次的441B－Ⅲ晶体管通用计算机，每秒2万次的441D基地数据处理机三种型号。据统计，除各单位复制11台外，441B－Ⅱ晶体管通用计算机共生产42台，441B－Ⅲ晶体管通用计算机共生产53台，441C高射火炮攻击指挥仪共生产10台，441D基地数据处理机共生产7台。仅441B－Ⅱ、441B－Ⅲ两个型号计算机就生产100多台，超过了当时我国计算机总产量的三分之一。天津电子仪器厂在此基础上，还研制成功岸炮指挥仪，向多个国家出口近百台。

441B系列晶体管计算机遍地开花，功勋卓著，广泛应用于国防科研试验基地、高等院校、研究院所及国民经济多个领域，对完成国防建设重大工程任务、国民经济建设和科学研究起到巨大推动作用，成为二十世纪中后期我国计算机的主流机型。

二十世纪五六十年代，我国科学家在研制“两弹一星”和核潜艇时，最初使用的计算工具只有算盘和计算尺。中国第一代攻击型核潜艇和战略导弹核潜艇总设计师，被称为“中国核潜艇之父”的92岁的黄旭华院士，2016年11月在中央电视台的一次演讲中回忆说：“那个时候哪像今天啊，一秒钟多少亿次的计算机。我们手上有的只是算盘和计算尺。为了计算结果准确可信，我们只好分两组同时进行。如果两组计算结果不一致，怎么办？从头再来！一直要算到两个组的最后结论一样，我们才相信你这个计算是准确的。”

六十年代初复制苏联的103、104电子管计算机成功后，我国科学家才用上了每秒1500次和每秒1万次的计算机。1964年，在钱学森主持下，国家制定了著名的“八年四弹”规划，即从1965年到1972年的八年间，研制出“东风”系列改进型中近程导弹、中程导弹、中远程导弹和洲际导弹。六十年代中后期，我国第一颗人造地球卫星也进入弹星结合的关键阶段。441B 系列计算机的研制成功可谓生逢其时，大量装备国防科研试验基地和科研院所后，彻底改变了我国国防尖端武器研究试验的落后局面，为“两弹一星”宏伟大业立下不可磨灭的历史功勋。

2009 年，中央电视台举行新中国 60 年重大发明评选活动，共评出 47 项重大发明，慈云桂领导研制的 441B 晶体管计算机位列其中。在“中国首台晶体管计算机”项目的简介中说：“‘哈军工’的 441B 不仅是中国第一台晶体管计算机，也是中国首次自主创新且实现工业化批量生产的计算机，它应用在‘两弹一星’、歼六、海军、空军、二炮，以及中国电信、大庆油田等。”

1965 年冬，邮电部设计院提出在 6401 国家电信工程长途自动电话系统中应用计算机的设想。邮电科学研究院梁健院长随即到“哈军工”考察学习，就地拍板运用 441B 计算机技术研制长途电话交换系统的核心设备——计费专用计算机，得到慈云桂的认同和全力协助。邮电部随即调集 50 多名技术骨干、工人和应届大学毕业生来到“哈军工”攻关，慈云桂指定计算机研究室主任刘德桢负责，任连仲、王振青为指导老师。在“文化大革命”期间，研究分队克服各种政治干扰，在 441B 计算机基础上，于 1967 年 8 月研制成功中国第一台计费专用计算机。1969 年 10 月 10 日，《人民日报》对这项“达到世界先进水平”的科研成果进行了报道，七十年代实现批量生产，从而将在 441B 计算机基础上研制的计费专用计算机逐步推向全国。1976 年唐山地震时，长途自动电话正式在北京—上海之间以全日运行（7 × 24）方式投入使用。在“哈军工”确定的“6 秒制式”沿用至今，441B 晶体管通用计算机立了大功。

1966年2月，大庆油田“铁人”王进喜来“哈军工”做报告。应报告团要求，慈云桂领导的计算机研究室无偿帮助他们解决了萨尔图开发方案模拟问题。当时大庆油田有向东和向北两个方向之争，研究室指定孟庆余负责与油田技术人员一起研究解决。经过增加内存、制定方案等准备，3月初，课题正式上机，连续运行三天三夜，一次成功，得到向北发展的模拟结果。事实证明，这一结果完全正确。大庆人看到了441B计算机的神奇威力，决定复制一台。他们派出几十人的科研队伍来到“哈军工”，在计算机研究室的指导协助下，在军事工程学院四海厂复制了一台，高高兴兴运回大庆，在油田建设中发挥了十分重要的作用。

1966年，国防科委31基地分配到一台441B－Ⅱ晶体管通用计算机，经安装调试，很快投入运行。此前该基地靶场编射表手段相当落后，工序繁杂，大量数据计算和编射表全靠人工。如双37高炮射表历经5个月，通过100多人努力才能完成。441B－Ⅱ晶体管

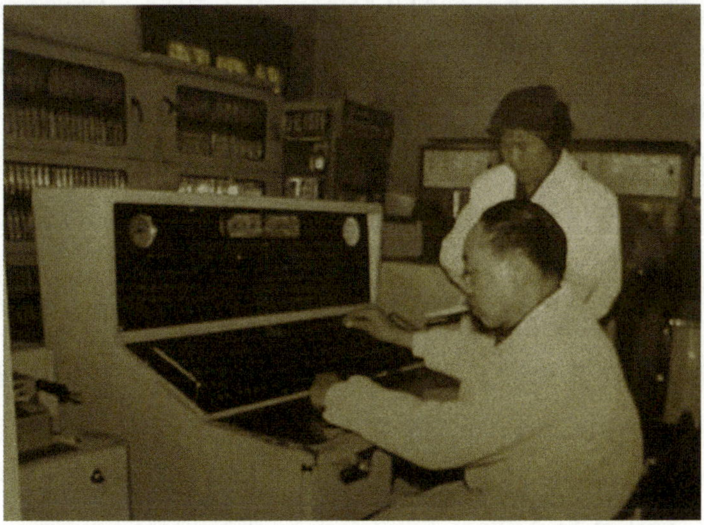

国防科委31基地工作人员在441B－Ⅱ机上操作（1966年）

通用计算机的高可靠高稳定性和高速度，大大加快了武器试验的分析工作的速度，提高了数据分析质量，迫使该单位的电子管计算机很快被淘汰。这台晶体管计算机在该单位一直使用到1986年，整整使用了20年，共算题39000多小时，节约经费200多万元，在武器试验中发挥了巨大作用。

1967年，沈阳飞机设计研究所（601所）装备了一台441B－Ⅱ晶体管通用计算机后，组建了航空工业首个计算机研究室，大大加快了国产飞机设计速度。

1968年，北京工业学院（现北京理工大学）复制成功一台441B－Ⅱ晶体管通用计算机，使该校成为北京乃至全国最早拥有晶体管计算机的高校之一。当时北京航空学院（现北京航空航天大学）因没有晶体管计算机，老师带计算机专业的学生到该校441B机房进行过现场教学。北京大学计算数学专业的师生也曾到该校参观。在有441B机以前，北京工业学院计算机专业的教学和科研大多只能是纸上谈兵；有了441B情况就大不相同，使该校计算机专业的教学和科研在当时处于比较领先的水平。除了计算机专业以外，441B对其他专业的学科发展同样起了非常重要的作用。该校的工程光学专业在国内名列前茅，当时光学系的科研任务多，计算量很大。但原先的计算处在手工阶段，用手摇计算器和查三角函数表进行，这种原始的计算技术，不只精度差，效率也十分低下。有了441B以后，这种情况就彻底改变了，宋瀚涛老师编出了通用的光学系统设计计算程序。当发现441B算出的数据和手工计算结果一致时，光学系的老师们尝到了甜头："441B真厉害！比我们手工计算不知快多少倍啊！"因为有441B计算机和软件，使该学院光学设计水平达到了新的高度。441B机还为该校导弹、雷达、坦克、化工、数学等多个专业发展做出了很大贡献。

1973 年，在慈云桂的建议和帮助下，被称为“中国医学圣母”的中国医学科学院副院长林巧稚，以半价购置了一台 441B－Ⅱ晶体管通用计算机，开创了我国医学界最早应用计算机的先河。运用这台计算机，他们完成了“全国居民三年死因回顾性调查”，编绘出版了《中华人民共和国恶性肿瘤地图集》（中、英文版）和《中国恶性肿瘤死亡调查研究》论文集，在两千多个县中确定出近百个肿瘤高、低发区，还完成了中国居民全死因分析等，为我国肿瘤研究提供了重要依据。1978 年，该成果获全国科学大会奖；1986 年，该项计算机应用和软件成果再获全国首届计算机应用成果一等奖。

1978 年，冶金部计算中心开始研制冶金远程联机通信及数据处理系统，用 441B－Ⅱ计算机实现了远程数据处理，将冶金部 33 个重点骨干企业和厅局连接起来，每日的生产数据和十多种报表通过计算机数据处理系统汇总，免去了烦琐的人工电话调度和人工日报编制，极大地提高了工作效率。

1990 年 2 月，在国防科工委召开的一次会议上，20 基地一位技术领导告诉慈云桂：“六十年代，我们基地和空一、空二基地装备的 441B－Ⅱ、441D 计算机，对基地的数据处理、科学工程计算与控制等发挥了革命性作用，产生了质变，贡献很大。其他计算机也有贡献，但只是量变。”六十年代该基地在洛阳组建测量通信总体研究所时，把仅有的一台 441B－Ⅱ晶体管通用计算机像宝贝一样从基地搬到洛阳，为测通所初期建设做出了很大贡献。但用了一年多后，由于基地的迫切需要，他们不得不又搬回位于大漠深处的基地。1992 年，国防科技大学计算机系副教授王志英到该基地讲课时，看到这台计算机仍在正常使用。

二十世纪六十年代中后期，慈云桂总结 441B 系列机的经验，在《哈尔滨工程学院学报》上发表了《441B 的体系结构设计》

《八位超高速晶体管运算器的设计与实验》《磁芯程序固化技术》《隔离阻塞式晶体管数字电路》（与康鹏合作）等8篇文章。

总结441B晶体管计算机的成功经验：从指导思想上来说，必须把稳定可靠性放在首位，这是计算机的生命；从组织指挥上来说，只要树立敢打必胜的信念，充分相信依靠群众的智慧和力量，尤其是年轻人的积极性和创造力，就没有攻不克的难关；从技术上来说，利用可靠性设计，可以弥补国产器件质量的不足。

441B晶体管计算机的研制成功及在全国的广泛应用，使许多单位领导意识到计算机在各自单位建设中的重要性，对于普及计算机知识及应用、培养计算机专业人才发挥了十分重要的作用。慈云桂和他领导的这支计算机科研队伍，从此取得了上级机关的高度信任，从而源源不断将国家重点工程任务交给他们，有的兄弟单位还主动找上门来交任务，即使"文化大革命"期间科研任务也十分饱满，从而培养锻炼了队伍，保留了技术骨干。

慈云桂在中国计算机技术由电子管向晶体管发展的重要阶段，以科学家的战略眼光和敏锐观察力，及时发现国际上计算机发展的新动向，积极向上级部门反映并勇敢地承担起这一艰巨任务。在国外技术封锁、国内没有先例、国产晶体管性能又不稳定等极其艰难的情况下，主持研制成功中国第一台晶体管通用计算机，有力推动了我国计算机技术由第一代向第二代发展，为我国国防和国民经济建设及计算机事业发展做出了不可磨灭的贡献。

1978年3月，慈云桂主持研制的441B型计算机等8项科研成果荣获全国科学大会奖。康鹏曾言简意赅深情地说："没有慈云桂，就没有441B！"

第八章 *Chapter 8*

“文革”中忍辱负重再立新功

十年内乱给我国教育科技事业发展造成巨大冲击，许多科学家和科技工作者首当其冲受到迫害，慈云桂也未能幸免。中国第一个计算机系在“文革”前建立后，他在一天系主任没当就“靠边站”，两次被关进“牛棚”受到残酷迫害的情况下，仍以对党的无限忠诚和对计算机事业的无限热爱，默默无闻地参与和暗中指导完成多项国防科研和国民经济紧急任务，一刻不停地思考发展我国高性能计算机事业，充分体现了坚强的党性和过人的顽强意志。

1. 参与研制441B－Ⅲ计算机

1966年1月，慈云桂率中国计算机代表团第三次访问英国。当时，我国与英国签订了购买2台KDF－9晶体管通用计算机合同，但美国以“巴黎统筹委员会”的名义，不允许英国向社会主义中国出售计算机等高科技产品，国家随即派慈云桂率4人小组，在周恩来总理的直接指挥下与英国进行反禁运斗争。代表团主要赴英国EEC公司参加培训，同时参加了多个国际会议，访问了英国多所大学和英国国家物理实验室。

参观访问期间，慈云桂有两个重大发现：一是英国在研制晶体管计算机的同时，又在发展集成电路计算机了；二是英国计算机的软件发展很快，使计算机的应用范围扩大，潜力得到充分发挥。思想极其敏锐的慈云桂发现这一新动向后，一边参观学习，一边想方设法搜集资料，到了晚上他把自己关在宾馆里，参考英国的KDF－9、MU－5等4部先进机型，通宵达旦地研究晶体管计算机体系结构技术，思考我国晶体管计算机发展策略，终于赶在回国前设计了晶体管计算机总体技术方案。

七个多月的出国访问收获很大。回到北京后，慈云桂立即来到国防科委科技部，向有关领导汇报这次出国工作学习情况和国际计算机发展新动向，迫不及待地提出为了赶超世界先进水平，必须抓紧时间上集成电路计算机的建议。可是等了几天，却没有任何消息，也无人理他，心里非常着急。这时有人通知他国内正在搞政治运动，让他赶快回去，研制集成电路计算机的事以后再说。

直到这时慈云桂才如梦方醒。在北京这几天，他也感到形势与往常有些不同，只见大字报铺天盖地，大批判硝烟弥漫，学生全部停课上街闹革命，他在北大、清华和中科院的一些老同学、老朋友眨眼间变成了“资产阶级反动学术权威”“历史反革命”，有的被勒令挂牌游街、低头认罪，接受群众批斗。

在北京大学化学系的二弟慈云祥对他说：“现在形势很乱，到处游行串联，你不如在我这躲一段时间，等形势稍稳定后再回去。”慈云桂不同意，坚持要走，二弟只得神情严肃地告诫大哥：“你回去后要做好充分的思想准备，有可能会被批斗或被抓起来。”

“哈军工”体制改变、逐步理顺关系之际，正是“文化大革命”风暴来临之时。1966 年 5 月下旬，根据黑龙江省委部署，改制才一个多月的哈尔滨工程学院召开“文化大革命”誓师动员大会，成立“文化大革命”领导小组，院党委决定停课一周搞运动。一场长达十年的浩劫就此开始，给党和人民造成了严重灾难。风雨飘摇中，“哈军工”遭到严重破坏。

初期，哈尔滨工程学院的运动还比较文明和理性，学院党委态度开明，不想与群众对立，也不愿意让群众之间相互斗争，表现了对复杂政治运动的驾驭能力。随着 6 月 1 日《人民日报》发表《横扫一切牛鬼蛇神》的社论，中央人民广播电台播出北京大学聂元梓等七人的大字报后，运动在学院哄然而起。一部分学生认为，中央吹响向党内走资本主义道路的当权派猛烈开火的号角，便贴出了揭发院领导问题的大字报，致使学院教学科研和各项工作无法正常进行。学院党委随即决定全院“停课闹革命”，教学活动全部中止，大部分科研任务也停止了。

7月22日，随着黑龙江省委工作队进驻哈尔滨工程学院，“文化大革命”风暴越刮越猛。8月，造反派提出“一切权力归红色造反者”的口号，成立“文革办公室”，宣布接管院、部、系各级权力。至此学院各级党组织完全瘫痪，院、部、系和基层领导干部全部被夺了权。不久学院相继成立“红色造反团”“八八红旗战斗团”“东方红战斗团”三个造反组织，各系也成立了自己的造反组织，组织批斗老领导和老教师，到全国各地串联。大串联使本来不为社会熟知的保密院校迅速名扬天下，“哈军工”的名字由此传开，成为世人对学院的简称。

学院改制后，师生们不买新院名的账，仍然自称“哈军工”。“哈军工”的运动如燎原野火，早已烧出大院，左右着哈尔滨市乃至黑龙江省的运动形势，许多单位学着“哈军工”的样子，如法炮制了各自的造反组织，并始终紧盯“哈军工”这个“暴风眼”。“哈军工”成为黑龙江省甚至全国“文化大革命”的“一面旗帜”。

8月19日，哈尔滨工程学院造反派在院办公楼前批斗学院和政治部的领导。那天慈云桂正好返回学院，迎面碰到一群学生押着刘居英院长往家属院方向走，只见刘居英脸和脖子上被涂得黑一块、红一块，活像京戏里的“大花脸”，他就问别人这是怎么回事？对方回答刚才遭到造反派批斗，现在不知道又要去干什么。慈云桂听后，呆呆地望着这群人的背影，若有所思地朝家走去。

刘居英，原名刘志诚，1917年3月31日出生于吉林省长春市，1935年9月考入北京大学化学系，12月即参加革命，1936年2月入党，1937年12月入伍，历任中共北方局豫西特派员，八路军山东第四支队团政委，山东省民主政府公安厅厅长，山东省政府秘书长兼公安厅长，长春市军管市长、卫戍司令部政委，东北民主联军吉黑支队政委，东满军区兵站司令部司令员，军委铁道部哈尔滨、沈阳铁路局局长，中长铁路管理局局长。特别是抗美援朝战争期间，面对美军空前惨烈的“绞杀战”，刘居英制定了积极防御的战术，指挥运输、抢修、高炮三支部队，与敌人斗智斗勇，建成了一条中外战争史上绝无仅有的“炸不断、打不烂的钢铁运输线”，确保了我志愿军武器弹药、生活物资的后勤补给，彻底挫败了美军摧毁中朝军队后勤供给线的计划。1954 年 4 月 11 日，刘居英出任军事工程学院副院长，1955 年 9 月授予少将军衔。1961 年 3 月 16 日陈赓去世后，7 月 24 日，周恩来任命刘居英为军事工程学院院长。

“文化大革命”中，刘居英院长遭到残酷迫害并入狱，批斗、游斗达 200 余次。像刘居英这样为中国革命建立卓越功勋的老八路都难逃造反派批斗、殴打、抄家的厄运，慈云桂心想，可能真被弟弟说中了，自己也许也会有这一天。

慈云桂怀着忐忑不安的心情来到系办公楼，虽然一天系主任也没当就被造反派夺了权，但还允许他以普通教员身份上班。他之所以能暂时安然无恙，其实是受到周恩来、聂荣臻对从事国防尖端技术研究的杰出科学家和科技人员的重点保护。

1965 年，根据毛泽东提出的国防科技发展新的战略目标，国防科委主任聂荣臻主持制订了国防科技第三个五年计划（1966—1970 年）。正当国防科技战线上的广大科技人员、干部、职工和解放军指战员满怀信心地为实现这一目标努力工作时，“文化大革命”如急风暴雨般来临了，国防科研和生产部门受到猛烈冲击。广大知识分子，尤其是许多科研骨干和领导干部遭到迫害，科研和生产秩序被打乱，部分工厂停工，设备遭到破坏，科研和生产规划被迫中断，许多行之有效的规章制度被废止，武器装备科研和生产受到严重影响。

聂荣臻看在眼里，急在心里。为了保护广大知识分子，他在自身处境十分困难的情况下，于1966年6月22日主持起草了《关于在文化大革命中对待自然科学工作者的几个政策界限》，文件指出：对绝大多数知识分子应予团结保护，对科研机构的要害部门要加强保卫，如有人胆敢搞破坏，一律以反革命论处。在8月8日中共中央讨论通过的“文化大革命”纲领性文件——《关于无产阶级文化大革命的决定》中，聂荣臻力主把保护科学家和科技工作者写进去，得到周恩来和一些老帅们的支持。这个文件第十二条明确规定：“对于有贡献的科学家和科学技术人员，应该加以保护。”8月30日，根据周恩来指示，聂荣臻会同七机部提出了一份保护名单，经周恩来批准后实施，使我国许多著名科学家如钱学森、华罗庚等得以在“文化大革命”中免受迫害。作为我国知名计算机专家，聂荣臻将慈云桂的名字也列入保护名单。

慈云桂冷眼观察着“文化大革命”的发展，心里牵挂的仍是中国计算机技术的追赶与超越。他来到系办公楼后，将自己在英国思考的晶体管计算机体系结构设计思想向系临时负责人做了汇报。征得他们同意，在441B-Ⅱ机基础上，开始设计441B-Ⅲ晶体管通用计算机。在“文化大革命”十分混乱的情况下，慈云桂忍辱负重，排除干扰，又一次向计算机技术前沿发起冲击！

1966年7月1日，中国人民解放军第二炮兵组建。12月，国防科委向哈尔滨工程学院下达为二炮部队研制2台急需的441B-Ⅲ电子数字计算机任务，用于进行大地测量计算和导弹诸元计算。

学院各级领导已全部“靠边站”，系里由群众选出临时负责人。441B研制组接受441B-Ⅲ机科研任务后，也由群众组织确定课题组负责人和参研人员。当时，“红色造反团”提出自己的人选，多数人不同意；“八八红旗战斗团”提出自己的人选，“红色造反团”又不同意。后来有人提出由“逍遥派”任连仲负责，这样双方都能接受。研制成员包括刘德祯、王鸿武、王振青、陈立杰、方观尧、李仲德、刘文玺、崔承贵等 20 多人，二炮司令部和天津电子仪器厂派技术人员参加了该机研制。

任连仲，1938 年生，天津市人。1956 年考入军事工程学院空军工程系学习，1961 年毕业后留校到电子工程系计算机教研室工作，先后参加 441B－Ⅱ、441B－Ⅲ、441D、长途电话自动计费、151、“银河－Ⅰ”等多种型号计算机研制。1986 年调解放军 301 医院信息中心工作，任总工程师。

在讨论 441B－Ⅲ机设计方案时，有人主张在“文化大革命”这么动荡的情况下，研制新的机器难度太大，不如将 441B－Ⅱ的字长加长一点、内存扩大一点、速度加快一点就行了。慈云桂虽然无法亲自参加研制工作，却一直非常关心该机的研制。王振青将这一情况向他汇报后，慈云桂认为，这是为我军战略导弹部队研制的计算机，标准不但不能降低，而且系统性能应该更先进，提出改变系统设计和提高技术指标的设想，但又不好出面工作，只好私下找一些同志谈，贯彻他的意图。慈云桂虽然不担任系主任了，也不是设计组负责人，但这些人员过去都是他的老部下或学生，大家接受了他的意见。

按照慈云桂提出的思路，设计组开始学习相关文件，进行充分的讨论。慈云桂给他们做了几次学术报告，介绍了英国计算机发展动向，毫无保留地谈了自己的设计构想，使大家明确了目标和任务，为方案设计指明了方向。

研制工作开始后，由王振青负责系统和运算控制器设计，任连仲负责存储器系统设计，王鸿武负责管理程序设计，慈云桂带领一个小组，参加了 CPU 指令控制器的逻辑设计。面对“文化大革命”的各种政治干扰，慈云桂不断鼓励大家：“这是国防科委下达的重点任务，二炮部队急等着用，大家要排除一切干扰，集中精力尽快完成研制任务。”在慈云桂的不断鼓励和暗中指导下，设计组全体同志继承研制441B－Ⅱ机的优良传统，白天坚持参加各种政治学习、批斗会、培训班和上街游行，晚上和节假日抓紧进行科研实验，研制工作不断取得突破。

经过一年半的艰苦努力，1968年5月，441B－Ⅲ机设计工作全面完成，正准备下厂生产时，造反派气势汹汹地找到慈云桂和设计组的其他几个骨干，以“资产阶级反动学术权威”罪名，宣布对慈云桂进行隔离审查。同时被隔离审查的科研骨干还有“黑五类”王振青、刘文玺，与敌伪档案人员同名的乔国良，买了被造反派看上的时髦锰钢自行车的谭信等，将他们关在601研究室所在的10号楼西端走廊上，但晚上可以回家。

对于这一天的到来，慈云桂早有心理准备。“文化大革命”运动开展近两年，全国已一片混乱，中央对他的保护已名存实亡，相比那些被打成“特务”“反革命”的人来说，他已经算幸运的了。慈云桂白天被隔离审查、学习反省，晚上仍坚持到实验室参加科学研究。造反派审问了他几次，组织群众进行了几次批斗，过了半个多月就将他们几个放了，要求他们“只许老老实实，不许乱说乱动”。放出来后，慈云桂立即参加了441B－Ⅲ机生产和调机任务。

441B－Ⅲ机同样选择在天津电子仪器厂生产。任连仲回忆说：“研制441B－Ⅲ机时，我紧追慈先生，要选择个合适的工厂，所以就把天津电子仪器厂纳进来，他们来了十几个人参与研制。当时有人说，自己的四海厂不用，拿到天津去生产，资产阶级反动路线又来了。我顶住这些压力，仍然坚持与天津电子仪器厂合作。”生产过程中遇到问题时，工厂不断发电报求援，刚开始造反派不让派人去，他们就对造反派说，这是为我军战略导弹部队研制的机器，谁敢阻拦？出了问题谁负得起责任？问得造反派哑口无言，这才多次派人去工厂协助生产。

1970 年 7 月，天津电子仪器厂生产出第一台 441B－Ⅲ晶体管通用计算机，经国防科委稳定性、可靠性考核，交付二炮部队使用。

441B－Ⅲ晶体管通用数字计算机（1970 年 8 月）

随着计算技术的发展，计算机系统软件显得越来越重要。计算机不再是以裸机形式提供给用户，必须配备相应的软件，才能发挥其应有的作用。这时期，国外的计算机上一般都配备了管理程序和相应高级语言。慈云桂 1966 年在英国访问时敏锐地感受到这一发展动向，在设计 441B－Ⅲ机硬件时就为系统软件的研制做了铺垫。访英回国后，他找到孟庆余，给了他一些从英国带回的计算机软件资料，让他开发管理程序（即操作系统）。孟庆余不顾“文化大革命”如火如荼地进行，找了一些胶片资料，将自己关在暗室中潜心阅读，埋头研究1900计算机的EXEC。那段时间，他俩几乎每天在暗室中进行讨论。不久有人揭发慈云桂和孟庆余在搞情报活动，研究工作被迫中断。后来他俩继续偷偷进行研究。七十年代，这项研究成果首先在441B－Ⅲ和030机上成功运行，在151机上得以全部实现。

1971年初，经慈云桂努力，复旦大学软件专家陈火旺及在北京工作的夫人吴明霞，调到已改名为长沙工学院的计算机研究所工作，从此结束长达十年的夫妻两地分居生活。

陈火旺（1936—2008），福建省安溪县人。1956年毕业于复旦大学数学系，9月即被学校选派到北京大学数理逻辑专业进修，有幸得到国内数理逻辑创始人、后来成为中国科学院学部委员的胡世华及王宪钧教授的教诲。1965年10月，受教育部派遣前往英国伦敦国家物理实验室进修。1967年回国后，被华东计算技术研究所借调，主持了我国第一个符号宏汇编器的设计与实现。来到长沙工学院计算机研究所后，先后负责441B－Ⅲ、151、“银河－Ⅰ”等多款计算机软件系统研究开发。曾任国防科技大学计算机系兼研究所副主任，国防科技大学研究生院副院长；少将；教授，博士研究生导师；1997年当选中国工程院院士。

1972年2月，美国总统尼克松访华后，中美两国关系逐步走向正常化，为中美两国进行科学技术交流打开了大门。7月，美国计算机科学家代表团访华，其中包括著名计算机科学家佩里、西蒙、克拉克等人。受国防科委邀请，慈云桂带陈火旺、齐治昌、王鸿武等到北京参加了接待工作，与美国同行就计算机技术进行了广泛交流。回到长沙不久，国防科委即向他们下达了为441B－Ⅲ晶体管通用计算机研制Fortran高级语言编译器的任务。

Fortran语言是美国计算机科学家约翰·巴克斯（John Warner

Backus）于1957年4月领导开发的全世界第一套高级计算机语言，首次用在IBM704计算机上。几年后他又连续推出FortranⅡ、Ⅲ、Ⅳ型，被誉为“Fortran语言之父”。1977年10月，约翰·巴克斯获计算机界最高奖“图灵奖”。巴克斯长期在IBM公司从事计算机研究工作，他曾风趣地说，他大部分的软件开发最初的缘由都是因为自己的懒惰。“我不喜欢写程序，当时我为计算导弹弹道编写程序时，就开始琢磨开发一个编程系统，可以让编写程序变得简单些”，Fortran语言于是应运而生。Fortran语言从1957年起，积极适应计算机体系结构发展和社会需要不断扩展和优化，已先后推出Ⅰ、Ⅱ、Ⅲ、Ⅳ、66、77、90、95、2003、2008等90多个版本。

慈云桂将这一任务交给软件专家陈火旺负责。早在半年前的1971年底，齐治昌在学习算法语言时，就不懂的地方请教陈火旺。陈火旺感到有必要办个读书班，没几天便组织了一个计算机软件读书小组，成员有陈立杰、杨桃栏等，数学系的方舵、李庆承、卢贤民、郭浩志等人也加入进来。他们以陈火旺从英国带回的一本KDF－9计算机Algo60编译器书为基本教材，将流程图用钢板刻印，互相做报告，对计算机编译器的基本理论有了比较深入的了解，小组一直持续到1972年7月。

接受这一任务后，陈火旺自然将读书小组全体人员带去参加这一课题研究，他们将FortranⅡ、FortranⅣ、Algol60翻译成中文，集中进行学习研究，消化吸收。陈火旺基本功很扎实，1973年春节前就将程序框图设计出来了。

春节过后，开发组一起组织讨论，逐步完善，下半年开始写441B－Ⅲ机程序，数学子程序由蹇贤福负责，操作系统由陈立杰、王鸿武等负责，Fortran编译器由陈火旺、齐治昌、方舵等负责，汇编语言由李庆承负责研究开发。由于当时学校的441B－Ⅲ机外设不配套，年底前，开发组来到配套齐全的北京建筑科学院进行程序调试。至 1974 年底，程序调试出来，次年初计算机就运行起来了，当时长沙工学院各单位都来算题、搞科研，七机部 706 所、总参等单位派人参观学习。

尽管 441B－Ⅲ机没有硬件磁盘，系统软件功能受到了一定限制，但 Fortran 语言编译器及多种软件的成功开发，不仅大大拓展了计算机的功能，更重要的是为长沙工学院计算机研究所培养了一批计算机软件人才，积累了丰富的软件开发经验，对长沙工学院计算机研究所的软件技术发展具有里程碑意义。

441B－Ⅲ晶体管通用计算机是我国第一台配备管理程序和中断系统、可以运行四道程序的晶体管通用计算机，配备了较完整的标准程序库和 Fortran 高级语言，在中国计算机发展史上占有重要地位。计算机体系结构采用了软、硬结合的思想，巧妙地应用了国外通道、中断、缓冲和多道程序的设计理念，主要技术指标较 441B－Ⅱ有很大提高，运算速度由每秒 2 万次提高到每秒 5 万次，存储容量更大，存储周期更短，设有快速变址存储器，外设增加到 6 种 15 台并由交换器控制，机器稳定可靠，维修使用方便，受到用户的普遍欢迎。

后来，吴泉源对此作了比较：“441B－Ⅲ跟 441B－Ⅱ的主要差别，从硬件的角度来说Ⅲ型机规模大，速度快多了，更重要的一点是它里面有软件，Ⅱ型里面只有很简单的数学程序库和语言处理程序，Ⅲ型里面开始搞管理程序。441B－Ⅱ、441B－Ⅲ和 441D 这三个型号是当时在国防科委各个基地用得最多的计算机，都非常好用，用了好多年。可以说，441B－Ⅲ计算机在软硬结合这一点上，特别是操作系统和编译语言研究方面，在中国计算机技术史上是具有划时代意义的。”

吴泉源，1942 年 1 月生，上海市人。1965 年 7 月毕业于复旦大学计算数学专业，参加了多种型号的计算机研制，多届国家 863 专家。国防科技大学计算机学院教授，博士研究生导师。

441B－Ⅲ晶体管通用计算机在天津电子仪器厂共生产 53 台，在我国国防科研试验和国民经济建设中发挥了重大作用。空一基地装备的一台 441B－Ⅲ机连续运行 48000 多小时，执行了许多重要任务，直到 1988 年才被进口机所替代。

1970 年底，经国防科委批准，441B－Ⅲ晶体管通用计算机设计组荣立集体一等功。1978 年 3 月，441B－Ⅲ晶体管通用计算机中配备的 Fortran 高级语言获全国科学大会奖和湖南省科学大会奖，管理程序获湖南省科学大会奖。

2. 领导研制 441C 高炮指挥仪

1965 年 5 月 10 日，军事工程学院电子工程系副主任慈云桂突然被国防科委召到北京，参加了由军委炮兵副司令员孔从洲主持召开的小型高射火炮指挥仪方案论证会。会议确定由军事工程学院和位于太原的四机部 785 厂共同完成小型高射火炮指挥仪数字化研制任务，达到准确、迅速、全天候打击来犯空中目标。

这一课题的研制背景还要追溯到援越抗美战场。二十世纪六十年代中期，美、苏争霸进入白热化状态，美国基于遏制共产主义的战略需要，在我周边部署大量部队和武器装备，支持台湾当局对大陆进行袭扰破坏，派遣侦察机频繁侵入我领空实施侦察活动。尤为严重的是，美国不断扩大侵越战争。1964 年 8 月 5 日，美国借口"马多克斯号"驱逐舰在北部湾越南领海受到越南人民军鱼雷艇攻击，随即出动大批飞机对越南北方实施大规模轰炸，并于 1965 年 3 月派遣地面部队入侵越南南方，将侵越战争升级为以"南打北炸"为特点的局部战争。

应越南民主共和国政府邀请，1965 年 6 月至 1973 年 8 月，中国政府先后派出工程部队 17 万、防空部队 15 万共计 32 万余人的援越部队，担负越南国防施工和防空作战任务，为越南人民抗美斗争的胜利付出巨大牺牲，做出卓越贡献。

据美国国防部宣布，1965 年 2 月至 1968 年 11 月，美军对越南北方空袭达 10.77 万次，平均每天出动飞机 300 架次，最多时达 700 余架次，投掷炸弹 258 万吨，平均每平方公里落弹 16.2 吨，投弹密度远超历史上任何一次战争。在这场世界战争史上空前惨烈的空袭轰炸中执行防空作战任务的我高炮部队英勇作战，三年中取得击落击伤敌机 3315 架的辉煌胜利。但是由于我高炮部队使用的仍是三十年代设计的苏式高炮，特别是装备的Ⅱ6 型高炮机电指挥仪不仅组装复杂、计算精度低，而且体积庞大、十分笨重，严重妨碍阵地转移。飞机在水平飞行时打得还比较准，但做俯冲、拐弯等"山羊跳"机动飞行时命中率就非常低。美军也知道我军装备落后，所以每次轰炸时，不先轰炸预定目标，而是先轰炸我防空阵地，给我防空部队造成很大伤亡。

军委和总部首长了解这一情况后心急如焚，由总参谋长罗瑞卿亲自挂帅，将这一课题列入国家第三个五年计划重点发展项目，责成国防科委和炮兵司令部尽快拿出解决方案。接受任务后，慈云桂才知道这是一个规模很大的科研项目，国家集中全国技术力量，在哈尔滨、太原、南京、上海等6个会战区，同时研制同一种型号的指挥仪，目的就是尽快拿出科研成果，多重保险。在同一个会战区，又有两个以上单位参加。

回到学院后，慈云桂立即将康鹏紧急叫到办公室，单刀直入地对他说：“我刚从北京领回了一项新任务，高炮指挥仪的数字化，即研制数字化专用计算机。”接着，他把从炮兵司令部受领任务的经过给康鹏讲述了一遍，用一种不容置疑的口气对他说：“现在越南战场急需这种专用计算机，美机轰炸后有时我军一个营瞬间就丧失战斗力了，部队伤亡很大，恨不得明天就让我们拿出成果。我们要为前线部队着想，一定要尽快把这项任务完成好！”从慈云桂严肃的神态上，康鹏感受到这一任务的重要性与紧迫性。他仍像三年前接受441B任务时说过的那句话一样：“慈主任，我干！”

1965年6月10日，国防科委在军事工程学院组织召开小型高射火炮指挥仪研制工作落实会议，四机部、山西太原785厂均派员参加，会议决定由太原785厂严总工程师任总指挥，慈云桂任副总指挥，任务在441B机基础上实现，任务命名为“441C晶体管专用数字计算机”。由于开始是研制37毫米高射炮指挥仪，研制小组就称为“三七组”，后来改为57毫米高射炮，实际完成的是“57-1高炮指挥仪系统”。

研制工作开始不久，太原785厂因故退出研制工作，任务只能由军事工程学院单独完成。慈云桂用激将法对康鹏说：“有人说，441B是通用机，不像专用机那样难搞，我的意思是785厂走了，由你挑头，怎么样？”康鹏不假思索地回答：“我干！”

军事工程学院很快成立了由28岁的康鹏担任组长的“三七组”，成员有陈福接、俞午龙、王万章、杨晓东、乔国良、李思昆、黄克勋、张树生等37人。研制组人员大多很年轻，许多是刚毕业的学员，有的是非计算机专业毕业的学生。他们在不了解高炮，不掌握空中目标及其飞行数据，不懂雷达，没有把这些设备组合成系统的知识储备和经验，更没有可以借鉴的国内外技术资料的情况下，凭着对祖国的一片赤子之心，以“初生牛犊不怕虎”的劲头迅速投入科研之中，义无反顾地踏上研制37高炮指挥仪的漫漫征程。

杨晓东，1936年3月生，天津市人。1964年8月从军事工程学院电子计算机专业毕业后留校工作，先后参加了441B、441C、151计算机和“银河”系列巨型机研制。国防科技大学计算机学院教授，博士研究生导师。

李思昆，1941年4月生，山东青岛人。1960年考入军事工程学院，从导弹工程系导弹控制专业毕业后留校工作，先后参加了441C、151等计算机和“银河”系列巨型机研制。国防科技大学计算机学院教授，博士研究生导师。

黄克勋，1939年2月生，江苏昆山人。1956年考入军事工程学院，从导弹工程系无线电遥控专业毕业后分配到电子工程系计算机教研室工作，先后参加了441C、030、151等计算机和“银河”系列巨型机研制。国防科技大学计算机学院教授，硕士研究生导师。

在慈云桂的直接领导和不断鼓励下，康鹏带领这群年轻人夜以继日地拼命工作，研制工作进展很快。1965年10月底，电路定型工作完成。1966年2月，模型机考核成功，证明方案、逻辑、工艺可行，立即转入样机研制。

1966年4月，李思昆从军事工程学院导弹工程系毕业留校，分配到正在筹备中的电子计算机系工作。报到没多久，慈云桂对他说：“你是我专门从导弹工程系要过来的，我知道你是班长，来这里任务很重啊，因为我们要搞高炮指挥仪，缺少个搞控制的人，来之后你的任务很重要，好好干！”李思昆说：“我计算机学得很少，才学了3个学时。”慈云桂鼓励他：“计算机学得少不怕，我也一点没学呢，我是学雷达的，但我还是一样搞计算机，边干边学嘛！”

经过两年多顽强攻关，1967年8月，试验样机进入全面调试阶段。这时“文化大革命”运动已由“文斗”转入“武斗”，研制组人员也分成两派，在参加运动时唇枪舌剑，互不相让。可一回到实验室，大家都以事业为重，心平气和，齐心协力，并肩搞科研，一门心思想着如何尽快为前方将士研制成功新型高炮指挥仪。

李思昆后来回忆说：“研制工作开展不久，‘文化大革命’开始了。为了怕运动影响研制进度，我们晚上加班的时候，慈主任经常过来看。当时他已经靠边站了，还给我们进行具体指导，讲这个任务很重要，一定要干好，前方战士在流血啊，你们应该尽快地研制出来……令我们非常感动。1967年8月，正当441C试验样机进入全面调试阶段，‘哈军工’附近的哈尔滨第一机械厂发生武斗，坦克开上街，炮声不断。晚上，‘哈军工’大院的办公楼区已一片漆黑，但计算机系实验室所在的10号楼却灯光通明，大家正在紧张地调机。调机工作接近尾声时，配合打靶试验的炮兵部队已开进国家靶场。由于长春市区发生严重武斗，火车停运，工厂停工，我负责研制的外设关键部件光电编码器无法按期到货。我乘飞机到长春机场后，在制止武斗的部队帮助下才到工厂。晚上，工厂附近发生激烈武斗，在子弹穿窗而入的情况下，我和工厂技术员趴在车间地板上完成了光电编码器产品测试，确保了按期进行打靶试验。”

经过两年多艰苦奋战，1968年初，441C样机研制成功，高高兴兴地拉到吉林白城靶场试验。可是当441C计算机与雷达、高炮连接后，随动系统不灵，炮身颤动，不能正常工作，加上新研制的数/模、模/数变换部件的精度等方面的问题，第一次试验宣告失败。大家垂头丧气，项目组副组长陈福接难过得放声大哭。

然而祸不单行。5月回到学院后，系革委会和工宣队发起深挖阶级敌人运动，慈云桂教授作为“资产阶级反动学术权威”被隔离审查，多名年轻技术骨干也被定为“现行反革命嫌疑分子”遭到隔离审查，有的同志因家庭关系有问题不许参加国防科研，科研人员明显减少。

尽管如此，研制组成员没有气馁，他们认真查找失败原因，一切归零，从头开始。在解决存储器系统可靠性问题过程中，陈福接带领存储组同志日夜加班，引发胃穿孔出血，倒在实验室。在高低温室查找硬件系统不稳定原因过程中，康鹏带领大家连续在40摄氏度的高温室奋战，一度晕倒在高温室。经过半年多的日夜攻关，441C硬件系统稳定可靠性问题终于有效解决，准备再一次奔赴靶场试验。

进行高炮实弹打靶试验可非易事，除了要将试验设备运到数千里外的靶场，还需同时调动空军、高炮、雷达部队和同步照相系统。而要将这些部队调动到一起，往往要花三五个月时间，既劳民伤财，又严重影响任务进度。为了省去这些烦琐的实验过程，康鹏经深思后提出“建立室内数字靶场，既可节省靶场试验经费，又可有效解决软件射击解算误差大问题”的大胆构想。这是一个要把441B通用计算机搬到靶场录取数据的大行动。在当时的政治形势下，既要冒风险，又要顶压力。但项目组的同志为了国防事业，不畏风险，在康鹏带领下，群策群力，艰苦奋战，攻克靶场录取数据、软件解算准确性和智能化、系统仿真实时性等一系列技术难关。特别是将高炮指挥仪研制任务转向高炮指挥仪“科研工具”研究，正常情况下需经系、学院、国防科委逐级批准。当时处在“文革”乱世，学院各级组织已经瘫痪，无人过问，他们就大胆组织实施。经过多次艰难的反复试验，1968 年 10 月，终于建成了由 441B/C 联机构成的国内第一个半实物数字仿真系统。试验过程中，他们又从心理学角度分析推测敌机飞行员进行各种机动飞行的真实意图，创造性地提出了“人工智能因子算法”，还妥善解决了各装备接口的机械、电气性能兼容，模/数、数/模转换设备的精度、速度，野外气象条件下的适应能力，以及不同大气条件、不同设备间的电磁兼容性能等难题。

国防科委和炮兵司令部对 441C 机研制工作高度重视，大力支持。炮兵副司令员孔从洲亲自到研制现场慰问，还带来了一位在越南战场上 7 处受伤的英雄排长，长期配合他们进行科学试验。李思昆回忆说：“那个排长来了后，我们的压力就大了。他给我们讲，我高炮部队装备的是仿制苏联二战时期的机电式高炮指挥仪，动态瞄准误差大，命中率低。一旦受到美机俯冲轰炸，往往整建制被毁，伤亡非常惨重，他所在连队一百多个人就活下来二十几个人。当然后来他们也想了些办法，还是打掉一些飞机。当时这些事他讲得很具体，我们很受教育，更感到巨大压力。”

1970 年 7 月，符合部队要求的 441C 高炮数字指挥仪生产出来。为了在实战环境中考验样机，夏天，他们把机器运到湖南衡阳某炮兵师，在 40 摄氏度高温的野外环境下打靶演练；冬天，又运到昌黎空军试验基地，在零下 30 摄氏度的低温野外环境下打靶试验。经过 6 次打靶试验和无数次的改进，全新设计的 441C 高炮指挥仪基本定型。

1972 年 6 月 12 日，441C 高炮数字指挥仪第 7 次实弹射击考核在昌黎空军试验基地进行，炮兵副司令员孔从洲亲自到现场坐镇，国防科委机关领导以及空军、炮兵、雷达部队等参试单位的领导兴致勃勃地来到靶场观看。

靶机在4500~5000米高空飞行。经过实弹射击“大比武”，我军现役高炮部队4个航次一发未中，装备了441C专用计算机的高炮4个航次共打靶弹32发，命中16发，命中率50%，创造了当时我军高炮射击命中率的最高纪录！高炮团团长紧握康鹏的手说：“打得太好了。不可思议，不可思议！”

经过整整十年的艰苦努力，1975年7月28日，441C高炮数字指挥仪通过了四机部、总参谋部和国防科委的联合鉴定，正式定名为“59式57－1型高炮数字指挥仪”，批准小批量生产装备部队。

441C高射火炮数字指挥仪（1975年7月28日）

1978年，441C专用数字计算机荣获全国科学大会奖和湖南省科学大会奖；441C数学模型、441C同步机电数字变换装置、小功率数字随动系统获湖南省科学大会奖。

3. 身陷“牛棚”心系科研

“文化大革命”期间，哈尔滨工程学院的党组织遭到严重破坏，学院革委会及其办事机构也多次分化组合，像走马灯一样换来换去，使党的各级领导干部普遍地受到批判和斗争，广大党员被迫停止了组织生活，党长期依靠的许多积极分子受到排斥，大多数教职员工或先或后地被卷进了斗争的漩涡，造成革命队伍的严重分裂，不少人遭到不同程度的迫害。

1968 年 12 月 31 日晚，冰雪覆盖下的哈尔滨，北风劲吹，异常寒冷。慈云桂像往常一样，吃完晚饭后在书房里看书，妻子琚书琴在厨房收拾，三个孩子正在室内玩耍。此前两个月，长子慈林林响应毛主席“知识青年上山下乡”的伟大号召，第一批到北大荒插队落户，接受贫下中农再教育。

大约晚上八点多钟，突然“咚”“咚”“咚”！一阵急促的敲门声响起，全家人不约而同地来到客厅。慈云桂马上有一种不祥的预感！近段时间，黑龙江省革委会派出工宣队、军宣队进驻学院后，正在进行“清理阶级队伍”运动，受冲击的范围更加扩大，许多领导和教师被关进“牛棚”或监狱，横加迫害，无情打击，时不时听到有人被迫害致死或自杀的消息，住在“老红楼”的教授及家属们整天提心吊胆，人心惶惶，不知灾难何时降临到自己头上。

慈云桂刚打开门，七八个臂戴“六五兵团”袖标、腰扎武装带的造反派便气势汹汹地闯了进来，其中一个领头的咆哮着说："慈云桂！根据系工宣队、革委会指示，你是'美国、苏联、台湾的大特务'，现在宣布对你进行隔离审查。"说完不由分说，几个人扭着他便往外走。

突如其来的灾难令妻子琚书琴和三个孩子一下愣在那里，不知所措，吓得浑身瑟瑟发抖。待到爸爸被带走后，只听一声撕心裂肺的哭声划破夜空，小女儿俊红首先哭了出来，引得琚书琴和孩子们哭成一片。

过了一会儿，琚书琴冷静下来。她想零下20多摄氏度的大冷天，丈夫没有带被子，晚上怎么过？便马上从家里拿出一床被褥，深夜送到住在前楼的系革委会主任家，让他转交给慈云桂。但这床被褥一直没送给慈云桂，后来也没还回来。90高龄的琚书琴提起这事依然愤恨难平。

慈云桂被扭着离开"老红楼"温暖的家，来到学院51号楼学生宿舍专为他准备的临时"牛棚"。他四周打量了一下，房间约有十多平方米，窗户用油毛毡钉得严严实实，学生用的双人床和桌椅已搬空，室内空空荡荡，床和被子什么也没有，唯独地上放了一堆草，与电影中看到的牢房一模一样。还好，暖气片是热的。

当晚，专案组立即对慈云桂进行了"审讯"。慈云桂被按在椅子上，两只高功率强光灯对准他的面部，刺得他睁不开眼睛。专案组给慈云桂定了三条"罪状"：

第一，认为慈云桂是"美国、苏联、台湾的大特务"。原因是1957年，慈云桂随团访问苏联时得了急性阑尾炎，留在列宁格勒开刀住院，没有和其他人一起回国，就说他没安好心，故意留在国外，被苏联发展为特务。慈云桂有一个小舅子在台湾，这足以成为他是台湾国民党特务的"证据"。慈云桂有不少同学在美国，他们之间常有书信往来，就说他已被美国情报机关收买，经常向美国传递情报。

第二，慈云桂一直在“国统区”读书，当时许多学生加入了国民党或三青团，他们认为慈云桂一定也加入了，而是故意隐瞒了这一事实。

第三，怀疑慈云桂隐瞒了家庭出身。专案组认为，在旧社会，一个农民家庭不可能供孩子上大学，更不可能供孩子读研究生，认为他家“不是地主也是富农”。

这些“莫须有”的罪名对慈云桂来说犹如晴天霹雳！他据理力争，坚决否认！他说自己在苏联访问时确实得了急性阑尾炎，这个是装不出来的。他说自己从来没有与在台湾的小舅子见过面，也从未联系过，怎么可能成为台湾特务？他说“老子最恨国民党和三青团，曾因拒绝他们的拉拢利诱而被殴打，怎么可能加入国民党和三青团”？但不管慈云桂怎么辩解，造反派一概听不进去，认为他在狡辩，便拳打脚踢让他承认。

慈云桂后来才知道，当时哈尔滨工程学院挖出“兵工特务集团”即所谓“001 号”案件。造反派分析，学院起码潜藏了 5% 的特务分子，便到处抓人，于是 600 多名教职员工先后遭到非法关押，著名空气动力学和风洞工程技术专家马明德、毫微秒脉冲技术专家吴守一、学院最年轻的副教授曹昌佑等在此期间被迫害致死。罗时钧、曹鹤荪、谭自烈、赵伊君等许多中青年科研人员身陷冤狱，遭到刑讯逼供。柳克俊等正在主持国防科研任务的技术人才也被关进“牛棚”，接受审查批斗。此前不久，国防科委科技部四局局长李庄也被定为“大特务”被捕入狱，慈云桂因业务关系与李庄来往甚多，关系密切，他又多次去英国、苏联访问，具备成为“特务嫌疑分子”的条件，造反派便把慈云桂内定为“全国电子系统最大的特务嫌疑分子”，成立了专案组。

审讯者见没有任何效果，又拿来一只高音喇叭架在慈云桂面前，里面播放的不是悠扬的音乐，而是钢锯锯铁等尖锐噪声，听后使人毛骨悚然，浑身颤抖，虚汗直流，一放就是四五个多小时，对他进行心理折磨，目的是要破坏他的大脑。

一次，慈云桂趁审讯者不注意，用牙从棉衣中咬出一点棉花塞在耳朵里，被造反派发现后打得满嘴流血。

15 个专案组成员不分白天黑夜轮流对慈云桂进行“审讯”，“车轮战”连续进行了五天五夜，不允许他有片刻休息时间，慈云桂被折磨得筋疲力尽，连说话的力气都没有了，却坚决否认给他定下的所有“罪行”。

造反派根据“审讯”经验，一般情况下被审者都经不住三天三夜的“车轮战”就会“认罪”，要么选择自杀，要么被迫害致死，要么实在受不了了就乱说一气。慈云桂的坚强让他们大感意外，像他这样既不服软，又不乱说，还不自杀，具有超常意志的“死硬分子”还不多见。有的造反派甚至说：这搞计算机人的脑子和一般人就是不一样。

专案组对慈云桂采取的第一轮强大攻势没有收到任何效果，仍每天对他进行审讯殴打，想办法折磨他。杨晓东后来回忆说：“慈教授后来告诉我，那帮家伙可真狠！每天用大头鞋使劲踢他，还把他的裤子脱了用探照灯照屁股，说是肛门里可能装了窃听装置。一次，慈教授听到窗外两个造反派的对话。一个问：今天该谁踢了？另一个回答：该我了。又问：穿大头鞋没有？回答：穿了。”慈云桂每天在遭受审讯、污辱和殴打的同时，专案组还强迫他打扫楼内厕所。一天慈云桂昏倒在厕所里，幸亏被及时发现才抢救过来。在这种情况下，慈云桂仍不断与审讯他的造反派对骂：“老子是贫下中农，对党忠心耿耿……”他清楚，这些专案组成员基本是他所在计算机系 65 级的学生。他义正词严地对他们说：“我要到北京去找周总理鸣冤。如果开我的批斗会，除非封上我的嘴，否则我会向广大群众说明真相，说明我正在承担的任务，让群众到北京去报冤。”这些“学生”面对大义凛然的“老师”，心里多少有些胆怯，被“老师”骂得不敢进去，就在门上挖了一个洞，每天将窝头和咸菜头从洞中塞进去扔在地上，慈云桂不得不拣起满是灰尘的窝头和咸菜头艰难地吃着。由于故意不给他碗，经常没有水喝，这些窝头可真是难以下咽，有时呛得他直咳嗽。慈云桂强迫自己咽下去，不然真的要死在这里了。

慈云桂被隔离审查后，专案组立即采取了三项措施：其一，第二天即到他家进行“抄家”，寻找慈云桂“特务嫌疑”的证据。“文化大革命”开始不久，在林彪“八一八”讲话号召下，以学生为先锋的破坏大军横扫神州大地，数不清的文物古迹毁于一旦。慈云桂会同家人对家里的“四旧”也进行了彻底清理，将国外同学的来信、穿着婚纱的结婚照、日记诗抄等拿到指定的焚烧炉一把火烧了。慈林林至今清楚地记得，他和妈妈一起将妈妈仅有的几枚金首饰冲到马桶里的情景。因而专案组“抄家”时，没有找到他“里通外国”的有力证据。可是其中一个造反派却将他家一辆进口自行车推走供自己使用。2016 年 5 月，作者采访慈林林时他说，前几年得知这个人退休在北京，曾准备鼓足勇气找他询问当年迫害父亲的情况，后来终于还是放弃了。然而至今心里仍愤愤不平。

其二，立即派人到慈云桂的安徽老家进行调查。调查结果与慈云桂说的完全一致：他家土改时定为中农，现仍为中农，而不是什么地主富农。在县委档案室和慈云桂上学的几所中学，也没有找到他加入国民党和三青团的任何证据。

其三，将慈云桂在“老红楼”的四室一厅住房中的两间，分给系里一名造反派领导住。这样，慈云桂家24小时都在造反派的全程监控之下。

在慈云桂隔离审查期间，妻子琚书琴曾多次要求探视都被专案组无情地拒绝，连春节期间也不允许。除夕之夜，慈云桂听着外面稀疏的鞭炮声，将草铺在地下，再拿一堆草抱在胸前，蜷缩着身子靠在暖气片上，一边啃着硬邦邦的窝窝头和咸菜头，一边惦念着近在咫尺却天各一方的家人，一边思考着正在研制的几台计算机及下一步的发展，就这样忍耐着、坚持着。放出来后，他对同事说：“当时心里只有一个信念，一定要坚持活下去！只有活着，总有一天会说清楚。”

隔离审查期间，专案组给慈云桂提供了纸笔，让他写交代材料。慈云桂趁审讯人员不注意，满腔愤怒地写下《狱中》两首诗：

一

铁锁寒窗冰雪重，丧心狐鼠狠如狼！
晨昏无赖数飞雀，子夜衾单入睡难。

二

冲冠怒发愁家园，妖雾茫茫杀气腾。
沉舟侧畔千帆过，病树前头万木春。

为准备召开党的第九次全国代表大会，八届扩大的十二中全会于1968年10月13日至31日在北京举行。在全会闭幕式上，毛泽东发表讲话，提出九大应有“二月逆流”的人参加，对党内一些老同志要“一批、二保、三看”。他要求在清理阶级队伍时要注意一个“准”字，不要搞逼供信那一套；对于学术权威，注意不要做得太过分，批还是要批的，保还是要保的。

1969 年 4 月 1 日至 24 日，党的九大在北京举行。会议期间，毛泽东多次主持召开中央“文革”碰头会成员和各组召集人会议，讲述党的历史经验，强调当前的主要问题是一种倾向掩盖另一种倾向，即一方面把“敌人”揪出来了，另一方面又掩盖了打击面宽和扩大化的问题，要求注意政策，加强团结。他指出，犯错误的干部有的将来还要工作；犯了错误愿意改正，群众谅解就好了，就要解放。

根据毛泽东“要解放”的最高指示，1969 年 4 月 17 日，哈尔滨工程学院计算机系工宣队、革委会决定解除对慈云桂的隔离审查，改为监督劳动。但他的专案并未撤销，“重大特务嫌疑”的帽子仍没有摘掉。

慈云桂在不见天日的“牛棚”里整整被关押了 108 天，以超乎常人的坚强意志经受住了各种折磨迫害。放出来那天，造反派不许妻子琚书琴去接，只允许年仅 12 岁的小儿子慈向荣去接爸爸。

慈向荣扶着“已瘦得不成样子”、浑身软得像面条一样的爸爸慢慢往家走。慈云桂步履艰难地走出 51 号楼，当他摇摇晃晃出现在家里时，望着蓬头垢面、眼窝深陷、胡子足有半尺长的丈夫，琚书琴惊愕得差点认不出来，三个多月未见恍如隔世。小女儿俊红看到爸爸这个样子，吓得“哇”“哇”大哭，慈云桂却笑着安慰女儿：“红红不哭，爸爸不是好好地回来了吗？”

慈云桂在《我的家庭和个人简史》中回忆说：“一开始专案组五天五夜对我进行‘车轮战术’，大搞逼供信，审讯时 15 人轮流主持，用两个小探照灯对准我的面部，强光刺目。后来又用高音喇叭对准脑部，施放可怕的噪声，一放就是四五个小时，令人毛骨悚然，全身流汗，并且拳打脚踢，无所不用其极。吃的是窝头咸菜，还不给吃饱，常不给水喝。一百多天受尽折磨，放出来时人已站立不稳，勒令我第二天就得上班。开头几周每天都要昏迷几次，专案组每周还提审一两次，进行侮辱谩骂。”

回到家的第二天，慈云桂理完发，换上一身干净的衣服，晚饭后，迫不及待地要到实验室看望大家。

妻子琚书琴一再阻拦：“人都快被他们整死了，你还干？”

慈云桂倔强地说：“我是为党、为人民干！我就是要让他们看看我的骨头是硬的。”

慈云桂确实有些迫不及待，时间对他来说像金子一样宝贵，他一天也耽误不起。再说三个多月没见大家，怪想念的，也不知道各项任务进展得怎样？他不听妻子劝阻，执意推着锈渍斑斑的自行车出了门，骑行在没有路灯黑乎乎的大院里。想着很快能见到朝夕相处的战友们，他不仅加快了骑车速度。快到实验室不远处时，突然连人带车一头栽进一条沟里。原来，在他隔离审查期间楼前新挖了一条暖气管道，他不知道就栽进去了。慈云桂当时摔昏迷了，醒来后大声呼喊，路人将他拉上来。他执意不肯回家，被路人连人带车送到实验室。

同事们果然都在加班。大家看到老主任回来了，一下子围上来嘘寒问暖。大家看到他身上有许多泥巴，就问怎么回事？慈云桂轻描淡写地告诉大家说“刚才不小心摔到暖气沟了，不碍事”。他马上问起各组任务完成情况，大家七嘴八舌地向他做了汇报。这时有人迫不及待又小心翼翼地问起他隔离审查的情况，他就给大家简要介绍了专案组如何整他，他如何与他们对骂等情况。金士尧后来回忆说：“老慈的骨头很硬啊，坚决不承认，与那帮红卫兵对骂。他说老子是贫下中农，没有问题，从未想过死。吃饭也很差，说每顿都是窝窝头，里头两个咸菜头。还进行了疯狂的疲劳审问，几天几夜不让他睡，皮肉之苦受了不少。”

第二天到医院一检查：锁骨骨折。慈云桂却像没事人似的每天照常上班。造反派不让他接触计算机研制的主要工作，他就每天修示波器，描逻辑图，干些辅助性工作，晚上仍坚持到办公室看书，同志们仍就技术问题偷偷请教他。

刚放出来那段时间，慈云桂身体极度虚弱，刺眼的强光、刺耳的噪声和造反派的打骂声不时在眼前晃动，每天都要昏迷几次。专案组每周还要提审一两[illegible]侮辱谩骂。妻子为了给他补补虚弱的身体，偷偷买了只鸡，晚上[illegible]熬成汤，深更半夜才让他喝[illegible]因为一套房内有“耳目”。

慈云桂承受着巨大的身体折磨和心[illegible]，拖着虚弱的[illegible]又恢复了往日全天工作的状态。李思昆[illegible]回忆说：“[illegible]‘牛棚’刚放出来没两天，一天晚上大概十[illegible]多钟，我[illegible]值班室旁边的一个房间没关灯，就看到慈教授坐[illegible]边看[illegible]进去说慈老师，你还不回去啊？他说我待会回去[illegible]看[illegible]一本英文大厚书。后来有人告诉我，说 1966 年[illegible]，发现人家计算机水平比我们高，我们差[illegible]想搞一个发展大型计算机计划，还没[illegible]始后他就靠边站了。我当时很受[illegible]老的教授，而且靠边站了，也没有任务，还在替国家[illegible]时他经常鼓励我们，把国外的一些技术赶快掌握，[illegible]规划，发展我们国家的计算机事业。后来我才知道，实际上他一直在思考这个事。为了帮助国家做好通用高性能计算机发展战略规划，他利用各种机会学习，包括关在‘牛棚’后也在思考这个问题。刚放出来身体很差，还抓紧点滴时间学习，脑瓜里整天装的是计算机事业。后来我越想越明白，越明白越受感动。”

时间过去一年多后，专案组既不给慈云桂做结论，也未宣布解除他的专案和监督劳动。慈云桂认为自己没有问题，不能这样不明不白地受到冤屈，多次找到专案组，要求对他的问题做出结论，专案组既不做结论，也不理他。直到 1970 年 7 月，慈云桂威胁说“如果你们再不给我做结论，我就找周总理去”。在这种情况下，8 月 10 日，哈尔滨工程学院计算机系（六系）工宣队、革委会终于对慈云桂的“专案”做出如下结论：

慈云桂同志的审查结论

慈云桂，男，汉族，53 岁，安徽纵阳县人，家庭出身中农，本人成分学生。原任六系主任、系党委委员。

在伟大的无产阶级文化大革命期间，对慈云桂的下列两个问题进行了深入的审查，即：

①是否参加过国民党的问题，②家庭出身问题。经过一年多反复的查证核实，得出如下的结论：

（一）慈云桂历史清楚，没有参加过国民党及其它反动党团组织。

（二）慈云桂家庭成分在土改时定为中农，现仍为中农，家庭经济情况与本人所报一致。

至此，慈云桂的“专案”才算结束，不白之冤总算洗清。

慈云桂从小受到很多磨难，“文化大革命”期间在“牛棚”里受到的磨难却非常人可以忍受，然而他仍“冲冠怒发愁家园”，顽强地坚持了下来，理想之火从未熄灭，心里想的仍是如何发展我国高性能计算机事业。这种顽强的意志和强大的心理素质，缘于他坚强的党性，他对计算机事业的无限热爱和执着追求，他从小吃苦练武打下的良好身体和心理基础。这也告诉我们，人生的道路不总是一帆风顺的，当遇到困难和挫折时绝不要轻言放弃。风雨过后是彩虹。痛苦和磨难是人生的“加油站”，是一笔宝贵的财富，它会使你变得更加强大。

4. 指导完成多项重点任务

“文化大革命”期间，哈尔滨工程学院广大教职员工经过不同的曲折道路和深入观察思考，由最初对“文化大革命”的狂热，逐步采取观望、怀疑和抵制的态度。广大科技人员以国家利益为重，不计个人安危得失，克服各种难以想象的困难，抵制派性干扰，在逆境中坚持科学研究，仍然取得了一些科研成果。《国防科技大学校史》记载：1966 年至 1969 年，学院承担科研任务 136 项，完成 100 项，受到中央军委和总参谋部、国防科委及各军兵种部队的赞扬和好评。

电子计算机系是“文化大革命”期间哈尔滨工程学院知名的坚持抓革命、促生产的单位，是被造反派头头誉为“庙小神通大、池浅王八多”的地方。由慈云桂创建和培养的这支计算机科研队伍，凭着对祖国的无限热爱和强军兴国的历史担当，义无反顾地肩负起振兴军队现代化的历史重任，在“文化大革命”苦涩岁月中默默坚守在计算机科技创新前沿，先后承担了十多项大型战备科研和国民经济紧急任务。人员虽分成两派，但到了实验室，大家都自觉遵守“实验室不谈派性”的公则，军工大院 10 号楼系实验室每晚仍灯火通明，加班到深夜，成为学院一道亮丽的风景。

虽然慈云桂无法履行系主任职责，众多科研项目他也未必都亲自参加，但他仍时刻关注着每个科研项目的进展，经常主动给课题组以指导。同志们信任他、依赖他，每当遇到难题时经常私下向他请教，他也毫无保留地倾囊相授。因此这些科研成果都凝聚着慈云桂的智慧和心血。

1965 年 8 月至 1967 年 5 月，军事工程学院电子工程系陈有刚教员带领于成华、顾兰森两名尚未毕业的学生，与 20 基地和航天测控所 20 多名技术人员一起，在 441B 基础上研制成功运算速度每秒 2 万次的 441D 基地数据处理机，共生产 7 台装备国防科委各试验基地，成为六七十年代我国火箭导弹数据处理的主打设备，为“东风三号”“东风五号”导弹发射试验做出重要贡献。该机获 1978 年湖南省科学大会奖。

1967 年 10 月至 1969 年 12 月，胡守仁、钟士熙、安明俭、孙兆荣、王世荣等，经过两年零两个月努力，研制成功高炮、雷达、指挥仪靶场数据处理动态模拟车载式计算机（代号 57－1），交付

车载数据处理数字计算机 57－1（1969 年 12 月）

基地使用后，彻底改变了我军常规武器试验数据处理的落后局面，生产的两台计算机均服役 10 年以上。该机获 1978 年湖南省科学大会奖。

1968 年 5 月至 1971 年 12 月，李勇、张德芳、张绍贤、陈致明、王风学等，研制成功“09 工程”502 平台罗经控制计算机 PL－Ⅰ、PL－Ⅱ。PL－Ⅰ是一台专用数字计算机，与陀螺平台共同构成 09 核潜艇的平台罗经系统，是核潜艇导航系统的核心设备。1970 年 8 月，定点运算速度每秒 2 万次的 PL－Ⅰ专用数字计算机样机研制成功，经与主体仪器室内联调和海上试验，证明机器稳定可靠。1971 年 12 月，定点运算速度每秒 3 万次的 PL－Ⅱ集成电路专用数字计算机完成研制生产，交付核潜艇部队使用。PL－Ⅰ专用数字计算机获 1978 年湖南省科学大会奖。

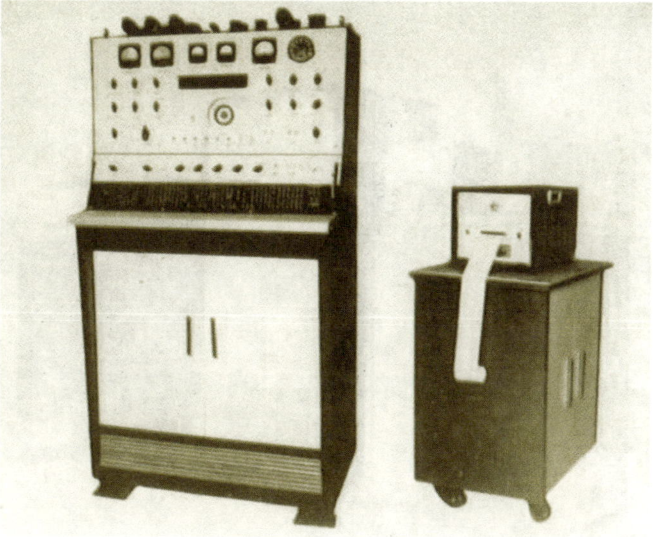

502 平台罗经控制计算机 PL－Ⅰ（1970 年 9 月）

1969 年 11 月至 1970 年 8 月，金士尧、孟庆余、吴泉源、陈有刚、凌令海等，研制成功我国第一台全集成电路计算机 030 潜艇鱼雷攻击指挥仪（142 机）。该机是根据慈云桂教授的建议，于 1965 年秋开始与中科院半导体研究所和 109 厂共同开始预研。1969 年 4 月 18 日召开总体方案论证会，11 月由国防工办和国防科委批准研制。经过不到一年的奋战，1970 年 8 月样机研制成功，经 85 天几十次海上试验，最终定型，海试部队建议小批量生产。后因潜艇吨位太小、任务改变而取消型号项目，但这次成功运用小规模集成电路的科研实践，为此后 151 百万次集成电路大型计算机研制积累了经验。该科研成果获 1978 年湖南省科学大会奖。

1972 年秋至 1979 年 10 月，李勇、张德芳、窦文华等 20 多名科研人员，研制成功“718 工程”“东海号”惯导计算机 DGJ－Ⅰ和 DGJ－Ⅱ。1975 年 9 月，DGJ－Ⅰ样机研制成功后运往上海参加惯导系统联调，证明方案可行。1976 年开始 DGJ－Ⅱ研制，1977

“718 工程”“东海号”惯导计算机 GDJ－Ⅰ（1975 年 10 月）

年初设计完成，1979年10月通过国防科委考核，连续无故障运行502小时，运算速度每秒7万次的中规模国产集成电路计算机DGJ-Ⅱ研制成功。1980年5月随舰队远征南太平洋，出色完成我国洲际导弹全程试验测控任务。DGJ-Ⅱ1982年获军队科技成果二等奖。张德芳因贡献较大荣立三等功。

1972年初至1978年8月，康鹏带领戴世宗、俞午龙、李思昆、王万章等自主创新发明了E.B.C电路与逻辑，并与多家生产单位密切合作，研制成功E.B.C中小规模集成电路系列；圆满完成采用E.B.C系列集成电路的小型军用多功能计算机DG-Ⅰ和HZD-4型多功能打印机研制任务。1978年8月考核后装于“718工程”“向阳红10号”测量船上，执行测控雷达信号处理任务。1980年5月胜利完成我国洲际导弹全程试验测控及以后数次重要试验任务。之后他们又为广州用户研制成功用于机械手控制的DG-Ⅱ计算机，取得显著应用效益。1978年，E.B.C电路与逻辑和与之配套的HZD-4型多功能打印机均获全国科学大会奖。小型多功能计算机DG-Ⅰ获军队科技成果二等奖。

在完成这一任务过程中，年轻教员俞午龙日夜奋战，一次竟五天五夜未合眼，终因劳累过度，由感冒转为急性脑膜炎而英年早逝，年仅36岁，过早地离开了他热爱的计算机事业和亲人们，追悼会上慈云桂泣不成声地说：“小余，我的好小余呀！你不应该走的！你走得太早了，我们需要你，祖国和人民需要你啊！”

1973年8月至1981年5月，柳克俊、梁业伟、张绍贤、齐治昌、颜宝勇、张俊科等，研制成功数字随机震动控制系统计算机（424机）。该系统由两台计算机组成，一台是TQ-15（DJS131），用于人机通信、数据采集、数值控制、试验规范、语言处理；另一台是自行设计的数组处理机SZJ，专门用于向量计算、快速傅里叶变换和功率谱密度计算等，为火箭例行试验做出贡献。

1965 年 12 月至 1967 年 1 月，海军工程系导弹指挥仪系统教研室和大庆油田各 8 名科研人员，研制成功油田百道能谱测井仪，用在大庆油田和江汉油田，性能超过同期进口仪器。1974 年 4 月至 1975 年 4 月，长沙工学院计算机研究所为江汉油田研制成功井壁声波测井仪，在四川、河北测井 5 口。这两台设备均受到用户好评，分别获 1978 年全国科学大会奖和湖南省科学大会奖，为我国国民经济建设做出重要贡献。

这些任务的完成全面锻炼了队伍，为“哈军工” －国防科技大学计算机系（研究所）未来的发展腾飞做了人才和技术储备。

第九章 Chapter 9

风雨十年 创二百万次计算机佳绩

“ 两弹一星 ”是二十世纪六七十年代中华民族创建的辉煌伟业，奠定了我国作为“ 有重要影响大国 ”的国际地位。慈云桂从“牛棚”放出不久，即被聂荣臻元帅“ 点将 ”参加了远洋航天测量船中心处理计算机方案论证会。他不顾造反派的一再警告，提出先进的设计方案，得到与会专家赞许并承担了研制任务。风雨十年，筚路蓝缕！他带领科研团队圆满完成计算机研制和我国首次洲际导弹全程试验测控任务，创造了他人生事业中的又一个辉煌。

1. 聂帅点将参加方案论证

1969 年 11 月 4 日，北京东直门内空军第一招待所。

国防科委在这里组织召开远洋航天测量船中心处理计算机战术、技术性能方案论证会，代号“114 会议”。会场戒备森严，负责警卫的哨兵对参加会议的人员进行严格检查和身份确认，显然这是一次高级别的绝密会议。

根据中央批准的“八年四弹”导弹发展规划，1965 年 3 月，中央专委做出研制洲际导弹“东风五号”的决定。

洲际导弹，即远程战略导弹，射程可以达到 8000 ~ 12 000 公里。美国与苏联先后在二十世纪五十年代末期研制成功洲际导弹。

要发展洲际导弹，必须设计制造远洋航天测量船，完成洲际导弹全程试验的海上测控任务。“东风五号”洲际导弹工程刚刚启动，“文化大革命”就开始了，在研制工作面临重重困难的情况下，1968 年，中央专委经过与林彪反革命集团的坚决斗争，仍然决定将洲际导弹的配套工程——远洋航天测量船作为重点工程列入国家计划，代号“718 工程”。

远洋航天测量船，实际上就是海上流动的航天测控站。它不仅要具备远洋船的功能，还要具备航天测控站的功能。建造远洋航天测量船，不是将陆上的航天测控设备安放在船上那么简单，需要综合考虑船的稳定性、仪器设备的适应性和船上人员工作生活环境条件等一系列复杂技术问题，因此设计建造难度极大。当时世界上仅有美国、苏联、法国拥有远洋航天测量船队。

中心处理计算机是远洋航天测量船的核心设备，其主要任务：一是引导各种测量设备实时捕获目标，保证可靠的跟踪、稳定的观测，实时搜集并记录各种原始数据和加工处理；二是实时处理各种飞行参数和遥测数据，进行实时显示，并预报目标的航迹和落点，监视目标的飞行姿态、轨道情况，实时进行故障判断、安全警告、安全控制等，为打捞船和直升机预先到达预定海域提供准确坐标；三是定期进行气象预报，定位校准和船位姿态控制；四是进行其他科学考察数据处理，大量事后数据处理及一定的现代科学研究和工程计算。

由于对中心处理计算机的要求非常高，须确保万无一失，因而研制难度极大。在任务酝酿过程中，国防科委有关领导首先想到了计算机专家慈云桂。鉴于当时“文化大革命”十分混乱，许多知识分子被打倒，为了弄清慈云桂的现状，1969 年 8 月，国防科委机关秘密派人赴哈尔滨，得知慈云桂已从“牛棚”放出便放心了。

果不其然，研制任务明确后，国防科委聂荣臻主任在审查会议方案时问道：“通知哈尔滨的慈云桂教授没有？”

参谋回答：“通知了，已列入参加会议专家名单。”

聂帅高兴地说：“那就好。慈教授可是我们国家首屈一指的计算机专家，也是我们国防科委的宝贝。”

这位参谋听后不禁暗自庆幸，幸亏提前做了准备，心里有底，不然可要挨训了。

参谋在下达会议通知时，特别强调这是聂帅的指示。哈尔滨工程学院革委会某领导接到通知后，大骂国防科委某些领导“不讲阶级斗争”。但骂归骂，国防科委的通知还得执行，尤其听说这是聂帅的指示，更不好作声，便极不情愿地通知慈云桂。

那天，正在实验室接受“监督改造”的慈云桂，突然接到系参谋通知，让他到学院革委会领导办公室去一下。慈云桂听后先是一怔，心想不知又有什么事，是不是又要把他关起来？便忐忑不安地来到这位领导办公室。

这位领导板着面孔不紧不慢地说：“接国防科委通知，明天你到北京开个学术研究会议。去了后只许带着耳朵听，不许随便乱表态，更不能擅自接受任务。”末了还加了一句，“别忘了你的身份”。

慈云桂听后，顿觉一股暖流涌遍全身，心里特别激动，眼泪不由自主地在眼眶里打转。他强作镇静，装作若无其事地背过身抹去眼泪，生怕被这位领导看见。为保险起见，哈尔滨工程学院派院革委会副主任、四海厂的一名工人“陪同”他一起到北京开会，实际上是负责押送和监督他。一路上，这位副主任一再警告他：会上只准听，不准表态。

慈云桂来到北京后，负责接待的哈尔滨工程学院驻京办事处联络员王春景，后来对他当时的情况有一段细致描述：“初见慈教授，他与学院的很多干部一样，穿了一身褪了色的棉军装，羊皮军帽上的毛掉得露出了斑斑白皮，完全看不出他是一个著名的大学教授。只见他面色苍白，眼圈发黑，显得很憔悴和疲惫。但在会议期间他却精力十足，工作抓得很紧。”事后慈云桂说：“受迫害挨批斗是个人小事，把关系国威军威的重要科研项目搞上去，为国防和社会主义建设做贡献才是大事。”

国防科委对这次会议非常重视，中科院计算所、四机部 15 所和 32 所、北京工业学院等差不多当时全国从事计算机研制的主要单位都派精兵强将参加这次会议。会议首先传达了毛主席、周总理的指示和各位老帅的意见，特别强调这一任务是毛主席亲自批准、周总理亲自抓的振奋国威军威的国家重点工程，着重强调“718工程”的研制背景、重大意义和实现目标。令慈云桂印象特别深的是，陈毅元帅听说咱们国家研究洲际导弹要花十年时间，就急得说“到那时我的头发都白了，等不了了”。许世友讲话难听，说“老子太着急了，能不能搞快些”。听了这些精神传达后，慈云桂顿觉热血沸腾，瘦弱的身躯中瞬间充满力量。

会议开始后，20基地等用户单位提出要求研制每秒100万次的计算机目标。有的专家认为，目前国内小规模集成电路技术不过关，难以做成整机，不如降低指标，用晶体管做成每秒50万次的计算机代替。刚开始，慈云桂确实按照学院领导要求，仔细倾听与会专家的发言，听到这里，他再也坐不住了，强烈的使命感促使他不能再沉默，早把给他设置的“紧箍咒”抛到九霄云外，即席详细陈述了他在“牛棚”里深思熟虑的想法：“‘718工程’是毛主席批准、周总理亲自抓的国家重点任务，要求这么高的大工程绝不能降低指标。我1966年在英国访问期间，掌握了很多百万次级集成电路计算机资料，也看到了几台机器，对百万次机系统结构和逻辑设计都比较熟悉。所以我全面支持用户的要求，赞成用国产集成电路研制百万次级、双机系统方案，坚信经过努力可以做成。”

一些专家听了慈云桂的发言后坚决反对，认为目前我们国家做成每秒二三十万次的晶体管计算机都很费劲，跨越一代做成百万次级的，而且是国产集成电路的不可能实现，也无此必要。并举例说，近期有的单位用国产集成电路做的百万次计算机调试快两年了都没有稳定下来，我们应该汲取这个沉痛的教训，并断言：用国产集成电路不可能做出稳定可靠的计算机，特别是要做成海上使用的军用计算机更不可能。

专家们这么提也不是没有道理，他们还是掌握国内情况的。他们认为，目前国产小型集成电路质量不太过硬，不能做大型计算机。为“718 工程”测量船研制每秒 100 万次计算机是个冒险举动，将来要用在海上测量洲际导弹，如果完不成任务这个损失有多大？这个责任谁来负？保险起见，还是用晶体管，每秒 50 万次的也能完成任务。这些看似实实在在的话理由很充分，只是他们没看到这些困难经过努力是可以克服的。

一年半前，慈云桂根据国防科委指示，曾对研制每秒百万次计算机作过一次调研。1967 年 10 月，国防科委聂荣臻主任根据国际上计算机发展趋势，给中共中央写报告，要求上马每秒 100 万次和 1000 万次计算机项目。10 月 25 日，毛泽东主席欣然批示“同意”，简称“1025 批示”，这一科研项目也就称为“1025 项目”。1968 年 3 月，慈云桂带着康鹏、王朴、孟庆余、张范等几个年轻人，在北京、石家庄等地进行调研和查阅资料，最后形成一个完整的论证报告，历时三个月。虽然这一课题最后没有获准立项，但为他们积累了大量第一手资料，也使他的发言更有底气。他非常耐心地说：“我们可以用系统设计的可靠性来弥补国产集成电路初期产品的不足。譬如有人采用技术手段和可靠性设计的方法研制成功的收音机，从空中摔到地面，壳子都摔坏了，但收音机仍不停播放歌曲。”

为了证明他所提方案的可行性，慈云桂通知康鹏和金士尧紧急赴京，向与会人员汇报了他们已经研制成功的 030 全集成电路计算机、具有多道管理程序的 441B－Ⅲ晶体管通用计算机的情况。

金士尧，1937 年 9 月生，江苏苏州人。1956 年考入军事工程学院无线电专业学习，毕业后留校任教，参加了多项计算机研制任务。曾任国防科技大学计算机系兼研究所副总工程师；教授，博士研究生导师。

会议表面上看起来风平浪静，大家说话都文质彬彬，但专家们的意见针锋相对，核心是每秒50万次还是100万次，用晶体管还是集成电路，单机还是双机。慈云桂用形象的比喻、生动的事例和科学严谨的分析，详细论证了他所提方案的必要性、可能性与可行性。他有理有据的发言受到国防科委领导、20基地等用户单位代表和大部分专家的赞许。

有些领导和专家还不放心，会议间隙专程找慈云桂商谈了一些细节。经过几天广泛深入的讨论，领导和专家们的意见逐渐趋于统一，一致同意采纳慈云桂所提方案。

负责召开这次会议的国防科委电子计算机领导小组组长、科技部四局参谋唐遇鹤回忆说："'718工程'是周总理亲自抓的，计划设计建造两艘测量船，船上要装备中心处理计算机，国外不卖给我们，我们就自己组织研制。当时开会时计算机还没有方案，我们请这些专家来讨论一下，大家提提意见，也没定让谁搞。但我们初步决定，希望'哈军工'搞一台，因为'哈军工'的441B搞得很突出。那时候四机部15所也归我们管，他们有千把人，也搞通用计算机，我们希望他们再搞一台。为什么让两个单位来搞，不让一个单位搞两个船呢？我们也怕万一有一个单位失败了，耽误试验时间，所以必须两个单位同时搞，这样双保险。两个单位都成功了当然好，如果有一个单位失败了，也不影响工程进度。"

在中国计算机技术更新换代的关键时刻，慈云桂不顾自身安危又一次挺身而出！这种为国分忧、甘冒风险、勇于担当的精神，充分体现了一位科学家强烈的爱国主义精神以及勇于探索精神。他相信外国人能做到的，中国人也一定能够做到！

2. 南迁长沙艰难创业

列车在冰雪覆盖的东北平原上疾驶。

在返回哈尔滨的火车上，慈云桂难抑心中的激动，一路上与康鹏、金士尧谈笑风生，蜡黄的脸上露出久未见到的笑容。

这次慈云桂学“聪明”了，没有像441B时那样“擅自做主”将任务从北京领回来。回到哈尔滨工程学院的当天，他及时向学院领导汇报了会议情况，按照国防科委领导指示，要求学院马上向国防科委写报告。此时中国科学院、四机部、上海市也向中央写报告，要求承担这一光荣任务。

回到计算机系后，慈云桂将任务情况向系临时负责人做了汇报。这位临时负责人说：“慈教授，你也清楚，现在系里承担着七八项国防科研重点项目，任务非常饱满，人员捉襟见肘，你又揽回了这么个大任务，哪里还能抽出人呢？”因而拒绝承担这一任务。

大家听说慈教授领回了个大任务，又开始议论纷纷，反对声此起彼伏。专案组的人说他“心怀叵测”；有人又说他好大喜功，瞎吹牛皮；有人认为这一任务困难太大，仅靠学院难以完成；关心他的人也为他担心，埋怨他“清白无故还遭到隔离审查，何苦还自己找罪受”；更多人在为他的安危和健康担忧的同时，则竖起大拇指说：“老慈头”已经靠边站了，手下只有一个“兵”——钟士熙，就敢把这么大的任务接下来，有魄力，了不起！

大概就是从这个时候起，不知是谁首先私下叫他“老慈头”，接着大家开始叫了起来。这个绰号大概有两层含意：

其一说他“老”。由于慈云桂小时候家境贫寒，流亡中长期营养不良，几十年的奋斗，尤其在“文化大革命”中遭受残酷迫害，使他看起来比实际年龄大了许多，五十刚出头头发就已稀疏花白，确实像个老头。

其二说他“硬”。慈既是他的姓，又与“瓷”发音相同。俗话说“瓷实”，即结实、坚硬的意思。慈云桂身上长期表现的勇于挑战权威、不向邪恶低头的强硬个性，尤其是在“牛棚”里那么险恶的情况下仍然与造反派对骂的突出表现，让大家非常佩服。

刚开始大家私下里叫，后来慢慢公开甚至当面叫他“老慈头”，慈云桂听后也不介意。后来他的家人也跟着叫他“老慈头”。

哈尔滨工程学院革委会领导对慈云桂这次的表现比较满意，两名院革委会领导亲自挂帅，加上慈云桂和同样“靠边站”的系党委书记张景华，组成四人领导小组，在全院范围内组织实施，实际具体负责的是慈云桂和张景华。

为了完成这一国家重点任务，回到学院的次月，即 1969 年 12 月，哈尔滨工程学院革委会即恢复了慈云桂计算机系党委常委的党内职务。开始时计算机系只派 6 人参加，慈云桂他们又在基础部和其他系挑选了 10 余人，形成了一个 20 余人的综合论证设计组。

胡守仁后来回忆说：“受领‘718 任务’时困难是很大的。那时候我们搞的 441B－Ⅲ大概每秒 5 万次，一下子要提高到 100 万次，20 倍啊，困难是很大的。从人员来讲比较紧张，因为好多任务都在干着，441C 啦，571 啦，441B－Ⅲ啦，等等。这也是慈云桂同志的一个特点，敢于担当！困难是在研制的过程中逐步克服的，边克服困难边壮大队伍边搞科研，是我们在慈云桂教授领导下形成的一个传统。”

黑龙江省领导对完成这项由毛主席亲自批准、周总理亲自抓的国家重点任务很积极，发动了300多家工厂和企业协作，配合他们完成任务。

1969年12月6日，国防科委下达《关于“718工程”中心处理计算机会议纪要的通知》，综合论证设计组立即紧锣密鼓行动起来，边搜集资料，边学习讨论，边设计方案。慈云桂在组内做了几次访英报告，根据从英国带回的几种百万次级集成电路计算机技术资料，首先提出了一个系统结构初始方案供大家讨论。他反复动员：“这一任务是毛主席亲自批准、周总理亲自抓的国家重点任务，关系到国威、军威的振奋。能够承担这一光荣而艰巨的任务是我们的荣幸，困难再大也没有我们的决心大，这些困难在研制过程中是可以逐步克服的。”

在慈云桂的耐心说服动员下，大家的思想进一步统一，积极性很高，夜以继日埋头工作，春节期间几乎没有休息。然而这一任务的研制工作，就像船队在海上航行一样，遇到了一个又一个惊涛骇浪。从1969年受领任务至1979年研制成功，先后在黑龙江地区、长沙地区和北京地区展开会战，历时十年。

1970年春节过后，计算机系又有一些人员加入进来，队伍进一步壮大，达到30多人，方案也逐渐成熟，战斗正式打响。慈云桂首先派钟士熙到海上锻炼，又安排方舵、吴泉源将方案拿到441B－Ⅰ机上进行模拟试验，根据任务提出的15类数学课题，分组进行人工与计算机结合模拟试算，分析系统结构的合理性、可行性和各种部件的运行效率等。这种方法效果显著，充分调动了科研人员的积极性。

为了避开各种“左”的政治干扰，1970 年 2 月 14 日即正月初九，慈云桂和张景华带领设计组全体人员，携带初步方案和系统结构框图，登上南下的列车，赴北京、西安、成都、南京、上海等数十家电子工厂、科研院所调研，广泛征求同行专家的意见，充分了解器件和外设的技术、质量、品种、生产水平等情况。

经过一个多月风尘仆仆的调研，位于上海南翔镇的四机部 32 研究所是他们此行的最后一站。所长像前面走访的单位一样，热情地接待了他们，还为他们提供了人员住地、方案讨论场地和打字员。调研组趁热打铁，在半个月内夜以继日研究撰写调研报告，初步形成“718 工程”总体方案。

杨晓东后来回忆说：“151 机是百万次量级的大型计算机，比 441B 机有两个数量级的性能提高。在当时的社会环境和技术条件下，既要稳定研制队伍，又要攻克技术难关，实现这个目标绝非易事。但是事业心极强的慈云桂克服重重困难，率领大家抓革命、促生产，在方案讨论中贯彻群众路线，发扬技术民主，相互启发，相互学习，群策群力，参考当时国际上先进的大型计算机系统，针对国内器件、工艺和技术水平，解决了诸多具体问题，终于确定了符合当时国情的 151 机系统方案。”他们分组写出 13 份详细分析论证报告，为召开全国设计方案论证会做好了准备。

1970 年 4 月，国防科委正式下达“718 工程”航天测量船中心处理计算机任务书，明确：“远望一号”测量船中心处理计算机研制任务由哈尔滨工程学院承担，代号“151”；“远望二号”测量船中心处理计算机研制任务由四机部 15 所承担，代号“260”。两家分别研制，限期 1974 年底完成。当时王振青担心地问慈云桂：“这么短的时间，我们能完成任务吗？”他信心十足地回答：“根据我们具备的条件和大家的信心和决心，一定能够完成。”

慈云桂根据科研人员特点进行了分工：由崔承贵负责指令控制器设计，钟士熙负责运算控制器设计，杨晓东负责存储访问控制器设计，王振青负责交换器设计，陈福接负责存储器设计，安明俭负责专用接口设计，杨凤翘负责外部设备设计。最后确定形成的计算机体系结构设计方案，借鉴了一系列国际先进技术，如自适应变结构技术，在实时情况下，可以根据计算机各部件工作状态和工作需要，实时自动重组 6 种变结构体系：双处理机系统、独立单机系统、双机共享 8 存储模块、任意组合 4 存储模块、单机 8 存储模块、浮点 64 位或 32 位等，以保证计算机的高速度、高精度和高可靠性。CPU 部分还采用了指令先行控制、超高速数据缓存和控制自动循环的 C 寄存器等新技术。在此基础上，着手设计与研制各分机模型机。

上述体系结构的确定为硬件的实现带来了诸多挑战。金士尧、崔承贵在指令控制器设计，杨晓东在存储访问控制器设计，王振青在交换器设计中搞了许多创新，发挥了重要作用。

11 月中旬，国防科委组织全国几十名计算机专家，在北京召开“718 工程”中心处理计算机设计方案论证会。慈云桂汇报中体现的新颖构思和创新设计远超任务书要求，特别是设计书中提出的可靠性极高的系统容错功能、6 种工作状态、降级使用等技术措施，得到国防科委领导和与会专家的高度评价。专家们经过充分讨论论证，一致通过他们的设计方案。

慈云桂回到哈尔滨后，正值学院主体南迁长沙，院内一片苍凉和忙乱，人人收拾行李，整装待发。

二十世纪六十年代，中苏矛盾由两党意识形态分歧发展到两国关系严重恶化，苏联在运用政治与经济手段对中国施压的同时，陆续大量增兵中苏边界，并不断挑起事端，制造武装冲突，终于在

1969 年 3 月发生了“珍宝岛事件”，中苏之间剑拔弩张，随时可能爆发大规模战争。根据毛泽东“立足大打、早打、打核大战”的指示精神，10 月 18 日，军委副主席、国防部长林彪发出“一号命令”，全军迅速进入临战状态，许多处在“前线”的部队、军工企业、科研院所奉命迁往内地。

1970 年 6 月 15 日，根据国务院、中央军委电令，哈尔滨工程学院内迁长沙，改名长沙工学院，由湖南省革委会、省军区和七机部实行双重领导，限期当年底前搬迁完毕。

接到南迁命令后，计算机系人员思想波动很大。一方面，部分人员想去却去不了。根据学院分建需要，学院的 2415 名干部教员，只有 744 名教学和技术干部、387 名行政干部可以搬迁到长沙，也就是说有一半多人要留在哈尔滨等待分流。上级提出南迁干部要“少而精”，要“绝对可靠”，对所有人员要进行严格政治审查和筛选，凡有一点海外关系、历史问题、出身问题和社会关系复杂的一律不要。因此部分有这些情况的人员担心自己去不了。另一方面，一些家在北方的人员因气候不适应、饮食不习惯、家属有阻力等种种原因不愿意搬迁到南方。这些情况对于处在节骨眼上的 151 计算机研制队伍来说，确实是关键时期。而恰在此时，与慈云桂配合默契的计算机系党委书记张景华被调走了，使慈云桂失去了一个有力支撑。

慈云桂耐心细致地做不愿南迁人员的思想工作，反复强调 718 任务的重大意义，动员大家服从大局，随学院南迁。此时系党委按照这一审查标准，确定胡守仁、陈福接、周堤基三人政审不合格，慈云桂知道这一结果后十分着急。这三人可都是计算机研制队伍中的骨干啊。妻子要他别多管闲事，免得引火烧身。可是慈云桂首先想的是任务，想的是如何能把这些与他朝夕相处的科研骨干保留下来。他不顾个人安危，多次与新任系党委书记理论，又多次找到学院政治部和学院领导，动之以情，晓之以理，反复强调“718 工程”的重大意义和保留这些骨干的重要性。在慈云桂的据理力争和耐心说服下，系党委终于同意他们三人全部去长沙，挽留了这些“有问题”的科研骨干。解放军原总后勤部研究所总工程师周堤基回忆说：“因我出身地主家庭，系领导通知我别到长沙去。听到这一消息后，我情绪非常低落。不久又通知我可以去了。后来系党委书记当面向我道歉，说他们看死档案，把人看死了。我知道，这一定是慈教授做了工作。”

当时政审“不合格”的这三个人：陈福接后来接替慈云桂，担任了国防科技大学计算机系兼研究所主任；胡守仁长期担任国防科技大学计算机系兼研究所副主任；周堤基担任了国防科技大学计算机研究所总体室主任，后调解放军总后勤部研究所任总工程师。此后他们三人在完成多项重大科研任务中做出了重要贡献。

在哈尔滨工程学院南迁的时候，有的系因林彪极“左”路线干扰破坏，任务不明确而大量减员，全院约有 400 名教员滞留哈尔滨等待分流。慈云桂大刀阔斧地招兵买马，求贤纳士，又从学院其他单位吸收了一些人员参加 151 会战，因有重要科研任务在身而团结凝聚了队伍，人员非但没有减少，反而有所增加。

慈云桂抓紧搬家前的最后一个月时间进行动员部署，要求大家全面完成逻辑设计和部分生产图纸，硬性规定一个月后必须到长沙报到，不能延误工程进度。大家齐心协力，日夜加班，按时完成预定任务。

3. “养鸭场”摆开151攻关战场

夜幕低垂，大雪纷飞，天公好像也向“哈军工”人告别。

1970年12月底，慈云桂一行冒着严寒，恋恋不舍地告别工作生活了十几年的冰城哈尔滨，登上南下的列车。12月30日，他们全家和设计组80多人到达北京，尔后奔赴湖南省会长沙。

长沙，古称潭州，楚文明和湘楚文化的发源地，距今已有3000多年的历史，享有“屈贾之乡”“楚汉名城”之美誉，是国家首批历史文化名城。湘江、浏阳河、岳麓山、橘子洲头、白沙井等这些驰名中外的景点，构成了“山水洲城”的独特美景。因为长沙是毛泽东早期读书和从事革命活动的地方，这里也成为广大人民群众心中的革命圣地。“文化大革命”期间，红卫兵串联的首选之地就是毛泽东的故乡韶山及他早期读书和从事革命活动之地长沙。

学院南迁长沙后，落脚在长沙市北区上大垅原高级工程兵学校和舟桥84团的营区，营区面积从“哈军工”时的400万平方米减少为55万平方米，营房面积从高质量的64万平方米配套校舍减少为15万平方米破旧营房，学院的10万件营具也只带来了1.2万件，3000多名教职员工及家属拥挤在这弹丸之地，许多教学科研试验设备堆放在露天没有拆封，条件极为艰苦。尤其是住房拥挤，成了突出的影响全局的大问题。

当慈云桂带领大批人马最后一批来到长沙时，学院临时接收的营房已全部住满，连插针之地也没有了。为了克服暂时困难，经湖南省革委会批准，临时借用距市区十多公里的长沙东郊马坡岭原省农业机械化学校校舍，将电子计算机研究所临时安置在这里。

位于长沙马坡岭的长沙工学院计算机研究所科研楼（1971 年）

来到临时安置点后，这里条件之艰苦、生活环境之恶劣令慈云桂他们始料不及。“文化大革命”期间，这所农机学校已荒废，全体人员下放到“五七干校”劳动锻炼，早已人去楼空，连水电都没有。校区不大，有教学楼、办公楼和学生宿舍各一栋，共约五六十间房。这里先是红卫兵接待站，后来被附近农民用来养鸡鸭，房间又破又脏，蜘蛛网、垃圾到处都是，地上积着厚厚的鸭粪，墙壁污秽不堪，打开门后臭气扑鼻。

从条件相对优越的“哈军工”大院，到环境如此恶劣的马坡岭，一些同志情绪有些低落。经历过无数苦难、面临过各种各样艰难困苦考验的慈云桂乐观地鼓励大家："这点困难算不了什么！只要大家齐心协力，一定能很快创造一个良好的科研和生活环境。"

在慈云桂的鼓励和带领下，他们买来清洁工具，全系所有人员包括家属一齐动手进行卫生大扫除。他们用肥皂水多次冲洗地板，用白石灰粉刷墙壁，修理道路，修建水井，树电线杆，买来柴油发电机，建设各种实验室和临时工厂，将大教室分成三间，不管一家几口人，每家分一间，从头创造工作生活条件。经过两个月的艰苦努力，他们硬是将一个脏兮兮的"养鸭场"改造成工作生活区，在这里白手起家，安营扎寨，迅速摆开攻关战场。

后任国防科技大学计算机学院教授的张俊科回忆当时艰苦的情况："我家隔壁是汤广治家，他有个老父亲，三个孩子，也是一间。在露天走廊上临时安装了水管，隔几户有一水池，供大家使用。而家家门口都有一个烧蜂窝煤的炉子。厕所是共用的，在楼中间的位置，不是水冲的，最简陋的粪坑式，离得很远就能闻到熏鼻的臭味。特别是夏天苍蝇多，嗡嗡叫，蛆虫乱爬，实在恶心。在哈尔滨习惯了室内水冲厕所，相比之下，真是上一次厕所受一次罪。学生宿舍楼不够住，教学楼也腾出部分房间，用胶合板隔开，一个教室变成几间房，晚上各家说话互相听得见。有人形象地说'一家放屁三家臭'。教学楼无室内厕所，但厕所在外面，气味倒好些。"

长沙属亚热带气候，雨水多、湿气重。冬天气温会降到零度以下，非常阴冷潮湿。到了夏天则酷热难耐，气温经常保持在35～40摄氏度。许多从东北来的科研人员，对南方高温潮湿的气候很不适应，生活很不习惯。夏天蚊虫又多，农村卫生条件又差，80%以上人员患上拉肚子的毛病。尽管生活条件如此艰苦，但大家的精神状态非常好，齐心协力，互相帮助，始终洋溢着乐观的情绪。谁家的蜂窝煤炉子灭了，就从邻居家没灭的炉子上引燃一块煤；谁家包了饺子准会给邻居送上一碗；谁家的小孩、老人病了，邻居们都会争着帮忙送医院，大家互相关照，极少因生活琐事产生矛盾。

搬到长沙不久，长沙工学院管理体制改为“院－大队（所）教研室”三级，原电子计算机系改为电子计算机研究所。由于林彪、“四人帮”的干扰破坏，当时教育科研战线一律取消了校（院）长、所长、主任等职务，都称负责人。虽然长沙工学院计算机研究所的负责人有8人，其实内部还是有分工的，慈云桂实际履行的是所长职责。因他原为计算机系主任，又主管着当前所里承担的国家重大科研任务，大家仍习惯地亲切称他“慈主任”。

1971年上半年，周兴铭从哈尔滨来到长沙，便给慈云桂写了张条子，希望参加151任务。周兴铭是慈云桂在“哈军工”的学生，慈云桂非常高兴地安排他到CPU室工作。

周兴铭，祖籍浙江余姚，1938年12月生于上海。1956年考入军事工程学院海军工程系指挥仪专业，1960年7月，大三时被“拔青苗”留校学习计算机专业，参加了电子管、晶体管、小规模集成电路、中大规模集成电路等四代多款计算机的研制，担任“银河－Ⅱ”巨型机总设计师。曾任国防科技大学计算机系兼研究所总工程师，国防科技大学研究生院副院长；教授，博士研究生导师；1993年当选中国科学院院士。

周兴铭后来回忆说：“那个时候，我们都是刚结婚、刚生孩子的年龄，孩子都很小，为了工作还要雇保姆。我的两个小孩都来了，还住在马坡岭，房子也是三合板隔的，我爱人也要上班，而且我们还要加班加点。为了便宜一点，我们上班保姆来，我们下班保姆回去。做饭什么的我们都自己做，礼拜天就出去采购，把一个星期要吃的东西都买回来，洗衣服也是星期天，比平常还紧张。当时为了吃点花生米都要骑自行车到远郊的生产队去拿粮票和钱去换，肉一个月每人只有半斤，粗粮细粮都要凭票。在这样艰苦的条件下，我们这个很小的队伍，一共做了大概一二十台各种各样的计算机，都做成了。所以说我们这个小分队特别能吃苦，特别能打仗，而且能打硬仗。这种不讲条件、不讲价钱的精神和作风，就是慈云桂教授带出来的。”

慈云桂他们将 441B－Ⅰ晶体管通用计算机从数千里外搬到长沙，组织软件人员在上面进行模拟，就各类典型数学问题对未来集成电路计算机的性能进行科学论证。为了使机器能够正常运行，他们冬天用煤炉子为它取暖，夏天则用一盆一盆的冰块为它降温。慈云桂知道这些做法严重违反机房使用规定，会给计算机带来严重损害，但也无可奈何。

这些工作生活中的困难还好克服，最让慈云桂头痛的是，政治干扰始终如影随形地接踵而来，成为研制工作的最大羁绊。搬来长沙不久，工宣队便进驻研究所，监督他们抓革命、促生产。这些工宣队员多是工人出身的造反派，口大气粗，目空一切，看到慈云桂他们整日早出晚归搞科研，认为他们这是在搞“唯生产力论”，走“白专道路”，就在大会上点名批判大家，要求他们坚持“天天读”雷打不动，“早请示”“晚汇报”雷打不动，还要求他们定期组织拉练。工宣队利用慈云桂几次到北京出差之机，在研究所里搞“突然袭击”，企图把科研人员拉出去搞运动。但人心所向，这些科研人员不为所动，用一句“这是毛主席批准、周总理亲自抓的国家重点工程”将他们顶回去，仍然安心搞科研。

1971 年 3 月，国防科委在北京召开“718 工程”数据处理中心方案审查会，慈云桂带领 10 名科研骨干参加了这次会议，方案顺利通过国防科委组织的专家审查。

1972 年 5 月，慈云桂到北京参加了周恩来总理亲自主持召开的“718 工程”动员会，当面聆听了周总理的动员讲话。会后在研究所党委会上汇报时，工宣队头头竟说：“什么 718、719，现在是以阶级斗争为纲，革命第一，一切要为抓革命让路！”狂妄无知得令慈云桂哭笑不得。

1975 年，正当慈云桂带领 151 研制队伍日夜攻关时，长沙工学院根据湖南省委指示，要求各系派人赴湘西参加“农业学大寨”运动。这可是毛主席、党中央的号召，慈云桂不敢不执行。于是，胡守仁、陈福接、金士尧、周堤基、宫德荣、陈火旺、柳克俊、齐治昌、方舵、李勇等科研骨干，放下手中的科研任务，轮流参加农业生产劳动，一去就是一年，给研制工作带来一定影响。

尽管科研任务十分紧张，慈云桂恨不得一天顶两天用，一个人顶两个人用，仍派出大量科研人员参加学院修建桥梁、挖防空洞等义务劳动。刘伯中回忆说：“当时修桥时慈教授曾顶过，说现在科研任务很重，我们出钱不出人，但学院领导不同意。1976 年在北院 26 栋附近挖防空洞时，我看到慈教授干活非常卖力，重活累活抢着干。”

在如此恶劣的工作生活环境和复杂的政治生态条件下，慈云桂仍然不断用“科学的生命在于创新”鼓励和启发大家，始终瞄准国际前沿技术，勇于进取，不断创新，攻克了多个技术难关。

根据慈云桂的意见，151 计算机准备采用国产小规模 STTL（肖特基饱和晶体管 - 晶体管逻辑）集成电路。当时国内的小规模集成电路可靠性很差，普遍认为不能用于大型计算机。慈云桂调研后认为情况确实如此，便决定由中国科学院 109 厂研制。国产小规模 STTL 集成电路的可靠性，就成了 151 计算机的关键之一。

1970 年春节过后，慈云桂派周兴铭进驻 109 厂。6 月，又派从学院物理教研室借调来的彭心炯接替周兴铭常驻该厂，协助工厂联合研制生产超快速存储器和 STTL 高速逻辑电路。

彭心炯，1938 年 4 月生，湖南双峰县人。1961 年毕业于武汉大学物理系。先后参加了 151、“银河”系列等计算机研制。国防科技大学计算机学院教授，硕士研究生导师。

在此期间，周兴铭答应帮助 109 厂六车间（称六连）设计一个电路自动测试设备，并设计了一个测试仪逻辑框图。根据将来计算机逻辑设计需要，从国外电路手册上选定了“双与非门”“与或非门”“带或扩展端的与或非门”及“或扩展器”共 4 种电路组织生产。临别时，周兴铭将测试仪逻辑框图交给彭心炯。彭心炯将这一设计认真学习了一番，仔细了解其设计思路，在工人师傅帮助下，装焊了一台半自动 TTL 直流参数测试仪。不久又设计了一个速度 Tpd 测试，将他们联在一起，并增加了有关显示。这套测试设备有效提高了电路测试速度，并按可用输入端数、速度和负载能力分出类别和档次。而且只要改几条连线，工厂为他们生产的 4 种电路都能测试。

开始时，由于“文化大革命”影响，工厂各派之间仍有隔阂，试制流程中时有“堵塞”现象发生。为了加快试制进度，彭心炯就为他们端样品小盘，在各车间之间穿针引线。为了保证电路生产质量，彭心炯有时春节期间也不回家。1971 年，老二出生没几天，他就撇下刚分娩的妻子赶回北京。1972 年农历腊月初八，彭心炯正在工厂忙于工作，妻子把两个孩子锁在家里，后半夜自己走到医院生了小儿子。老伴至今对此仍耿耿于怀。由于一个人长年在外，生活不规律，1973 年 10 月电路生产任务完成时，他不幸因十二指肠球部溃疡大出血而住院，出院后又来到北京 738 厂参加科研攻关，直到 1976 年任务完成，为 151 计算机集成电路生产做出重要贡献。

运控小组成员绞尽脑汁、费尽心血优化运算器和运算控制器的逻辑设计与布线，成功设计出可分、可合的两个运算功能部件，有效提高了运算速度和可靠性。

运控组长钟士熙，由于经常日夜加班，长期处于潮湿的环境中，过度劳累，不幸患上了肾炎，在血压高达 200/105mmHg 情况下仍加班加点。考虑到他的身体状况，在研制完成运控器模型机后，调系资料室工作，由周兴铭接任运控组长。钟士熙后因病情恶化，尿毒症和肾功能衰竭的病魔过早夺去他年仅 49 岁的生命。他是 151 计算机研制队伍中的一位主力，也是第一位牺牲在计算机攻关路上的一员大将，让慈云桂十分痛心。

1971 年下半年慈云桂到北京出差时，长沙工学院三大队（电子工程系）405 教研室（通信教研室）肖训球等两位领导找到他，请求给他们一些任务，使他们也能参加到“718 工程”中来。慈云桂从任务需要出发，把研制 151 计算机显示系统这一重要任务交给他们，一方面解决计算机研究所人力不足的矛盾，另一方面也让通信教研室有了新的科研方向。这本来是一件好事，可是由于肖训球不在慈云桂领导下工作，因此完成这一任务困难重重。电子工程系有人说慈云桂的手也伸得太长了，而计算机研究所搞外部设备的人说唯一的研制任务还给了别人，两头不落好。肖训球将这些意见反馈给慈云桂，慈云桂斩钉截铁地批评道：“这些看法都是本位主义，不是从国家利益出发。现代科研，绝非几个人能单独完成，必须具有大协作的精神。从‘阿波罗’登月开始，每项重大科研任务都是集中千万人的智慧来完成的。你们要顶得住压力，这样才能将科研任务进行下去。”

在慈云桂的不断鼓励和启发下，405 教研室科研人员经过数百个日日夜夜奋战，1975 年 4 月，“151－Ⅰ型计算机图形显示器”终于研制成功，并参加了当年广交会展览，填补了国内空白，达到国内领先水平，把我国计算机显示系统研究生产推向了一个新高度。

经过近三年艰苦卓绝的努力，1973 年 7 月，慈云桂带领研制组完成了 151 中心处理计算机方案设计、逻辑设计、工程化设计、全部生产图纸和 8 个模型机。由于长沙工学院四海厂无法完成生产任务，根据国防科委和四机部决定，151 机由长沙工学院与四机部北京有线电厂（738 厂）联合生产。

慈云桂始终以积极乐观的心态，克服学院南迁后带来的各种工作生活困难和政治干扰，鼓励大家创新、创新、再创新，完成了阶段性科研任务。然而，等待他们的将是更为艰苦的考验。

慈云桂（右 1）在 151 机研制现场（1979 年）

4. 转战北京坐镇生产一线

1973 年 8 月 2 日，素有“火炉”之称的长沙骄阳似火，气温达 38 摄氏度，太阳似乎要把大地烤出“油”来。慈云桂、胡守仁冒着酷暑带领 40 余名科研人员，携带模型机和全部生产图纸，一路奔波来到北京 738 厂组织生产。

到了北京后，工厂条件十分艰苦，根本没有多余房子安排这么多科研人员生产和生活。在国防科委机关协调下，他们从驻京部队借来钢架和木板，购买了塑料板和油毛毡，在露天搭建了一栋活动板房，工作和睡觉都挤在里面。

进入车间生产时，由于知识分子是“臭老九”，到工厂是“接受工人阶级再教育”，工厂只允许他们帮助工人按图纸在印制板上放元器件，坚决不同意他们用放大镜检查焊点，美其名曰“工人阶级是领导阶级，不能接受知识分子的检查”，带放大镜不准进车间。

慈云桂深知这台计算机要适应海上高盐、多雾、潮湿、晃动等恶劣环境的考验，每个焊点、每个插件、每块印制板的质量都关系到计算机的可靠性稳定性，一丝一毫都不能马虎。然而他们管严了、管多了，有的工人就说他们是“臭老九”，对工人阶级进行“管、卡、压”。有的工厂技术人员不管质量，片面提出设计问题。质量问题是抓，还是不抓？慈云桂的态度非常坚决，一方面他要求科研人员深入装焊车间与工人一起干，另一方面积极向有关方面反映情况。他在工厂义正词严地指出："对于国家重点工程必须一丝不苟，决不能留有隐患。"凡涉及质量问题，他都和科研人员一起反复研究，关键问题亲自抓住不放。他们将工厂生产的合格产品取回后，还是偷偷用放大镜检查，再进行老化筛选，最后涂一层密封漆。印制板焊成后，又经过多次老化试验和震动冲击试验，然后浸上三防漆。对有些插件还拿回长沙进行严格检查，焊点不合格的一律重焊。1974 年春，长子慈林林到工厂看望父亲时，有的工人对他说："没见过像你爸爸这么横的教授。"

1974 年 8 月，正当他们抓紧生产时，国家计算机总局某领导在全国计算机学术交流会议上说，现在我们国家生产的集成电路只能研制小型专用计算机，不能研制大型通用计算机，于是工厂一度停止了 151 机生产，这可把在北京负责联络的金士尧急坏了，赶紧告知慈云桂。慈云桂紧急赴京后找到厂领导、四机部和国防科委领导，上下呼吁，多方劝说，并提出实验论证等，才终于说服工厂恢复生产。

装配一台完整的计算机除了核心元器件外，还有许多配套设备、器材，如磁芯、敷铜板、机箱、连接导线和各种外设等，数十个生产厂家遍布全国各地。由于处在"文化大革命"期间，派性斗争非常激烈，交货时间和产品质量都难以保证，都需要慈云桂派人选购、订货、催货、验货，仅在山西某厂生产的磁芯存储器就返工三次。

科研人员努力克服工作和生活带来的不便，夏天火辣辣的太阳照在塑料板上，工棚里热得似蒸笼，科研人员汗流浃背地在里面工作，晚上睡觉时尽管开着电扇，也要等到下半夜才能入睡。

冬天北京的气温常降到零下10摄氏度以下，棚子里冷得似冰窖，有人干脆戴着棉帽睡觉。事隔40多年后，金士尧回顾这段艰苦经历时仍感慨地说："研制151计算机时，我们在北京那几年特别苦，那个艰苦程度我可以说我国计算机界所有任务都没有那么苦。"

为了度过难熬的冬天，慈云桂跑到学院上级主管部门七机部，好不容易要来了一些煤指标，工棚里才有了温暖的火炉。由于当时供应的生活用煤质量较差，煤石较多，经常熄火，大家不得不半夜起来轮流捅炉子加煤。就是这样的煤，每月也用不到头就断"顿"了，西北风从门缝里钻进来，即使躺在被窝里也把人冻得瑟瑟发抖。

慈云桂找到工厂求助，厂领导也感到很为难。因为那年头买煤是要指标的，他们在北京一无单位，二无户口，没资格申请煤指标。烧锅炉的安师傅很同情他们，暗示他们晚上可以去"偷"工厂的工业用煤。在迫不得已的情况下，慈云桂安排了"偷煤小组"，每组三人，趁着夜暗，拿着铲子和箩筐，似当年八路军摸鬼子岗楼一样，偷偷摸摸地把煤抬回工棚。这位安师傅还真不错，有时借故离开装着没看见，有时还帮着他们挑选好煤。这些研制中国最先进计算机的科学家，在北京能够度过四个寒冷的冬天，真得好好感谢这位安师傅。多年后，慈云桂回想这段难忘经历时还风趣地说："我们在工棚里通过了高低温'例行试验'。"

按财务规定，出差时每人每天补助五角钱，为了节省科研经费，他们自定超过一个月每人每天仅补助二角五分钱。北京的物价比外地贵，这些客居他乡的科技工作者，在工厂食堂打饭时都不敢买肉菜，大多是买一些蔬菜、咸菜下饭。可时间长了营养难免跟不上，在北京又买不到平价粮油，于是一些人回家探亲时，扛回来一包包大米自己煮饭，在食堂打一点炒菜回来吃。

对参研人员来讲，这些工作和生活上的困难还好克服，最大的问题是长期背井离乡，回长沙属于“探亲”。按规定，两三个月才能回家十天，孩子顾不上，老人无法照应，家里的各种困难全压在家属身上。慈云桂常说：“真应该好好感谢家属们的无私奉献和大力支持，是她们担负起家庭的重担，才保证151机的研制成功。”

1974年上半年，慈云桂正在北京日夜加班，长沙工学院有人却利用“反击右倾回潮”运动，贴出大量批判他的大字报，批判的重点是慈云桂利用“718工程”压革命运动，搞“专家路线”，是典型的“唯生产力论”。在慈云桂不在场的情况下，计算机研究所组织对他的批判会，目的是想要夺他恢复不久的研究所领导权。批判会上，陈福接一言不发，王振青不但不批他，还帮他说好话，弄得主持批判会的领导很生气。1976年10月，陈福接被借故派去湘西参加第二批“农业学大寨”劳动，直到1978年1月才回校。

尽管困难重重，经历过“文化大革命”九死一生磨难的慈云桂对此却泰然自若，周总理在“718工程”动员会上的讲话时时鼓舞着他，为国争光的信念时时在激励着他，不管你怎么批，他照样领着大伙加班加点地干。他称这一段为“魔高一尺，道高一丈”。

可是祸不单行。正当研制组紧张调试第一台计算机时，1976年7月28日凌晨3点42分，震惊世界的唐山大地震发生了。科研人员刚睡着不久，突然听到有人大喊“地震了！”“地震了！”赶紧起床后便不约而同地跑到工厂大门门楼临时改建的机房看计算机。地震对计算机没有造成损害，他们才放心了。

这次地震达到里氏 7.8 级，之后北京地区余震不断，许多工厂学校机关停工停学停产，人口疏散，投亲靠友。机房晃动很大，坐在椅子上的工作人员都前倒后摇，给科研人员生命安全带来很大威胁。看到这种情况，大部分人主张搬回长沙，而慈云桂从国家利益全局出发，认为 151 机是整个“718 工程”的带头项目，留在北京影响比长沙大，可以推动“718 工程”其他任务的进度，还可以节省大量搬家时间，因而坚持留在北京。

慈云桂让人在机房门口挂出“地动山摇都不怕，必须南下太平洋”的横幅，鼓励大家：“我们肩负着祖国和人民的使命，即使赴汤蹈火也在所不辞。”为了防止余震，金士尧带领大家用土洋结合的办法做了一个地震预报仪。慈云桂带头冒着余震，带领科研人员昼夜不停三班倒调机。在他带动下，广大科研人员以大无畏的革命精神，积极参加调机会战，俨然是一支科研敢死队。

金士尧后来回忆说：“当时在长沙的计算机研究所党委书记刘越庭听了部分群众的意见后，派副主任俞克耀到北京找我谈话，要我搬回去。慈云桂主任命令我坚守在北京。因为当时调机时确实遇到困难，三四个月没有调出来，有个别部件解决不了，所以好多人主张回去。当时我在北京负责，把我难死了！我还是倾向于听慈云桂的，克服点困难，对大局有利，所以我们就坚守在北京没有离开。因此说，帅才需要顶着更多的压力，在最困难的时候要冲在前面，而且要解决问题，这才是帅才的必要条件。慈教授老批评我斗争性不强，这一点我确实学不来。”

在如此艰苦的条件下，慈云桂仍带领科研人员瞄准世界先进水平，忍辱负重，勇于进取，不断创新，发挥每个科研人员的聪明才智，扫清了一个又一个摆在前进道路上的障碍。

堆叠式存储器第一方案模型机研制成功后，经过长时间稳定、可靠性考验，证明逻辑正确，线路可靠，工艺可行。1976 年上半年，陈福接发现国际上已出现比堆叠式存储器更先进的插件式存储器，他向慈云桂大胆建议，可否将国外小机器上的插件式存储器移植到 151 这样的大机器上。慈云桂意识到这是存储器今后发展的方向，他和存储组人员商量后就同意他们采用。有的同志对采用外国技术还有顾虑，慈云桂和陈福接却认为，自力更生并不排除吸收和引进国外先进技术与设备，勇敢地把这个责任和风险承担起来，立即放弃为之奋斗几年的心血，大胆替换了原来的堆叠式存储器，在全国率先设计研制成功优点突出的插件式磁芯主存储器，实现了技术上的新跨越，为提升整机性能发挥了重要作用，并推广应用到国内众多计算机中。

陈火旺加入科研团队后发挥了重要作用。从 1973 年至 1979 年，他带领软件组科研人员，在长沙马坡岭先后开发出 DJ151 语言系统、符号宏汇编系统和 Fortran Ⅳ编译系统，提出了因子分解式全局优化技术，使目标码运行效率大为提高，成为国内第一个具备全局优化的编译系统，为 151 机的研制成功做出了重要贡献。为了纪念在马坡岭的战斗历程，大家给 151 汇编语言编译器起了个响亮的名字——MPL，取“马坡岭”汉语拼音的第一个字母。

1976 年下半年，计算机组装好进行联调时，意外发生了。当运行由吴泉源编制的随机数检查程序时，计算机运算程序老是通不过。经分析发现，原来运算控制器的级延迟数可能长达 30 多级，远远超过了设计规定的 23.5 级的指标，因而主频只能在 2.2 兆赫工作，达不到设计要求的 4 兆赫，也就是说计算机的运算速度只能达到每秒 60 万 ~70 万次。当时所有参研人员都急红了眼，慈云桂不顾唐山大地震后余震不断的危险，和大家一起天天守在计算机旁，做实验，看现象，分析原因，进行集体会诊。其间，除修改设计外，周兴铭发现了电路“睡眠”现象并准确找到“睡眠”的电路，彭心炯经认真研究后找到电路“睡眠”的原因，并提出解决方案。这一方案需要将装好的计算机拆解后重新进行布线和焊接，慈云桂毫不犹豫地果断拍板:“拆了重搞！我们要么不做，要做就做到最好。”

周兴铭后来回忆说：“慈教授有一个特点，就是要么不做，要做就做到最好，必须保质保量搞好。因此在科研作风上要求非常严格，一天到晚就在团队里宣传‘三严’作风，现在这已经成为计算机学院搞科研的一个传统。尽管一代代换人，但是这个作风留下来了。高校里一般的科研团队，在实践环节一般都是粗放现象，拿到数据就算完了。而我们从那时候开始，做出来的东西真正能打仗用，能实际使用，而且要用得好。所以这种精神、这种作风不是那种学术研究的作风，而是搞工程型号作战装备的要求和作风。这种目标这种要求在高校里不是天然形成的，而是在实践中总结出来的。八十年代美国的大学教授来校访问，看到我们做的‘银河’机和我们的组织后非常惊讶，说你们一个系不算职工有几百人，真刀真枪地做这么大的机器，他们美国都没有这样的。美国、日本和我国台湾的大学都是用计算机，没有自己做的，最多是参与。”

经过科研人员几个月的连续奋战，计算机主频终于提高到3.3兆赫，基本满足了运算速度每秒百万次的设计指标要求。国防科委科技部副部长李国枢看望大家时，称赞他们是抗日战争中能攻坚打硬仗的“摸岗楼”部队。

科研人员还解决了高速除法的实现及加法器高速进位传递问题，创新了处理机多种工作状态自动切换、可变深度的先行控制和循环CRC计算器，功能块互为备份的交换器，通用和实时机结合的操作系统，计算机可靠性设计等一系列新技术。

1976年12月，经过7年苦战，151－Ⅲ单机终于调试成功，通过了国防科委组织的稳定性考核，一次考核无故障时间达76小时05分后人工停机，64位运算速度达每秒130万次，32位运算速度达每秒250万次，超出设计指标30%左右。此时，“远望一号”测量船还未生产完毕。

1978年8月，151－Ⅳ双机系统研制成功，1979年3月通过国防科委组织的考核验收，稳定运行169小时，64位运算速度达到每秒254万次，32位运算速度达到每秒400万次，超出设计指标25%~50%。

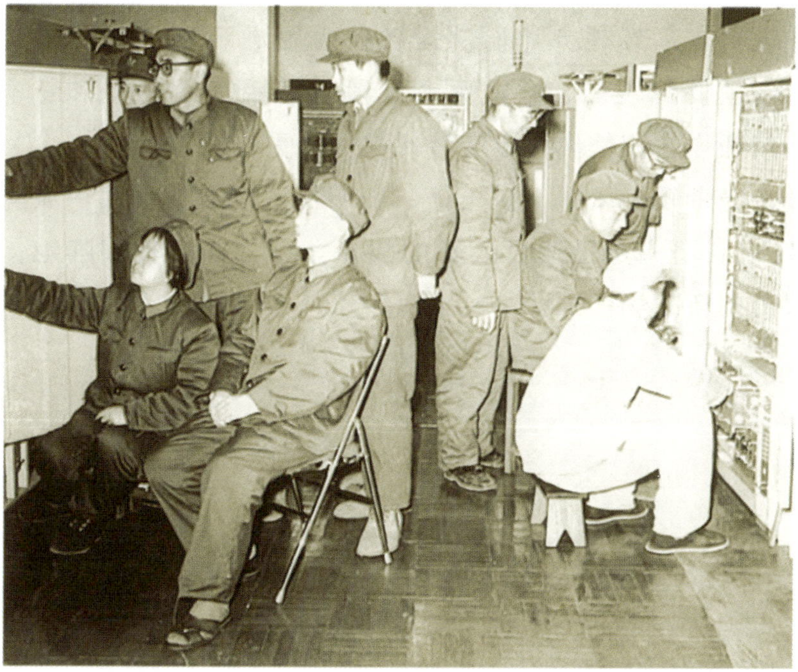

慈云桂（前左2）在151机研制现场（1979年）

根据国防科委指示，在此期间慈云桂还领导研制成功2台151－Ⅱ电子数字计算机。该项目从1974年6月开始，由任连仲带领20多名科研人员，至1983年7月完成，交付七机部17所、23所使用。该机吸收借鉴了151系列机中的成果和经验，采用了一些中规模集成电路，在运算控制器设计中采用微程序控制器设计，还采用微诊断技术等先进技术。系统化、规范化对设计、生产、调试带来许多方便，也提高了机器的可维性。该项目获军队科技成果三等奖3项、四等奖2项。

任务到此并不算结束，真正的考验还在后面，只有装上“远望一号”远洋航天测量船，完成我国首次洲际导弹全程发射试验测控，任务才算完成。慈云桂将这一艰巨任务交给金士尧负责，他对金士尧说：“后续任务比研制设备还要困难，要全部完成‘718’任务，必须要到装船、联试联调阶段、最后实际试验结束才算完成。我信任你，相信你一定能够挑起这副重担。”

金士尧带领杨凤翘、谈正信、安明俭、崔承贵、卢锡城、张树生等21名科研人员迅速投入新的战斗。慈云桂则转移阵地，奔赴更为艰苦的新战场。

5. 装备“远望一号”远征南太平洋

蓝天白云下，黄浦江上船来船往，一片忙碌。2 万吨级白色“远望一号”远洋航天测量船昂首挺立在码头边，犹如鹤立鸡群。

“远望一号”航天测量船

1979 年 7 月 24 日，中央军委任命慈云桂为中国人民解放军国防科技大学副校长兼电子计算机系（研究所）主任。8 月，慈云桂亲率 718 室全体科技人员和工人组成的突击队奔赴上海，组织 151 计算机装船作业。

盛夏的上海吴淞口码头酷热难耐，海风一吹，甲板上热浪滚滚，没有空调又不通风的机房内闷热得似蒸笼。突击队员们顾不得这些，心里想的是如何尽快完成任务。在慈云桂组织指挥下，被参试队员称为“金司令”的金士尧带领大家牢记“十六字方针”（严肃认真、周到细致、稳妥可靠、万无一失）和“三严”作风，往肩上搭条毛巾，光着膀子就钻进机房，一干就是几个小时。大家齐心协力，配合默契，没有一人抱怨，没有一人叫苦叫累。

主机装好后，开始清理室内卫生。由于计算机对工作环境要求很高，大家冒着酷暑趴在活动地板上，用抹布、小刷子、小镊子、吸铁石一点一点地、一遍一遍地清洗，绝不放过一点金属屑。登船督战的国防科委副主任陈彬见此情景非常感动，高度赞扬他们这种为了完成国家重大任务，不怕苦、不怕累、严肃认真、一丝不苟的无私奉献精神。

装在“远望一号”测量船上的151中心处理计算机

科研人员顺利完成双机和接口联调任务，构成完整的百万次双机复合系统，实现了与船上导航电罗经、雷达、双频、遥测、遥控等诸多新装备的互通互联。国防科技大学最早完成装船任务，受到“718 工程”指挥部的表扬，经验得到推广。他们从大局出发，将装船方案、港内动静态定位和标准、装船经验等无私地提供给承担“远望二号”装船任务的四机部 15 所，大大减少了他们的工作量，加快了装船进度。

1980 年 2 月 12 日，中央专委在北京人民大会堂东大厅召开会议，听取“718 工程”准备情况汇报。中央领导特别指示，这次全程试验要“争取一次成功”，为此提出了八条检验标准：一是导弹的质量必须是优等的；二是能够安全、可靠地发射；三是能够把弹头打入预定的海域；四是测量、护航船队能够安全地开出去，胜利地开回来；五是能够拿到全部测量数据；六是通信联络畅通无阻；七是各类装备、设备、仪器技术状态良好，工作正常；八是各有关方面协同动作，准确无误。

面对这一高标准严要求，担负计算机保障任务的金士尧和科研人员顿感压力巨大。因为在合同训练时他们发现计算机偶尔有“冲零”隐患，出现“黑屏”现象，却一时找不到原因和解决办法。

3 月，“远望一号”来到江苏江阴港，进行最后一次实战条件下的校飞合练。4 月 10 日，编队在上海吴淞口码头举行了隆重的出航仪式，全体参试人员在各自的甲板列队，在雄壮的军歌声中，国务院副总理王震代表党中央专程为大家送行，海军司令员叶飞及编队首长检阅了远航队伍。金士尧他们带着焦虑的心情，随“远望一号”离开上海，到舟山群岛绿华山锚地集结。

600 多年前，我国明代伟大的航海家郑和率领当时世界上最为壮观的“大宝”船队 2.8 万人，60 多艘大船，先后 7 次远航西太平洋和印度洋，最远到达非洲东岸。今天人民共和国的船队又要向太平洋进军了，慈云桂怎能不激动啊！他虽然不能亲自参加这次远航测控任务，但他的思绪却随同浩浩荡荡的船队漂洋过海。

5月1日，执行“东风五号”洲际导弹发射海上测控任务的中国航天测量船队，在中国海军护航舰队的护送下，浩浩荡荡向南太平洋进发。特混舰队由4艘测量船“远望一号”“远望二号”“向阳红五号”“向阳红十号”和海军派出的6艘新型导弹驱逐舰、3艘护卫舰、4架“黄蜂”直升机及补给船等17艘舰船组成。随着指挥员一声令下，船队拉笛起锚，驶向浩瀚的太平洋。

这次远航，国防科技大学参试分队肩负着确保航天测量船中心处理计算机正常运行、准确计算导弹飞行轨迹和落点的艰巨任务。航行途中，参试人员无心欣赏太平洋上美丽的风景，集中做好战前准备，加紧进行模拟训练。最令人担心的问题是，实战过程中偶尔出现存储区“冲零”的威胁，一直没有找到彻底解决的办法。

不知不觉船队过了菲律宾、新西兰海域，已经行驶了十天，心头之患“冲零”问题还是摸不着头脑，急得他们睡不能眠，食不知味。突然他们想到用双机中的一机为另一机当“医生”抓隐患的办法，终于在实战程序1100秒处抓到“冲零”的祸根，原来是计算中偶尔出现“负零”的小概率事件，处理不当险些酿成事故。

5月18日深夜2时整，“远望一号”航天测量船进入8小时前准备，计算机加电启动，一切按照事先反复演练的步骤有条不紊地进行。机房空前宁静，空气似乎凝固了，时间显得特别慢，只有电波里不断传来各测量台站准备完毕的响亮声音。

10时整，“东风五号”洲际导弹在国防科委20基地（酒泉卫星发射中心）腾空而起，计算机及时收到并显示从首区发来的各种参数，正确引导船上雷达、电影激光经纬仪、遥测装置等工作，精确地捕获和跟踪目标，准确计算出导弹落点和时间。

数十分钟后，最激动的时刻到来了，船上的仪器设备先后发现目标并进行有效跟踪，计算机再次显示落点正确地点和时间，引导打捞直升机和航测飞机飞向预定海域。导弹落水后不到两分钟，便顺利收回资料舱。

中国第一次发射洲际导弹试验成功了！全船上下一片欢呼，大家露出胜利的笑容，只有计算机还在最后打印出各种测量数据。

中央首长华国锋、邓小平等发来贺电，向大家表示慰问和祝贺。特混舰队胜利返航，国防科技大学参试分队圆满完成任务，受到“718 工程”指挥部的表扬。回到学校后，全校师生在学校大门口列队，敲锣打鼓夹道欢迎他们凯旋。

151 中心处理计算机是我国当时集成电路大型通用计算机的佼佼者，除圆满完成我国首次向南太平洋发射洲际导弹测控任务外，还圆满完成我国第一颗地球同步通信卫星发射测控、我国核潜艇首次水下发射运载火箭试验测控的光荣任务。

151 中心处理计算机获得许多荣誉：荣获 1978 年全国科学大会奖、湖南省科学大会奖；151 中心处理计算机插件式磁芯存储器获湖南省科学大会奖；151 – Ⅳ计算机双机复合系统获军队科技进步一等奖；151 – Ⅳ计算机实时操作系统获解放军科技成果二等奖；151 – Ⅳ计算机双机复合系统检查程序获解放军科技成果三等奖；151 – Ⅳ计算机标准子程序获国防科技进步三等奖；“718 工程”数学引导（第二方案）获国防科技成果三等奖。1987 年，国防科技大学作为主要合作单位之一，“远望”综合测量船、“东风五号”洲际导弹全程试验分别荣获国家科技进步特等奖。

经国防科委批准，国防科技大学计算机系兼研究所“718 工程”151 中心处理计算机设计研制组荣立集体一等功。

十年磨一剑的“718工程”151中心处理计算机终于研制成功，并圆满完成任务，太不容易了！其中的酸甜苦辣只有慈云桂和他的战友们感受最深。慈云桂感慨地说：“抗日战争才打了八年，可我们研制一台计算机却用了十年。这十年真是一言难尽啊！我们向党和国家交了一份满意的答卷。这个过程虽然很艰难、很曲折，却很精彩，完全可以写一部感人的小说。这部小说会告诉人们，世界上没有哪一个国家的知识分子会像中国知识分子这样顽强，这样可敬可爱。”

1990年3月，慈云桂在一篇回忆文章中总结道：

> 151－Ⅲ/Ⅳ型二百万次集成电路大型通用计算机高质量地研制成功，全面锻炼了我们这支队伍，充分显示我们是一支百折不挠、能打硬仗、勇于进取，具有高度爱国主义精神、高度科学精神和高度责任感的队伍。在研制151机漫长的十年中，有八年是在可怕的‘文化大革命’中度过的，中央指导思想极‘左’，所处的政治、社会环境极差，全国到处在打派仗，物质条件和技术条件都不具备，国家工业生产处于严重的无政府状态。研制工作可以说是千头万绪、千难万难，不堪回首！在这种情况下，我们能够完成这一艰巨任务，真是一个惊人的奇迹，也是一个艰巨的硕果。

第十章 *Chapter 10*

领衔研制 中国第一台巨型机

慈云桂总是站在国家战略高度思考我国高性能计算机发展，紧密跟踪世界计算机技术前沿。早在 1972 年美国刚刚研制成功巨型机后，他就迫不及待向上级建议将巨型机列入国家科研规划，其间虽然经历了许多曲折，他却始终没有放弃。进入改革开放新时期，邓小平同志将这一艰巨任务交给长沙工学院，慈云桂在花甲之年立下“豁出老命”军令状，带领团队日夜奋战，五年时间“争气机”横空出世，使我国成为世界上少数掌握巨型机技术的国家之一。这是慈云桂在事业上取得的最辉煌成就。

1. 科学的春天催生亿次机上马

二十世纪六七十年代，随着半导体技术的进步和集成电路的发明和发展，计算机硬件和软件技术有了长足的进步，为开发性能更好、处理能力更强的巨型计算机提供了有力技术支持。为了解决科学计算和工程设计中的复杂问题，如核物理、空气动力学、中长期天气预报、空间技术、卫星遥感图像处理、石油勘探和地震数据处理以及密码破译等，迫切需要研制出速度更快、存储容量更大、传输速率更高的计算机系统。在这种需求牵引和技术推动的作用下，巨型计算机系统应运而生。

1972 年前后，美国先后研制成功 ILLIAC Ⅳ阵列计算机、STAR-100 向量超级计算机和 TA-ASC 向量巨型计算机等浮点运算速度每秒 1 亿 ~2 亿次的巨型机系统，在世界上引起轰动，也引起中国计算机界的高度关注。

巨型计算机（super-computer），又叫超级计算机或高性能计算机，简称巨型机。概括地讲，它是在当时生产工艺条件下，采用最先进的技术、工艺设计生产出来当时功能最强、运算速度最快、存储容量最大、面向科学与工程的最高档次的计算机系统。就计算速度来讲，如果把普通计算机比作人的行走速度，那么巨型机就达到了火箭的速度。巨型机是个相对的概念，换句话说，一个时期内的巨型机到下一个时期可能只是一般的计算机；一个时期内的巨型机技术到下一个时期可能成为一般的计算机技术。巨型机是电子计算机的一个重要发展方向，它的研究、生产和应用水平标志着一个国家的科学技术和工业发展的程度，体现着国家的综合实力。

身处“养鸭场”的慈云桂，时刻关注着世界计算机技术发展动态。得知美国研制成功巨型机消息后，他利用到北京开会之机，来到国防科委科技部四局李勇局长办公室，以急迫的心情建议尽快将巨型机列入国家科技发展规划。

“慈教授，你的建议很重要，我们已了解这一情况，正在对这一动态进行分析研究。”李勇局长对慈云桂说。同时告诉他：“目前我们国家要开发第二代核武器，就是核武器的小型化，没有巨型机无法完成任务。”

慈云桂听后更加着急地说：“‘文化大革命’使我们与国外在计算机技术方面的差距进一步拉大了，美国已超前我们一代，我们必须急起直追！否则将永远落在别人后面。建议国家立即把巨型机研制列入科研规划，尽快自主开发。”

李勇局长看慈教授着急的样子，被他的拳拳爱国心感动了，便笑着说：“慈教授，你不要着急，我们正在考虑自主开发巨型机事宜。目前，由钱学森副主任主抓这件事情，最近可能要组织一些专家进行研究论证，到时还要请你参加。你回去后注意收集这方面资料，可以先开展一些预研。”尔后给了他一些巨型机资料。

回到长沙后，大家听说慈教授建议国家尽快上马巨型机项目，都不敢相信自己的耳朵。有人说百万次的151机刚刚上马，八字还没见一撇呢，又想着搞亿次巨型机，真是异想天开！许多同事纷纷感叹：看来我们只有小跑才能跟上慈教授的步伐。

慈云桂不管这些议论，在带领大家攻克百万次机的同时，一直做着研制巨型机的技术准备。他经常拿一些资料给吴泉源和陈立杰这些年轻教员看，让他们帮助翻译整理出来，写出论证报告，向国防科委递交研制方案。为了不影响151机研制，这些工作都是悄悄地干。慈云桂鼓励他们要“这山望着那山高”，不能只盯着眼前这点事，眼光要放长远些，要始终盯着国际上特别是美国计算机发展的技术前沿。否则在世界计算机发展领域，我们将永远受制于人。

1972年，国防科委副主任钱学森主持召开了两次巨型机专家论证会。慈云桂在会上建议，虽然目前我们国家电子工业和计算机研制水平还比较落后，但开发巨型机事关国防建设和国民经济长远发展，意义非常重大，强烈主张立即将巨型机研制列入国家科研规划，尽快上马。与会领导和专家一致同意慈云桂的意见。

10月，国防科委召开常委扩大会，专题研究巨型机问题，慈云桂应邀参加了这次会议。会议介绍了当前国际上巨型机发展情况，分析了我国开展巨型机研制的有利条件和不利因素，责成慈云桂代表国防科委向党中央起草报告，建议将巨型机研制列入国家科技发展规划。

报告递到中央后，由于“四人帮”的干扰阻挠，久久没有下文。由于周恩来病重，“四人帮”倒行逆施，毛泽东逐步把统筹全局、治理国家的重任移交到邓小平身上。1973年3月10日，邓小平恢复国务院副总理职务；8月，在党的十大上当选中央委员；12月，任中央政治局委员、中央军委委员。1975年1月，在中共十届二中全会上，经毛泽东提议，邓小平被选举担任中共中央政治局常委、中共中央副主席。在同月召开的四届全国人民代表大会上，邓小平出任国务院排名第一的副总理。而在此之前几天，根据毛泽东提议，中共中央任命邓小平为中央军委副主席兼解放军总参谋长。随之复出的，还有胡耀邦、张爱萍等一批老同志。

在邓小平领导下，国防科委主任张爱萍以其独特的工作魄力和大无畏精神，在国防科技和国防工业系统，展开了历时八个月的急风暴雨般的整顿，取得了显著成效。此时，慈云桂感到巨型机上马的时机来临，以急迫的心情多次向张爱萍主任汇报，渴望争取巨型机研制任务。

为配合张爱萍的整顿，长沙工学院派出 17 人作为联络员负责收集情况。当年带队的尚法尊后来回忆说："1975 年初夏的一天晚上，慈云桂教授突然来友谊宾馆找我，说对于计算机研制他有个新的想法，如果实现了，将大大提高计算机的性能。他很想把这个想法向张爱萍主任汇报，以期得到国防科委领导的大力支持。他说张爱萍主任是海军的老首长，曾几次去军工视察，很关心军工的科研工作，也关心军工的计算机研制。只要设法通报给张主任，他肯定会接见的。当时慈教授向我讲了很多，我也听不大懂，但我理解他的迫切心情，表示马上去联系。送走慈教授后我马上给张主任的秘书黄胜天同志打电话，谈了慈教授迫切要见张主任的心情，黄秘书很爽快地答应安排。我让慈教授一两天内等我的消息。没有想到张主任也有着同样迫切的心情，第二天便要听慈教授汇报，结果弄得我措手不及。我打遍了慈教授给我留的电话，终于找到他本人。当慈教授向张主任汇报完回到住处，掩饰不住内心的喜悦，马上打电话和我谈了向张主任汇报的情景。他说他马上回长沙做方案。过了几天，慈教授从长沙给我来电话说，他又向张主任做了一次汇报。那是他得知张主任去南方去开会，也跟了去，抽空谈了他进一步的设想。"

1975 年 9 月，在张爱萍主任主持下，国防科委召开专门会议，决定立即启动巨型机研制工作，国防科委机关随之组织第一次巨型机全国调研。

金秋十月，由慈云桂任组长、国防科委科技部四局唐遇鹤科长任副组长，中国科学院计算技术研究所、长沙工学院、701所、771所等20余人组成的调研组，深入北京、西安、上海等30多个单位，就研制巨型机的必要性、可能性进行了历时一个月的广泛调研。调研组所到之处，大家一致认为：搞巨型机十分必要，许多科学问题没有巨型机无法解决，祖国现代化建设翘首盼望巨型机。

在日夜奔波调研回京后，慈云桂将调研情况向国防科委副主任钱学森作了专门汇报，当时著名电子学家陈芳允也在场。陪同参加汇报的张德芳后来回忆说："钱学森就研制巨型机的重要性高屋建瓴地指出：现在搞不搞巨型机和当年搞不搞'两弹'一样重要。他介绍空气动力学中N-S方程没有巨型机就无法精确计算。航空航天器的设计、定型需很多次风洞试验，耗费大量人力财力，试验中存在着悬挂效应，边界条件有不切实际的情况，如果以模拟计算为其进行设计需上亿次的巨型机。他又风趣地说，即使要模拟烟囱的三维活动图像的计算看来简单的问题，也需要上百亿次的计算机。"陈芳允是慈云桂在西南联大清华大学的研究生同学，他从电子学的角度简述了计算机通信、控制、微电子的发展趋势，指出此领域的结合有可能是世界的又一次技术革命。目前，我国计算机技术相当落后，如果你们能把巨型机搞成，将是我国计算机技术发展新的里程碑。两位著名科学家的话给了慈云桂以巨大鼓舞和信心。

张德芳，1938年10月生，上海市人。1955年考入军事工程学院海军工程系声呐专业，1959年"拔青苗"留校。先后参加了新一代惯导计算机、“银河－Ⅰ”巨型机和多款涉及国民经济的新产品研究开发。曾任国防科技大学科研处处长兼科技开发中心主任；教授，硕士研究生导师。

年底，调研组将调研报告上报国防科委，正当慈云桂满怀信心等待国防科委进一步指示时，国内政治形势却发生了新的变化。1975年，邓小平在毛泽东支持下主持党和国家工作，对全国进行整顿，势必触及“文化大革命”的“左”倾错误，逐渐发展到对这些错误进行系统的纠正，出现否定“文化大革命”的发展趋势，随即遭到“四人帮”的猖狂反对，也渐渐为毛泽东所不容。当年底，全国开展“批邓”“反击右倾翻案风”运动，使邓小平主持的全面整顿至此中断。“四人帮”将张爱萍说成是邓小平的“四大金刚”之一，在国防科委系统发动“批邓联张”运动，巨型机研制也就此搁浅。

对于研制巨型机，张爱萍与慈云桂一样，心情都非常急迫，不甘心这一任务就此夭折，心里一直放不下这件事。尚法尊回忆：“1976年底，张爱萍主任因心脏病复发住在301医院，我去看他时他又问及此事。我说听慈云桂教授说他们一直想接这个任务，但不知上边的意见怎样？张主任坚定地说，搞啊，怎么不搞呢？”

粉碎“四人帮”后，1977年7月，中共十届三中全会在北京召开。党中央顺应全党全军全国各族人民的意愿，通过决议恢复邓小平的党政军领导职务。张爱萍也很快重新出任副总参谋长兼国防科委主任，不久又兼任新成立的中央军委国防科学技术装备委员会主任，统一领导国防科学技术研究和国防工业生产。

此时151机研制任务已基本完成，慈云桂预见到继续搞151机不可能有更大发展，便以迫切的心情多次向张爱萍写信，当面向张爱萍主任和钱学森、张震寰、朱光亚副主任汇报，阐述他关于巨型机研制的构想，积极争取研制任务。后来陈立杰回忆说："1977 年邓小平复出后，听说巨型机又要上马了，慈教授迫不及待地带我和彭心炯到北京向张爱萍主任汇报。慈教授一人进去汇报，我们在外面等着。回到宾馆后我问他：怎么样，能不能上？慈教授高兴地说：有希望，能上。"

张爱萍在听了慈云桂多次汇报后，再次把巨型机研制提上日程。9 月，指示慈云桂抽调技术骨干，再次为巨型机研制组织全国范围调研。

10 月，慈云桂被正式任命为长沙工学院电子计算机研究所所长。根据张爱萍主任指示，他以长沙工学院为主，706 所、771 所参加，组织 20 多名技术骨干进行第二次全国调研。

这次调研的针对性很强。慈云桂将人员分成南、北两个组，深入国防、石油、气象等主要用户，重点了解他们对巨型机的应用领域、数学模型范围、常用算法，以及精度、速度和容量要求等。同时广泛搜集国内外关于巨型机软硬件系统结构、性能评价、并行算法、数据结构和软件工程等方面的书刊和论述，在此基础上开展了各种方案的探索论证、逻辑模拟与系统模拟等研究工作。为便于提意见和建议，慈云桂和周堤基、张德芳初步设想了一个系统结构图，分别向有关部门介绍并征求意见，其中包括王淦昌、王大珩、任新民、庄逢甘、程开甲等著名科学家。这些科学家从不同角度指出研制巨型机的重大意义，对慈云桂有很大启发，进一步坚定了他们攻克巨型机的信心。

二十世纪七十年代末，美国、日本已研制出多款高性能巨型机。然而占世界人口近四分之一的中国，在这一领域却是一片空白，慈云桂真是着急啊！调研时，时任石油化学工业部部长康世恩说："石油勘探部门在钻孔中放上炸药来取样，存储数据的磁带用卡车拉，由于受到计算能力的制约，拿回来根本没法处理，不得不将这些资料送到国外做分析，不但耗资巨大，还直接影响国家战略资源安全。我们曾向美国提出进口巨型机意向，美国人根本不答应。好说歹说，才同意卖给我们一台每秒 400 万次的 IBM 计算机，却设置了严苛的条件：就是在机房里设置了一个六面不透风的小房子，即所谓'安全区'，只有巴黎统筹委员会的人能进去，中国人根本不让进。他们一回家，就把门封了。一回来，还要进行检查。这个计算机干什么他都掌握，算什么题目他都知道，相当于我们拱手将国家机密交给美国人，拿钱雇了一些美国特务。"对此石油部门人员特别生气，却又无可奈何。

慈云桂听后只觉呼吸急促，异常难受。他深切感到，自主研制巨型机以解决现代化建设中的大型科学计算问题已迫在眉睫，我国第二代核武器的发展、核动力装置的研究、航空航天飞行器的设计、军事情报分析、卫星图片判读以及中长期天气预报、石油地震数据处理等，都迫切需要巨型机。

调研结束后，慈云桂带张德芳综合两次调研情况，代国防科委向中央起草了关于开展亿次巨型机研制的请示报告。面对西方国家的严密封锁和我国对巨型机的紧迫需求，慈云桂心潮澎湃，思绪翻涌，他们在报告中写道："为加速发展我国尖端技术，努力赶上和超过世界先进水平，必须继续不断地研制运算速度更快、存储容量更大的电子计算机和辅助设备系统，建立一个具有巨大计算能力的计算机体系的基地，同时相应地培养使用人员，发展计算理论。"报告还指出了巨型机对于核武器的发展、核弹头的小型化、导弹和航天器的空气动力学计算等方面的重要作用。

11 月 14 日，国防科委将此报告稍作修改后，向中共中央呈报了《关于研制亿次巨型电子计算机事》的请示报告。同月 26 日，这份报告得到党中央的批准。

后来唐遇鹤回忆说：“这个时候，国家专委已把巨型机研制列入科研规划，中国科学院、四机部、上海市知道这一消息后，纷纷向中央写报告，要求承担这一重大科研任务。当时中国科学院和四机部的报告已得到国家有关领导人的批准，预算5到6个亿的科研经费。也就是说国家投资几个亿他们来搞，预计10年左右完成。我们知道那几个单位写的报告内容后，便将先前递交的报告取回来把内容作了一些修改，说大概5年左右完成，经费2个亿，由国防科委自行解决，实际上就是不要国家一分钱。而且说这个方案长沙工学院已经做了预研，准备联合中国科学院、四机部、上海市及全国有关单位一起协作完成，使报告内容更加翔实。”

1978年3月4日，邓小平主持召开国家专委会议，专题研究巨型机问题。会上他高瞻远瞩地指出：“中国要搞四个现代化，不能没有巨型计算机！”他在听取各方面汇报后，当即拍板将巨型机研制任务交给长沙工学院（国防科技大学前身）。他对张爱萍说：“亿次机就由国防科委搞，什么时间完成要签字。”并说：“亿次机就由长沙工学院搞算了……论证时，要多请一些人来参加，什么时候完成，长沙工学院要签字。”张爱萍听后立即站起来，庄重表示：“请党中央和邓副主席放心，我们保证按时完成任务！”

早就摩拳擦掌的慈云桂听到这一消息后异常兴奋，立即赶赴北京。张爱萍向他传达了会议精神，并严肃地对他说：“小平同志把巨型机研制任务断给你了，我向小平同志立了军令状，你也要向国防科委立军令状。”

面对这一划时代的国家重点工程，慈云桂激动不已，立即表示：“请张主任放心，我保证每秒一亿次，一次不少！五年时间，一天不拖!”

慈云桂能争取到巨型机研制任务不是偶然的。当时长沙工学院计算机研究所仅有一百来名科研人员，科研实验条件也比较落后，可他却得到邓小平同志和国防科委领导的高度信任。通过这件事可以看出慈云桂确实了不起！他总是胸怀全局，替国家着想。在百万次机刚刚起步时，目光就盯上巨型机这一世界计算机技术发展前沿；在遇到困难时他始终没有放弃，以坚强的意志和毅力坚持做准备；他主持研制的众多处于国内领先水平的计算机，以及他的学术造诣、科研能力和领导作风等，都是打动上级领导的重要因素。

让慈云桂有底气的是，他领导的这支计算机科研团队是在“哈军工”优良传统教育熏陶下，在战斗中成长起来的一支政治过硬、技术精湛、作风优良、能打硬仗的队伍。经过十几年科研实践锻炼，尤其是在“文化大革命”期间科研任务也十分饱满，队伍没有受到破坏，被完整保存下来并有所壮大。这一点是其他单位所不具备的。

当然还有其他原因。唐遇鹤回忆说：“那个时候我们为什么愿意把这一任务放在长沙工学院？因为长沙工学院隶属国防科委，自己的单位，拨钱、检查都比较方便，好解决问题。如果把任务给了其他单位，你要给他解决问题，就要一级一级地向下传达，很难办、很难指挥得动。”

2. 立下“豁出老命”军令状

1977 年底，冬季的长沙开始进入雨季，灰蒙蒙的天空淅淅沥沥下着小雨，潮湿的空气让人感到更加阴冷。然而此时，年逾花甲的慈云桂心里却似装着一团火，每天精神抖擞，身轻步疾，脸上始终洋溢着青春朝气，瘦弱的身躯中迸发出无穷力量。是啊，“四人帮”粉碎了，十年浩劫结束了，科学的春天到来了，他终于可以甩开膀子大干一场了，他怎能不高兴啊！

总体方案是巨型机研制的起点，也是关键技术，事关整个工程的成败。慈云桂从第二次调研开始，就带领团队紧锣密鼓地搜集资料，设计总体方案，俨然已是巨型机的总设计师了。

调研结束后，慈云桂没有选择急着回长沙，而是带着周堤基、张德芳在北京继续搜集资料。此时，四机部标准化研究所校友刘德贵提供了几张美国最新巨型机 CRAY－I 广告宣传材料，其新颖简洁的设计思路立即吸引了慈云桂。他们三人经过初步分析研究后，感到这一方案非常适合我国国情，参考价值极大。

CRAY－I 是美国克雷研究公司于 1976 年 3 月问世的亿次向量巨型计算机，其设计贯彻了克雷一贯的结构简洁、追求高性能的思想，采用了一系列新技术，性能显著优于已有的超级计算机，赢得了科学计算和大规模数据处理的市场，其体系结构后来成为向量巨型机的标准模式。

1978年1月初，慈云桂将印有指令系统和粗略结构介绍的CRAY－I广告材料交给总体组设计人员，大家看后不禁眼前一亮。此时离预定召开总体方案论证会不到四个月了，设计人员已花了两个多月时间，参考国外三四台巨型机设计出初步总体方案。

是继续采用现有设计方案，还是参考CRAY－I重新设计新的方案？大家七嘴八舌地讨论起来。绝大多数人认为，CRAY－I设计理念先进，结构简洁，便于实现，应该抛弃原有方案重新设计新的方案。也有人担心，离召开全国方案论证会时间不多了，对短时间内能否拿出新的设计方案心里没底。此时大家不约而同地把目光投向慈云桂。

慈云桂不愧为科技帅才！他用坚毅的目光扫视全场，以不容置疑的口气对大家说："亿次机是我们国家研制的第一台巨型机，小平同志和张爱萍主任对此寄予愿望。我们要么不做，要做就做最好的。我的意见，推倒重来！"于是一个重大决策很快形成，那就是毅然抛弃二三十人辛苦数月设计的原有方案，高起点重新设计新方案。

当年参加总体方案论证设计的周兴铭后来回忆说："在学术上，慈教授非常注意听取各种不同意见。无论是搞方案，还是遇到技术难关要想办法解决，他总是发扬民主，让大家充分发表意见，最后他做总结。他的才能就表现在他最后的总结做得非常准确，做得大家都服气，而且事后证明他的决策是对的。在我的记忆当中，好像没有瞎指挥、决策做错的。比如搞'银河－I'时，1977年下半年，我们综合美国的三四台机器形成了一整套方案，到年底几乎要定下来了。1978年初，我们得到了一张美国新出来的CRAY－I向量机广告材料，拿来一看，这个设计思路跟原来完全不一样，精简型的指令系统，工艺组装变成了一个圆筒，跟传统概念都不一样。当时我们总体组看了以后就带头讨论，认为这个机器比我们设计的机器先进，就提出我们这个方案是不是要改？原来的方案已经搞了几个月了，各种资料都准备好了，还征求了意见，已经修改好。‘老慈头’就敢于拍板，决定把原来的方案推翻掉，学 CRAY－Ⅰ的思想再搞方案。从 1978 年 1 月到 5 月，在不到四个月时间内，整个方案全部推翻重新设计，所以到了 5 月份在北京召开方案论证会时，我们一介绍，用户和与会专家一看，全部都跟以前不一样了，他们都很惊讶，很佩服，都说好。”

由于 CRAY－Ⅰ广告宣传材料太简单，慈云桂马上组织人员到国防科委情报所等处查找更详细的资料，好不容易从中国科学院计算技术研究所资料室找到一份《CRAY－Ⅰ硬件参考手册》，大概有五六十页，比较详细地介绍了 CRAY－Ⅰ的内部结构、指令系统等。依据这些资料，慈云桂带领设计人员争分夺秒，日夜加班，重新开始巨型机总体方案论证设计。与此同时，派出多支队伍赴国内外考察调研。

1978 年 1 月，张德芳第一个被派到法国考察，随七机部考察团访问了法国多家公司及研究所。他与法国同行就巨型机浮点计算、供电系统进行了深入讨论，为后来研制巨型机提供了重要技术参数及电源参考方案。

2 月上旬，国防科委四局唐遇鹤带领康鹏、杨晓东、吴泉源赴日本购买富士通大型计算机，准备作为外围机。日本人迫于美国压力，只卖硬件，不卖软件。一个多月的调研和商谈虽然没有达成购买协议，仍然有一定收获。

2 月下旬，陈福接、周堤基随总参三部考察团赴日本考察访问。

3 月初，慈云桂派黄克勋、时中信、陈家骅三人，就计算机外部设备赴全国进行了近两个月的调研。通过调研他们得出两个重要结论：一是巨型机不能参照美国 CRAY－I 采用液冷技术，由于国内生产工艺落后，如果也采用液冷技术，可能会出现渗漏、结露问题，会带来无穷无尽的烦恼；二是国产器件、接插件、显示灯质量不过关，不能用在巨型机上。

6 月，王振青、周兴铭随总参三部考察团赴美国考察访问。当时人们思想仍很“左”，有人说：“王振青这个地主狗崽子，他怎么能到美国去呢?”在慈云桂的坚持下，王振青如期随团访问。

这些考察调研，为巨型机方案设计论证提供了非常重要的参考资料。

就在慈云桂拿到巨型机研制任务后没几天，党中央、国务院吹响了向现代科学技术进军的号角，中国迎来了科学的春天。

1978 年 3 月 18—31 日，中共中央、国务院在北京隆重召开了全国科学大会。这次大会是中国共产党在粉碎“四人帮”之后，国家百废待兴的形势下召开的一次重要会议，也是中国科技发展史上一次具有里程碑意义的盛会。在有 6000 人参加的开幕式上，中共中央副主席、国务院副总理邓小平作了重要讲话，号召大家“树雄心，立大志，向科学技术现代化进军”，明确指出“现代化的关键是科学技术现代化”，“知识分子是工人阶级的一部分”，重申了“科学技术是生产力”这一马克思主义基本观点，从而澄清了长期束缚科学技术发展的重大理论是非问题，打开了“文化大革命”以来长期禁锢知识分子的桎梏，党中央、国务院吹响了向现代科学技术进军的嘹亮号角，中国迎来了科学的春天。

在这次会议上，国家科委主任方毅提出我国巨型计算机要在 1985 年投入使用的目标。慈云桂代表荣获“全国科技工作先进集体”称号的长沙工学院计算机研究所出席了这一盛会，长沙工学院有 19 个科研项目荣获全国科学大会奖，其中计算机研究所占了 8 项。

国防科技大学计算机研究所荣获全国科学大会奖证书（1978 年）

当慈云桂沐浴着全国科学大会的春风，带着巨型机研制任务回到长沙工学院时，计算机研究所全所人员兴高采烈，无不为能承担这项光荣而艰巨的国家重点任务而欢欣鼓舞。几天后，长沙工学院隆重召开“785 工程”动员大会。然而从北京到长沙，慈云桂却听到不少怀疑、否定甚至谩骂的声音。有位部委领导在北京召开的一次大会上极不信任地说：“如果慈云桂能做出巨型机，我把人民大会堂腾出来给他当机房。”尚法尊在北京听到有关单位的人员发牢骚，甚至骂人，就将这些情况告诉慈云桂。慈云桂坚定地说：“别管他们！只要上面让搞咱就搞。”学校内也有人说他们是“一群无线电爱好者，只能装装收音机”，不相信他们能研制成功亿次巨型机。

唐遇鹤后来回忆说：“此时国防科委测通所有个技术员给党中央写了封信，说我们国家根本不可能、也没有条件搞出亿次机。如果说能搞出来，最多是个样品，是个展品，最后是一个废品。他特别强调，长沙工学院计算机研究所才一百多人，有的大院大所上千人都搞不出来，他们更不可能完成这一重大任务。这封信转到邓小平手里，他批示转国防科委，最后转到我们手里。”

王振青后来回忆说：“记得当时有许多人担心和不服，甚至国防科委内也有人认为，把国家这样重大的任务交给学校里的一个小研究所来干，是不负责任的。学院内部思想也不统一，有不少人认为，学校就应该搞好教学，不应该搞工程任务。时不时还听到六系‘重科研、轻教学’的批评声。当时，国家正在拨乱反正、百废待兴。1979 年开始执行‘调整、改革、整顿、提高’的八字方针，进入调整时期。学校面临改制，矛盾重重。在这种形势下，长沙工学院一百多人的小研究所何以能完成这么重大的国家任务呢?”

听惯了流言蜚语的慈云桂对此一笑置之，他对同事们说：“嘴长在别人身上，他想说什么你也挡不住。关键是我们要争气！等我们把机器搞出来了，他们也就无话可说了。”

不过话又说回来，这些担心和怀疑并不是没有一点道理。美国之所以能在七十年代先后研制成功数台巨型机，靠的是雄厚的经济基础，深厚的技术积累，完备的工业体系，先进的制造工艺，以及一整套科研制度的保障。当以计算机为代表的第三次工业革命在世界上开展得如火如荼的时候，中国正在进行“文化大革命”运动，十年动乱使国家经济基础受到严重削弱，基础工业非常薄弱，电子元器件设计生产及工艺水平与发达国家相比十分落后。

慈云桂领导的计算机研究所，正如有些人说的，是个仅有一百多人的小研究所，科研试验条件比较差，连个像样的实验室都没有，设备严重老化，经过南迁消耗，条件就更差了，与那些上千人的大研究所相比，只能算是“小兄弟”。

在这种情况下，慈云桂如何能领导完成这一艰巨任务呢？他心里有底，他从来不是一个拍着胸脯说大话的人。他知道，从人数和科研试验条件来看，他们确实不如某些大研究所。让他信心十足的是，由他亲手创建和培养的这支计算机科研队伍人数虽然不多，凝聚力战斗力却非常强，大部分人经历过从电子管到晶体管，再到集成电路多种型号任务的锻炼，尤其是“文化大革命”期间科研任务一刻也没有停止，使队伍受到很大锻炼，一大批中青年科研骨干从中脱颖而出，许多人可以独当一面。“718 工程”完成后，许多人都夸“718 真了不起”，慈云桂却淡淡地说：“今天看来，718 任务没有什么了不起，充其量是个百万次计算机。真正了不起的是这支队伍。正是这一个又一个富有挑战的任务，使我们锻炼了一支过硬的队伍，为我国培养出一大批计算机栋梁之材。”

对慈云桂来说，研制每一代新的机型都是在怀疑和否定声中，在条件不具备的情况下上马的。这个他已经习惯了。他经常挂在嘴边的一句话是“路总是人趟出来的”，并不断将之付诸实践。这种敢于冒险、勇于探索的精神，不断激励他冲在前面，干一些别人没有干过的事。而他所确定的目标并不是盲目蛮干，经过艰苦努力总是可以实现。他带领团队完成了多种型号计算机研制任务，他相信这一次也不例外。还是那句话，外国人能干成的，中国人一定能够干成！

经过几代机型的研制，国防科技大学计算机研究所积累了丰富的科研经验，掌握了先进的设计和生产工艺，尤其是在硬件方面的技术积累比较厚实，但在软件方面差距较大。对于这一点慈云桂也未雨绸缪，提前做了一些布局。六十年代中期，他发现世界计算机技术朝软硬结合方向发展后，就注意吸纳计算机软件方面的人才，陈立杰、孟庆余就是那时候他从数学教研室“抓”过来的，齐治昌、吴泉源等数学专业毕业的学生也是那时候分配来的。尤其是七十年代初，他将软件专家陈火旺夫妇调入计算机研究所，使软件研制队伍有了较快发展。陈火旺带领这支队伍连续为 441B－Ⅲ和 151 计算机开发了多款软件，积累了丰富的软件开发经验，培养锻炼了一批计算机软件人才，为提升我国计算机软件水平构筑了坚实平台。

这些有利条件，使慈云桂对完成巨型机研制任务充满信心。此时研制任务明确交给他们，大家信心倍增，干劲冲天。慈云桂充分发挥集体智慧，让大家畅所欲言，共同讨论巨型机总体方案。

为确保巨型机技术指标与国际主流巨型机接轨，在当时我国工业基础和技术水平落后的情况下，制订总体方案的难度极大，遇到一个个理论上和技术上的难关。当时各路精英主要提出三套总体方案，其中多机并行体系结构方案比较超前，慈云桂经慎重考虑，认为这一方案设想虽然大胆，但太超前，实现难度太大，不符合中国实际，就较早否定了。他认为我国首台巨型机既要瞄准国际前沿，不保守落后，又必须立足中国实际，不盲目蛮干，能够实现，充分体现了实事求是精神和他一贯求真务实的作风。

剩下两个方案比较适合解决在当时元器件水平受限条件下做成亿次机的难题。一个方案是双向量（及浮点）阵列结构；另一个方案是共享主存的双处理器系统。考虑到当时开发并行软件的技术难度过大，慈云桂最后决定采用双向量阵列方案。有趣的是，后来日本三大公司八十年代推出的三种巨型机都采用了双向量阵列结构，而美国 CRAY 公司 1983 年在 CRAY－I 基础上开发的极为成功的新系统 CRAY－MP 采用了双处理器系统。这种不谋而合的事实说明，科学是不分国界的，只要自强不息，中国人是完全能够有所作为的。

经过几个月的日夜攻关，举一反三，消化吸收创新，一个原创性很强的总体技术方案赶在论证会前完成了。

慈云桂（中）主持巨型机方案论证会（1978 年）

1978 年 5 月，春暖花开的时候，国防科委在北京西苑饭店召开巨型机总体方案论证和协作会议。这是为巨型机研制而召开的第一次全国性会议，全国 68 个部门的领导、专家、学者 140 多人参加了会议。“785 工程”即由此得名。

这几个月慈云桂确实太累了，充满血丝的眼睛显得既疲惫又兴奋。当他满怀信心向与会专家作完总体方案汇报后，会场内顿时响起雷鸣般的掌声，先进的总体设计方案与翔实的论证，折服了与会的每一位专家，其先进性几乎令有些专家瞠目结舌，不少专家对他们能在如此短时间内设计出如此高水平的总体方案表示敬佩，一些曾持怀疑态度的人也向慈云桂竖起了大拇指。

这套总体方案虽然参照了美国 CRAY－I 指令系统进行设计，由于没有其硬件图纸，根本无法照搬其系统结构，另外也无法购买到该机相应的元器件，必须根据当时我国基础工业实际情况，对方案进行大胆自主创新：为了弥补机器主频的不足，提出了双向量阵列全流水巨型机体系结构，提高了巨型机的并行度和实际运算速度；采用素数模无冲突访问的主存结构，提高了主存储器的向量实际存取速度，后来还在《中国科学》上发表了相应的学术论文；在世界上领先选用高速动态 MOS 器件做主存，使主存容量满足了用户要求；为避开液冷技术的困难，采用风冷技术，设计了楔形柱状管导结构，进行等压短风道送风；在输入设备的选用上，跳过卡片读入机，直接从纸带输入率先跨越到软盘输入……

经过充分论证，硬件方面采用单处理机双向量阵列全流水化体系结构，软件方面采用与国际主流巨型机用户界面兼容技术。这一总体设计方案获得国防科委批准。

在这次会议上，面对邓小平同志的信任与重托，面对将要面临的重重困难，年过花甲的慈云桂信心百倍，慷慨激昂地发下誓言："我今年刚六十出头，就是豁出这条老命，也要把我国的巨型机搞出来！五年时间，一天也不能多！亿次速度，一次也不能少！"

从此，由长沙工学院计算机研究所牵头，全国 30 多个单位参与协作的"785 工程"正式拉开帷幕。慈云桂怀着誓为中华民族争光的强烈愿望和豪情壮志，率领庞大的科研团队，开始了中国计算机史上一次最为壮观的战役！

3. 坚强领导保证研制快马扬鞭

巨型机系统的研究与开发，是在中国进入改革开放新时代大背景下拉开帷幕的。邓小平同志的英明决策和国防科委的坚强领导是巨型机研制成功的关键，党的改革开放政策是巨型机研制取得胜利的重要保证。

1978 年 6 月，时隔十多年后，慈云桂第四次率团访问英国，同时到法国考察。面对飞速发展的世界计算机技术，他的紧迫感和使

慈云桂（左 3）率团访问英国（1978 年 6 月）

命感油然而生，更加坚定了采用国际先进技术研制巨型机的决心。

1978 年底，中国共产党召开了中央工作会议和十一届三中全会，终于在党和国家面临向何处去的重大历史关头，就关系党和国家前途命运的大政方针做出了正确的政治决断和战略抉择，实现了新中国成立以来我们党历史上具有深远意义的伟大转折。

这一年，长沙工学院也迎来了历史性发展机遇。1978 年 6 月 6 日，在邓小平同志亲切关怀和决策下，国务院、中央军委批发了国发［1978］110 号文件，即《关于组建中国人民解放军国防科学技术大学的通知》，决定将长沙工学院改建为中国人民解放军国防科学技术大学，列入军队序列，归国防科委领导。

巨型机的立项和研制，自始至终得到党中央、中央军委的高度重视，特别是邓小平同志的亲切关怀，充分体现了党中央、中央军委对国防科技大学计算机研究所的高度信任，这也成为广大科研人员克服困难、奋勇拼搏的强大动力。邓小平同志对巨型机研制十分关心，经常问起研制情况，张爱萍主任也多次向他汇报。研制期间，王震、方毅、耿飚、王首道、洪学智等多位党政军领导亲临研制现场视察指导。

国防科委张爱萍主任对巨型机上马倾注了大量心血。研制工作开始后，他立即组织由国防科委副主任张震寰（后任国防科工委科技委主任）挂帅，国防科委科技部副部长李庄（后任国防科工委科技委常委兼秘书长），科技部四局局长李勇、处长唐遇鹤组成的强有力的“785 工程”领导小组。从此巨型机的研制工作就在国防科委的直接领导下进行。

张震寰，1915 年生，北京市人，开国少将。1935 年考入北京大学，参加了“一二·九”运动，1936 年参加革命，是我军高级将领中为数不多的知识分子，曾任新四军旅政治部主任兼团政委、华东野战军师政委等重要职务，在革命战争年代出生入死，屡建功勋。新中国成立后，他参与领导了我国国防科技和国防工业的开创工作，参与组织指挥了我国第一颗原子弹爆炸试验和首次氢弹空爆试验，为我国国防科技和国防工业建设做出了突出贡献。

根据张爱萍主任指示，张震寰发扬聂荣臻元帅当年抓“两弹一星”时的好传统好作风，从任务上马的第一天起，就在北京和长沙之间建立了指挥热线，几乎每天都有频繁的信息往来，对研制任务实施强有力领导。

巨型机是国防科技大学成立后承担的第一项国家重点任务，学校党委对此高度重视，成立了以张文峰副校长、慈云桂副校长、董启强副政委组成的“785 工程”领导小组；在学校机关设立“785 工程”办公室，苏克任主任；计算机研究所也设立了以王世荣为主任的相应办公室。国防科委副主任兼国防科技大学校长张衍和学校政委李东野对这项国家重点工程非常关心，研制过程中经常听取汇报，了解研制情况，指导帮助解决问题。

苏克，1928 年 2 月生，江苏射阳县人。这位 1943 年参加革命，经历过抗日战争、解放战争和抗美援朝战争战火洗礼，参加过“上甘岭”战役的新四军老战士，谈起“银河”机时满脸兴奋。他回忆说：“我担任‘银河’机办公室主任后，从思想、组织、后勤等方面全面配合慈教授工作。当时，我们像指挥作战一样，将工程进度表挂在办公室，使各项工作进度一目了然。与慈教授和科研人员共同奋战的一千多个日日夜夜，我和大家一样，几乎没休息过一个节假日，春节期间也不休息，每天都工作到半夜才回家。”后来许多老教授回忆，苏克是 15 岁就参加革命的“红小鬼”，虽然只有初中文化程度却出了不少好主意，工作中勇于承担责任，极其认真负责，为“银河”机研制成功做出很大贡献。

张震寰与领导小组成员来到学校后，为了工作方便，坚决不住学校在市区给他们安排的宾馆，而选择住在学校南门附近简陋的内部招待所，脚一落地就马上开展工作，这里立即成为国防科委“785 工程”前沿指挥所。

巨型机研制是个复杂的系统工程，也是一场名副其实的攻坚战。研制工作一开始，一大堆问题就摆在慈云桂面前，主要是缺技术人才，缺大型实验室，缺实验设备，缺研制巨型机的核心元器件和外围机，当然还缺技术资料和开发巨型机的经验。

破解这些难题对慈云桂来说可能觉得很难，但张震寰却胸有成竹。几十年血雨腥风的锤炼和参与组织指挥我国第一颗原子弹、第一颗氢弹爆炸试验的丰富经历，使张震寰既有统揽全局的战略眼光，也有果敢坚毅、勇于担当的胆识气魄，还有丰富的办事经验。他镇定自若地对慈云桂说：“技术问题你负总责，其他问题我统包了。今后要我办什么事，一不用打报告，二不要写信，只要来张便条，不要头尾，写清一二三就行。要我什么时间办好，我就什么时间办好……不要经过秘书，直接打电话给我，半夜打到我家，我起来接！”

听了张震寰这番话，望着他坚毅的目光，慈云桂的信心更足了。慈云桂遇到的最大难题首先是缺乏技术人才。当时计算机研究所承担着多项科研任务，他决心除保证重点任务必要的留守人员外，集中所有力量投入“785 工程”会战，又从学校相关单位抽调数十名教员加入进来。单凭学校这些力量仍然远远不够，队伍缺口很大。张震寰根据慈云桂的要求和提供的线索，在国家有关部门的大力支持下，想方设法迅速从大三线有关单位和地方大学调兵遣将。

位于湖南邵阳市的七机部 706 研究所科研任务不饱满，许多科研人员不安心。慈云桂了解这一情况后，以学校党委名义向国防科委写报告，要求从中选调一些科研人员参加“银河”机会战。苏克还以个人名义给张震寰写信，建议增加点编制，将这些人最好调到学校。张震寰与七机部领导联系后，国防科大派苏克、王世荣从中选了 40 人，国防科委最后决定调 21 人。可是调令下达一个多月后，学校机关却迟迟不办理调动手续，原因是有的领导仍然认为慈云桂搞不出巨型机，把这么多人调到学校将来怎么办？在国防科委机关的多次催促下，这些技术人员连同家属才一起调来。

“哈军工”计算机专业毕业的研究生王朴、张范夫妇，国防科委 21 基地 21 研究所从事计算机软件开发的李晓梅等也陆续调来。二机部九院 12 所（西南计算中心）、七机部 068 基地、天津电子仪器厂等 100 多名技术人员也前来参战。特别是张景华此时调回国防科技大学，担任了计算机系兼研究所党委书记，让慈云桂十分高兴。这对配合默契的老搭档又可以在一起并肩战斗了。

有的人跨部门、跨军种调动比较困难，张震寰就亲自安排。他往往在批件上划着三个“ + ”号，意思是急办，不能耽误。一天，他递给秘书一份划着三个“ + ”号的批件，过了不一会儿又递给秘书另一份同样标注的批件，当看到刚才那份批件还放在桌子上时，马上批评秘书，要他立即去办。

巨型机科研人员需要助手，张震寰立即从部队调来 50 名具有高中文化程度的战士，经考试、培训后分配到各研究室做设计辅助人员。他们是真正的外行，来之前有的人甚至连“计算机”三个文字组合都不曾见过。慈云桂立即安排对他们进行各种形式的培训，他对这些战士说：“学习可以解决会的问题，爱上它才可以做出大成绩。”其中许多人真的爱上了计算机，变成了岗位能手。

与此同时，计算机研究所积极联系复旦大学、湖南大学、湖南师范学院、湘潭大学、武汉大学等高等院校，联系用户单位和设备厂商开展全方位大协作。

不到半年时间，主力攻关队伍从50多人迅速扩大到200多人，为巨型机研制提供了强有力人才保障。这些人员虽然来自不同地方、不同单位，但巨型机事业很快把大家的心连在了一起。他们团结协作，顽强攻关，心朝一处想，劲往一块使，愿望只有一个，那就是尽早拿下高质量的巨型机。

国防科技大学是个东西窄、南北狭长的大院，从学校最南端的招待所到最北端的计算机研究所要走一公里多。在研制巨型机的日日夜夜，张震寰每年带领导小组成员来学校好几次，一住就是一两个月。为了能与科研人员多接触，他们不要学校派车接送，每天步行几个来回，“目的就是在路上碰到技术人员可以边走边聊，这样可以节约大量时间”，唐遇鹤回忆说。

张震寰特别反对文牍主义和烦琐哲学，尽可能面对面地解决问题。他要求问题不过夜，有问题即时反映，有时他直接打电话给研制小组或个人，听取和掌握第一手信息。研制过程的关键时刻，他总是率领领导小组亲临现场坐镇指挥，同大家一起研究分析解决问题。他特别强调责任制，要求各级领导切实负起自己的责任。他对大家说：“凡是属于我们解决的问题，我们负责，有什么风险我们承担”，“该你们解决的问题，你们应负责解决。”

到了1980年初，巨型机主机计划投产的日期马上就要到了，可计算机工厂还有40多个问题没有解决。当时刚刚改革开放，人们的思想还不够解放，比如破格使用一个年轻的工艺师啦，购买一台急需的录音机啦，等等，这些所谓“棘手”问题，厂长拍不了板，慈云桂也觉得很头疼。张震寰立即飞赴长沙，坐镇计算机工厂，把厂长和相关领导叫到现场办公，一边听汇报，一边与他们商量，一边当场拍板。一天下来，绝大多数问题得到解决。

最后是涉及供电系统这个关键问题。改革开放初期各地的电力大都供不应求，断电现象在长沙也时有发生。随着任务进展，不仅计算机工厂，机房、实验室、空调站等都急需稳定的电源，张震寰决定马上与当地政府联系解决。在湖南省委、省政府大力支持下，电力部门特准为“785 工程”设置了双回路供电系统，有效保证了工程不间断供电。

张震寰十分关心科研人员的工作和生活，他常对身边工作人员说：“要尊重科技人员，多和他们交朋友”，“要关心他们的生活，多为下面办实事，解决实际困难”。他身体力行，经常深入科研人员和工人中间，亲自做他们的思想工作，研究解决遇到的各种困难，大到人员引进，小到干部调级、家庭困难、看病住院等都一一过问，尽可能解除大家的后顾之忧，几百名科研人员他大多能叫出名字。当他看到科研人员每天加班到午夜，营养跟不上，身体吃不消，许多人病倒了，就想方设法给大家争取了几万元的夜餐补助，每天晚上让加班的科研人员能够吃上热腾腾的饺子和面条，保证了他们的身体健康。

周伯源在《张震寰与科技专家》一书中写道：“长沙，这个号称‘四大火炉’之一的城市，夏天确是闷热难挨，慈教授与软件设计人员一样，夜以继日地工作，挥汗如雨，但又不能使用电扇。一使用电扇，资料就被吹得四处飞扬，无法工作。张震寰看到这种情况，破例批准立即购买 10 部空调，尽管当时有人说三道四，有不同看法。为了一个共同目标，科技人员经常加班加点，到了夜里 12 点钟，研究室里依然灯火通明。领导干部到研究室赶着科研人员回家休息。‘赶都赶不走啊！’李勇局长动情地说。慈教授也经常在夜里一点多才回到家。干四化、搞科研，领导干部和科研人员一条心，这是一种什么劲头和场面，何愁不出人才、不出成果！

“在‘银河’亿次机攻关的关键时刻，慈云桂教授手臂上长了许多小肉瘤，医生怀疑是恶性，要动手术，慈教授怕耽误时间，说什么也不同意。后来一位同志建议使用鸡蛋加蛇蜕的偏方。慈教授的夫人每天按偏方做好，送给慈教授服用，过了一段时间，果然见效。恰好这时，一个重要的会议需要张震寰主任与慈教授一同去北京参加。慈教授的治疗刚见点效，一外出，谁给他做这个偏方呢？慈教授的夫人左右为难，心里很急。这件事被细心的张震寰主任知道了。外出开会期间，他们住在一起，张震寰让服务员每天按时给慈教授做这个偏方食疗。待会结束，慈教授回到家里，伸出手让夫人看，小瘤子几乎看不见了，她十分惊喜，当他知道原委后，十分感动。她说，有这么好的领导，科技专家还有什么后顾之忧呢？哪还有不舍身效命的呢？”

张震寰对工程质量高度重视，经常宣传巨型机的重要意义，常以周总理提出的“十六字方针”要求大家，以聂荣臻元帅和张爱萍主任抓“两弹一星”时的高标准、严要求教育和勉励大家。在工程实施的各个环节，特别强调加强规章制度与工艺规程建设和管理质量，严格产品的检查和验收。

那几年，张震寰像组织战役一样打“785 工程”攻坚战，只要来到长沙，他就深入科研人员和工人中间，调查研究，了解情况，随时随地解决问题，全身心扑在工程上。1980 年 4 月 17 日，他在一次会议上讲：“我们搞‘785 工程’是有一股气的，有人吹冷风，我们要争这口气！这几年，确实着急，经常发火，以前我不是这样的。希望大家团结协作，共同努力，全力以赴打好这一仗！”

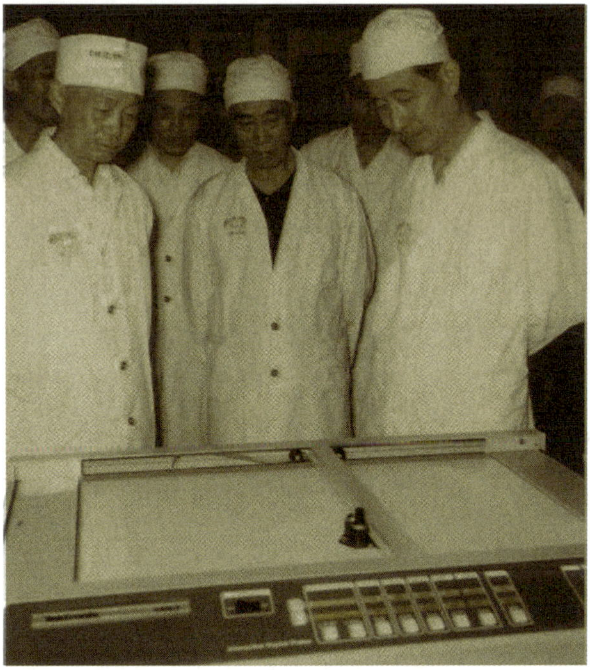

慈云桂（左2）与张震寰、李庄、李勇（前右起）
等在巨型机研制现场（1982年）

工作组其他成员在张震寰的示范带动下，也以良好作风全心全意为科研人员服务，尽力帮助他们解决各种问题。李庄副部长、李勇局长对科研人员十分关心，对很多人家里的事都了如指掌，经常一竿子插到底，直接为科研人员解决具体困难。唐遇鹤处长工作十分认真踏实，经常往返于北京与长沙之间，曾两次带队赴日本和中国香港调研、购买设备，想办法圆满完成了任务。慈云桂的妻子琚书琴曾满含热泪地说："慈云桂生前不止一次地说过，要是没有张震寰主任的全面领导和有力支持，'银河'机是搞不出来的。"

在邓小平同志亲切关怀和国防科委强有力领导下，"785工程"开局良好，稳步推进，研制工作迅速全面铺开。

4. 攻坚克难“争气机”横空出世

在研制巨型机之前，科研人员只有研制百万次计算机的经验。跳过千万次，直奔亿次，意味着要跨越一代机型，运算速度要比他们刚刚完成的151机整整提高两个数量级，其技术难度和艰巨性可想而知。

为了增强巨型机总体方案设计的针对性，慈云桂再次组织人员对二机部（核工业部）、七机部（航天工业部）、风洞试验基地等重点用户单位进行深入调研。根据上级要求、用户需求和研究所实际，他明确提出：“我们不争单项冠军，要争团体冠军！要发挥我们集体的优势，让我们研制的巨型机达到高水平。”

在国防科委和国防科技大学党委的坚强领导下，工程领导小组从用户需要和我国国情实际出发，确立了高起点——追踪世界巨型机先进水平的“785工程”指导思想：

一是坚持独立自主与引进国外先进技术相结合，坚持学习与独创相结合。在当时盛行那种把自力更生精神曲解为每一个元器件都要由本国来研制生产的情况下，能够做出这样的决策是需要胆识的。

二是坚持先进性与现实性相结合。以当前国际先进水平为起点，积极采用先进技术，引进必要的技术和设备；从我国实际情况出发，尽量采用行之有效的先进成熟工艺、技术和元件，加速完成研制任务。

三是坚持质量第一、可靠性第一，把“三严”作风贯彻到研制工作始终，确保机器稳定可靠。

四是坚持软硬并重，使软硬件系统都具有先进水平，实现系统简洁、维护方便、使用灵活目标。

五是坚持研究、设计、生产相结合，大搞技术革新，攻克技术、工艺难关。

巨型机技术难度大，系统复杂，协作面广，时间紧，要求高。为了提高整个工程项目管理水平，工程领导小组决定采用系统工程的科学方法，建立了两条指挥线：一条是行政指挥线，由国防科委张震寰、李庄和国防科技大学领导负责；一条是工程指挥线，技术方面由慈云桂总负责，也即技术总指挥和实际上的总设计师，尽管当年国内还没开始实行总师制。

以上决策有力保证了巨型机研制工作沿着进度快、质量高、成本低、效率好的目标胜利前进。

为统揽全局，成立了巨型机研制总体组，由慈云桂任组长，成员包括胡守仁、周堤基、王振青、陈火旺和孟庆余等，下设王振青任组长的硬件总体组、陈火旺任组长的软件总体组。话语不多、工作极其认真负责的计算机系兼研究所副主任胡守仁，仍像研制151机时那样，密切配合慈云桂的工作，抓好各项具体工作的落实。

为了实现既定目标，工程领导小组制定了切实可行的技术路线和实现途径：一是由计算机研究所所属计算机工厂负责生产主机；二是协作研制或引进外围机和外部设备；三是以计算机研究所软件队伍为主，组织国内力量协作完成软件开发任务。同时组织制定了详细的研制计划，明确了各年度的工作重点。

这些大的方面确定后，慈云桂既当指挥员又当战斗员，以“豁

慈云桂（右2）与王振青、胡守仁、陈火旺（左起）
讨论亿次机方案（1979年）

出老命也要把亿次机搞出来”的决心和勇气，率领全体科研人员向世界计算机技术高峰奋力攀登。

第一，大胆引进中大规模集成电路核心元器件。

慈云桂常说：“工欲善其事，必先利其器。”早在1976年底，151－Ⅲ计算机研制成功后，慈云桂就未雨绸缪，开始着手为下一代计算机研制做准备。当时对计算机的逻辑电路选择有两种意见：多数人主张用ECL电路，因巨型机的速度那么快，STTL电路的速度达不到；而彭心炯极力主张继续用STTL电路，理由是ECL电路功耗高，STTL电路已在151机上使用，并形成了一个比较完整的中小规模电路系列。他同时认为，如果将逻辑与电路内部结构结合起来，可以得到与ECL电路相当的速度。为了证明自己想法的可行性，他将逻辑与电路内部结构结合，设计了一个“并行 4D 触发器”，经模拟试验，效果不错。经周堤基引荐，于 1977 年底在中科院半导体研究所生产出样品，达到了同样工艺条件下比 ECL 电路还快的速度，国内 4 家工厂要求接产。因而当时彭心炯感到，选用国产 STTL 电路似乎已成定局。

慈云桂心里十分清楚，新一代巨型机对电路的速度和稳定性要求非常高，而当时国内生产水平与国外的差距较大，能否按工程进度研制出所需的电路，生产的电路能否稳定可靠地运行，就成了巨型机成败的关键。如果这一决策失误，将对巨型机研制工作造成致命伤害。对此他非常慎重，组织全系骨干进行了一个星期的大讨论，每天激烈争论到深夜。后来陆靖回忆说：“我从 1966 年冬到 1975 年在中科院半导体研究所和 109 厂研制集成电路多年，并到过国内多家生产集成电路的研究所和工厂，对国内集成电路状况比较了解。清楚记得有一天慈教授到我家来，和我讨论了半天，探讨究竟是进口集成电路还是在中科院 109 厂继续研制。我向他建言，根据 030 机和 151 机的经验，大规模集成电路，特别是存储器，一定要从国外进口，否则很难完成任务。因为当时国内绝无生产大规模集成存储器的可能，而此时也绝不允许巨型机再使用过时的磁芯存储器了。我说如果要等 109 厂的集成电路来做巨型机，我们真有可能跟你去坐牢了。”

正在此时，总参三部 56 研究所的张效祥所长从国外访问归来。张效祥是我国著名计算机专家，非常关心慈云桂主持研制的巨型机。当他得知慈云桂组织人员研制集成电路时，就在电话中焦急地说：“慈教授，我国的基础工业太弱，集成电路芯片估计五年内也研制不出来。最近我从国外回来路过香港，看到这些东西在地摊上都能买到，一块钱一个，而且性能非常好。直接买不就行了，干吗还要自己研制？根本没有这个必要。”

张效祥的一席话终于使慈云桂下定决心，立即向张震寰副主任汇报，并试探性地提出能否引进部分关键元器件的想法。张震寰明确回答：“如果国内不赶趟，元件可以进口。工程上急需的就进口。要实事求是，争取时间，争分夺秒。以后你们需要什么东西，什么时候要，像这次一样要多通气，多汇报。”这一回答让慈云桂十分高兴，立即中止集成电路研制，花了很大精力做集成电路组人员的思想工作。

国防科委迅速成立了采购机构，派出多路人马赴国外和境外采购关键元器件和外围机：迟景春等被派到美国，黄克勋、崔承前等通过香港采购集成电路芯片，苏克、唐遇鹤、陈立杰等赴香港购买外围机。

在国防科委机关直接指挥和国家海关总署、广州军区大力协助下，他们很快想办法购买了一批集成电路芯片、3 套配有大磁盘和相关接口的小型计算机及打印机。为了切实掌握所购计算机软件特别是接口部分，派去的同志想办法从国外请专家陆续到香港讲课，直到技术人员学懂弄通为止，时间持续了约三个月。引进的小型计算机不仅解决了外围机问题，其先进的软件系统和界面还对巨型机软件系统开发提供了借鉴。

慈云桂把此研制方式总结为：买国外和境外能买到的东西，做外国人不卖给我们的东西。多年后，陆靖回忆这段经历时还深有感触地说：“由于当时改革开放在国内刚刚开始，受到‘文化大革命’的影响，上上下下思想还比较僵化，从国外进口大规模集成电路和外设是要冒很大风险的。这在当时是一个思想上的战略性大转变！事后慈教授花了很大气力做集成电路组人员的思想工作，中止了 109 厂的研制。这些同志为了大局，中断了多年的研究工作，放弃了个人将来立功受奖的机会，确实难能可贵。这也正是‘银河’人为了国家利益不计个人得失的表现。元件和设备的进口也不是一帆风顺的，一些设备由香港运进时，还发生过类似惊险电影里的情节，依赖国家动员了内外有关力量，才化险为夷。”

在改革开放的时代背景下，张震寰和慈云桂审时度势，解放思想，大胆创新，不怕被人骂为“洋奴哲学”，决心走自主创新为主、引进吸收为辅的高质量巨型机研制之路，不仅为巨型机研制赢得了时间，保证了质量和进度，而且极大地降低了研制经费，也对改革开放后我国卫星、导弹及其他尖端技术的发展起到示范作用。

第二，攻克巨型机硬件设计和模型机难关。

“785 工程”上马后，许多业内人士包括参与研制的科研人员十分担心，巨型机系统十分复杂，慈云桂领导的这个小研究所能否设计出来？就算设计出来了，能不能生产出来？因此研制模型机就显得十分关键，以检验设计的正确性和生产工艺的可行性。

为了给巨型机硬件设计、逻辑设计、实现技术与生产工艺等提供经验，遵照国防科委张震寰副主任“首先要抓好模型机研制”的指示，1979 年 4 月 6 日，国防科技大学召开了“785 工程”模型机战前动员大会，150 多人参加了会议。以这次会议为起点，慈云桂带领科研人员立即投入紧张的模拟计算、实验测试和理论分析，开始模型机研制。这项工作由计算机系兼研究所副主任王振青负责。

研制工作一开始，科研人员就碰到主频上不去的难题。当时巨型机的体系结构是参照 CRAY－I 设计的，CRAY－I 的主频是 80 兆赫，速度是每秒 8000 万个浮点结果（约相当于每秒 2 亿 4000 万次），而他们经论证后主频只能达到 20 兆赫，实现不了每秒 4000 万个浮点结果，浮点运算速度根本无法达到每秒 1 亿次。

为了解决这一难题，设计人员苦思冥想，寝食难安。一天半夜，硬件总体组张德芳突然联想到《红楼梦》中王熙凤管家的办法，兴奋不已，半夜三点立即起床写下了方案。第二天一试，效果出奇的好。张德芳运用“登记与插队”技术，采用双向量阵列流水结构，变“一路纵队”为“多路纵队”，使运算速度提高了一倍，解决了指令链接问题，圆满解决了这一问题。这一新颖设计后来获得国家发明二等奖。

这一创新技术在成倍提升运算速度的同时，也使设计变得十分复杂，难度成倍增加，尤其是周兴铭、张德芳和杨晓东负责的巨型机的大脑和心脏——运算控制器、指令控制器和存储控制器的设计难度更大。科研人员每前进一步都如履薄冰，如临深渊。他们夜以继日，不断讨论修改，终于在 1980 年春完成了设计任务。

采用双向量阵列流水结构后，容易引起访问存储体冲突，科研人员又遇到无法保证双向量数据流量连续性的难题。慈云桂受 BSP 计算机启发，创造性地提出了素数模存储体交叉访问的构想。杨晓东最初对素数模的妙处理解并不很深，通过与慈云桂、陈福接、王兵山、吴泉源等多人讨论，互相启发，搞清了它的原理，并导出了素数模等效模数公式，找到了素数模地址变换的快速简易算法，设计了地址变换硬件实现逻辑，实现了模 31 和模 17 的无冲突访问存储系统，圆满解决了这一难题。模 31 虽然比模 32 仅少了 1/32 元器件，速度却提高了 40%；模 17 比模 16 只增加了 1/16 的元器件，速度却提高了 50%。

慈云桂十分重视从工程实践中提炼理论。1981 年，他指示杨晓东就此撰写了《An Analysis of A New Memory System For Conflict - free Access》《A Fast Division Technique For Constant Divisors》两篇学术论文，分别发表在《中国科学》1983 年第 2 期和 1984 年第 9 期上，还在国际并行处理会议上作了大会报告，论文收录在《国际并行处理会议论文集》中，当时在国内外引起轰动。外国同行惊讶地说：中国人在数学上太有天赋了。这两篇论文也是这两年国防科技大学仅有的EI检索论文。

运算的高速度是巨型机的重要标志，稳定性和可靠性是巨型机立足的基础。周兴铭带领运控组科研人员，翻阅了许多文献，经过理论分析、比较和积极探索，由年轻人张民选提出了新的浮点倒数近似迭代算法，相关科研人员进一步设计了加法流水线和乘法流水线，解决了指令相关问题，提高了并行度，实现了功能部件全流水化和复合流水线技术。

美国的CRAY-Ⅰ采用的是ECL存储器，容量小，功耗大。为了提高存储器的容量和减小功耗，陈福接带领存储系统室科研人员经过精心设计和施工，在国际上首次采用（比美国早一个月）容量大、速度快的MOS电路存储器，首创了“多模块、近联接”方案，成功做出16兆字节、存取时间为400纳秒的主存储器，且具有纠一位错、报多位错的容错能力，接着又研究出可纠多位错的容错技术，圆满完成主机存储系统设计任务。

巨型机有300多块插件板，每块插件板采用10层印制板高密度组装电路元件结构工艺，一块印制板有几十万条互连线，需打几万个导孔，精度要求非常高。若采用手工操作，不仅效率低而且质量难以保证，没有自动化设计工具和自动化生产设备，将严重影响“785工程”模型机和整机的研制进度。为了提高信号传输速度，慈云桂从巨型机研制和生产战略发展高度考虑，决定组织一支自动化技术队伍，负责巨型机的设计自动化和生产自动化设备及系统的研制，并安排王振青主管此事。

1978年9月，自动化组成立，李思昆任组长。后来决定成立人工智能与自动化研究室，李思昆任主任。开始他们计划走引进的路，但为此需耗资120多万美元，引进周期至少一年半，这势必影响巨型机的研制进度。慈云桂和王振青当即决定，坚持走自主研制的路，同时做好引进自动化设备调研。李思昆带领贺汉根、李仁德、桑建云、崔承前、沈青等科研人员与广州第一机床厂团结协作，提出先进而切实的技术方案后，在时间紧、任务重、人手少的情况下，带领科研人员团结协作，日夜加班，终于在七个月内按时间节点研制成功印制板自动照相设备，一年半内研制成功印制板自动钻孔设备和自动测试设备，在巨型机研制过程中发挥了很大作用。

李思昆后来回忆说："面对高难度技术，我们从不喊难；活多人少，我们从不叫苦，以高度的责任心和自信心，团结奋战。为了确保研制进度，全室人员经常在计算机工厂自动照相室连续昼夜奋战，晚上累了就在机房木地板上躺一会儿，饿了就派人回家做一盆面条大家吃。当时没有奖金，也没有夜班费，天天就这样坚持，保证了'银河-Ⅰ'样机多层印制板按期生产。慈教授多次鼓励我，鼓励多少次我都记不清了。"1982年，多层印制板导通自动测试设备和自动照相设备分别获国防科工委科技进步一等奖和二等奖。

李思昆继续回忆说："'银河-Ⅰ'巨型机鉴定结束后，1984年初，慈教授找我谈话说：设计自动化一定要搞上去！在目前改革开放形势下，CAD要走引进、消化、吸收、创新的发展路线，你们室做个引进CAD设备的计划，我帮你落实经费。事后慈主任和我及系设备器材科科长董三友一起到北京，在国防科工委机关跑了一天就办完引进设备审批手续，落实经费500万元，为后来研制'银河-Ⅱ'巨型机CAD系统奠定了基础。"

彭心炯为了研究制定主机信号传输规则，将仅有的一本《MECL SYSTEM DESIGN HANDBOOK》完整地抄了一遍，整整抄了10个笔记本，从而弄清了ECL（MECL10K）电路原理，带领电路组科研人员圆满完成这一任务。同时，他带领科研人员利用废旧器材自制了测试、老化设备，对大量组件进行老化测试筛选，保证了巨型机研制的急需。这些创造性的工作对保证巨型机可靠性起了重要作用。

耿惠民带领电源室科研人员，完成了主机电源系统的研制，采用了交流稳压、整流直接供电的低压大电流供电技术。

史庆余带领结构工艺室科研人员，完成了主机机架结构设计，研制了平行短风路均匀送风的风冷散热系统，解决了高密度组装散热问题。

科研人员攻克模型机难关（1979年）

计算机工厂在姚庆模政委、江郁文副厂长带领下，边筹建工厂边试生产，建立了七层印制插件板、六层印制底板、集成电路组件焊接和插座焊接、底板绕接等新的生产工艺，建成了巨型机生产线。

1980年1月，经过近一年的奋战，巨型机研制中的有关理论和技术难题基本解决，相当于巨型机主机七分之一的模型机研制生产成功。在生产组装模型机过程中，科技人员夜以继日地工作，平时也好，考机也好，半个多月睡在机房是常事，有的工人几个月不回家，有的人三次推迟婚期，大家心里只有一个目标，就是保证高质量地完成这项光荣任务。王振青因成绩突出荣立三等功，成为巨型机研制过程中唯一两次立功的。

3月，国防科委在长沙召开了“785工程”模型机研制情况汇报会（即“803会议”），张震寰在会上充分肯定他们一年来的努力，认为“模型机的研制成功，使我们取得了经验，初步形成了巨型机发展技术路线，为研制整机系统奠定了可靠基础”。国防科技大学张文峰副校长在会上说：“模型机的研制成功，起到了稳定人心的作用，回答了巨型机能不能搞出来的问题。”

第三，全方位协作开发巨型机软件系统。

计算机主要由硬件和软件组成，它们好比鸟之两翼，缺一不可。如果把计算机硬件比作人体的骨骼和肌肉，那么计算机软件则是大脑和神经。硬件系统再先进，如果软件系统落后，计算机的潜力是无法发挥出来的。然而当时我国计算机行业普遍对软件技术的重要性认识不足，存在着“欺软怕硬”现象，软件水平与西方国家相比差距很大。

为了解决这个问题，确保巨型机软件质量，根据国际上计算机软件系统迅猛发展的动向和国内薄弱的现实，慈云桂决定把主机与软件共同列为主攻方向，立即启动软件开发工作，并亲自抓软件开发。开始他兼任软件总体组组长，陈火旺、孟庆余担任副组长。陈火旺重点负责FORTRAN（YHFT）语言，孟庆余负责操作系统（YHOS），吴明霞负责汇编语言（YHAL），陈立杰负责外围机软件。同时任命孟庆余为软件研究室主任，让他挑起重担。后来由计算机系兼研究所副主任陈火旺担任软件总体组组长。

1978年7月，国防科委在长沙召开“785工程”软件协作会议（即“787会议”），七机部、二机部、国防科技大学、湖南师范学院、湖南大学、武汉大学、复旦大学以及用户等十多家单位代表参加了这次会议。张震寰在动员中明确指出：“软件系统对巨型机十分重要，绝不能搞‘瓜菜代’，要下大力气解决。‘欺软怕硬’是要受历史惩罚的。”决定软件研究队伍以本所软件科研骨干为基本力量，又从学校其他系选调了20多名软件人才，同时联合兄弟院校及用户，积极开展全方位软件开发大协作。

面对巨大的像“天书”一样的软件开发任务，张震寰、慈云桂和陈火旺研究后，决定在全国率先采用软件工程化方法规范软件开发，制定了软件工程规范，对系统、应用和控制软件采用结构化程序设计。

从1979年8月至1983年6月，陈火旺带领孟庆余、陈立杰、吴泉源、吴明霞等一百多人组成的庞大的软件开发队伍，以“把脑袋别在裤腰带上”的拼命精神，长年累月超负荷工作，成功开发出200万行巨型机系统软件：功能齐全、使用方便、可扩充性强的分布式操作系统和批处理系统；根据巨型机特点，采用FORTRAN-77标准文本，采用三级优化技术的向量FORTRAN语言（YHFT），可进行向量运算扩充并配有向量识别器，增强了向量识别能力；能描述巨型机全部机器指令，发挥程序员编程技巧，充分发挥巨型机优势，实现程序高效运行的YHAL汇编语言；建立了80类292个模块数学子程序库以及多级诊断系统。

巨型机具有超乎普通计算机的海量存储器，差别至少是一二个数量级，其操作系统 YHOS 研制过程中遇到了许多重大挑战。孟庆余等在设计中采用了“内嵌式测试”（Built-In Testing，BIT），也就是今天外国专家所说的“软件的易测试性设计，即是在软件的设计和编码中考虑测试性问题”，在内核部分已为软件测试保留了足够的信息。面对并行 128 道程序的庞大系统，为了体现“快速吞吐”，当时不少人主张加强对磁盘的读写排队。但孟庆余认为：快，要以可靠为基础。当时他提出可靠的闭环执行法，简单地说就是在发出一个写操作命令后，要等写操作执行完，且给出一个正确的写后响应后，才能最后确认该写操作已被正确执行完，在此基础上进行写操作的复合。这一技术方案，虽然很多人反对，但孟庆余仍坚持一定要这样设计和实现。此后这一创新成为全系统调试和测试的一个撒手锏。后来发现，美国 CRAY－1S（CRAY－Ⅰ的改进型）上也采取了类似的措施。可以说，在这一点上我们走在了美国人前面。

陈立杰、孟庆余领导开发了外围机系统软件，设计了主机通信接口软件，成功解决了磁带数据快速输入难题。

1980 年下半年，齐治昌被陈火旺从教学岗位调去，参加 FORTRAN 编译器的研究开发工作。他与软件组全体科研人员日夜奋战，于 1982 年底完成编译器开发任务后，又回到教学岗位，担任软件教研室主任。

1981 年 7 月，素有“火炉”之称的长沙闷热难耐，软件开发进入最艰苦的攻关阶段。为了排除干扰，慈云桂通过国防科大 785 办公室苏克主任联系协调，在湖南省委的支持帮助下，把软件开发人员集中到韶山“滴水洞”别墅，进行了 40 多天的闭门攻关。“滴水洞”是六十年代专为毛泽东主席回家乡修建的住所，到八十年代中期才逐步开始对外开放，据说这是首次对外接待。其间，慈云桂代表学校领导看望大家，并带去陈火旺被批准到国外考察的消息。到了周末，大家鼓动他和陈火旺请客。慈云桂身上一般不带多少钱，他想啤酒便宜，就抢先说“我买啤酒”，陈火旺说“那我买白酒”。结果由于天热，大家喝了许多啤酒，白酒却没怎么动，慈云桂开玩笑说“亏大了，亏大了”。多年后，这段插曲一直成为大家的笑谈。可见当时干群关系多么融洽，经费管理多么严格，即使领导慰问也不能随便动用经费来改善生活。

至 1981 年下半年，经过软件总体组和全体软件参研人员的顽强拼搏，功能丰富的操作系统 YHOS、与 CRAY－Ⅰ兼容的汇编语言 YHAL、向量 FORTRAN 语言 YHFT 和两个向量识别器、数学子程序库等巨型机软件陆续开发出来，然而这些软件能不能在主机上运行就显得非常关键。

早在 1980 年，慈云桂就此组织专门讨论，有人提出等到主机生产调试完成后再进行软件调试运行，这样势必影响工程总体进度，五年内完成任务的“军令状”就要落空。会上复旦大学参与攻关的陈增荣老师提出，能否在引进的外围机上研制一台巨型机虚拟主机，模拟主机功能逐个对软件进行调试，主机研制生产和软件开发调试两不误，得到慈云桂的赞同。他将这一任务交给吴泉源完成。

吴泉源曾先后参加了 030、151 机的软件开发，为 151 机开发过一个先行控制模拟系统，又对巨型机硬件逻辑结构吃得很透，模拟主机会比较得心应手。慈云桂配给他两名新调来的教员和两名研究生，经过半年时间攻关，他们于 1981 年上半年在引进的外围机 PDP11/70 上用软件成功开发出巨型机虚拟主机“785 软件工程模拟器”，包括逻辑正确性模拟器和效能分析模拟器，得以使软件与硬件的试制生产并驾齐驱、有节奏地全面铺开。

周堤基、吴泉源等后来还设计了外围机支持诊断系统，显著加快了故障排除速度，提高了机器的可维性。

内嵌式测试、虚拟主机软件和多级诊断系统等新技术的研究开发，既提前验证了软件的正确性，优化了软件的并行执行效率，还发现了硬件的某些设计错误，大大加快了工程进度，保证了工程质量，节省了巨额经费，为巨型机按时完成任务发挥了重要作用。

1981 年 11 月底至 12 月初，中国科学院计算技术研究所等 22 个单位 24 名专家对巨型机 3 项软件、6 台设备进行技术鉴定，软件运行稳定，达到设计要求。

1982 年初，为更好地借鉴 CRAY - Ⅰ软件技术，慈云桂派朱琳、谭道远两人赴美国学习一年，了解掌握了国际上更先进的软件技术，为巨型机软件高质量开发做出了重要贡献，他俩因此都荣立二等功。到了 1985 年，慈云桂指定杨桃栏带领 6 名硕士研究生前往英国学习 FORTRAN 编译器知识，回国后仅用半年时间，他们在朱琳、谭道远带回来的技术资料基础上，成功开发出功能齐全的向量 FORTRAN 编译器 YFT77，程序长度仅相当于原来的三分之一，效率却提高了 20 倍以上，极大提高了巨型机的运行速度，受到用户的普遍欢迎。这一成果获国防科工委科技进步一等奖。同时为国防科技大学培养了一批计算机新生力量。参加这一任务的研究生杨学军，后来成为中国科学院院士，担任了国防科技大学校长；廖湘科后来成为中国工程院院士，担任了国防科技大学计算机学院院长。

第四，以“三严”作风完成巨型机生产调试。

模型机通过验收后，全面地考核了总体方案和工艺。1980 年 5 月，各项工作准备就绪，全面转入主机生产与调试工作，大家的干劲更大了。巨型机要生产大面积多层印制板，高密度组装，使用新的绕接工艺等，难度极大，国内相关工厂无力承担这一艰巨任务。慈云桂果断决定，在国防科技大学计算机工厂自己组织生产，工程实现仍然由王振青抓总。他们对工厂领导班子和工人进行了调整充实，工厂政委姚庆模改任厂长，任命冯晋才为工厂政委，黄启良负责研究所与工厂之间的联系协调，从七机部068基地调来赵德耀、付敖等技术人员充实到计算机工厂解决生产工艺问题，人工智能与自动化研究室负责研制产品测试设备，在学校招收了100名子弟，经严格培训后做焊装工人。

严把质量关，是巨型机生产的关键。在誓师动员大会上慈云桂告诉大家："生产主机不同于模型机，这是真刀真枪地干！什么叫完成任务？什么叫高质量高水平？那就是我们做出来的机器将来交给用户算题了、满意了，才算完成任务。我们做出来的机器能否经得起考验，关键就看你们的了。"

为确保巨型机主机生产质量，"785工程"领导小组成立了技术总体组、质量控制组和产品检验组，建立了严格的岗位责任制，实行全过程质量跟踪控制，把科学求实精神落实到每个环节。一个人设计，三个人审查；生产工艺自检互查，层层把关；调试时每前进一步都严格考核，每项设计、每道工序都必须有人签字负责。

巨型机主机是由7个楔形机柜构成的圆柱体，每个机柜可安装7块底板，每块底板可插入14块插件，整个机柜共插入861块插件。圆柱体中心内环即机柜后面是底板，用三扭线绕接将各插件有序地连接起来，4万多根细如棉纱的电线互相缠绕，足有10厘米厚，像一团乱麻，只要看它一眼人就眼花缭乱，一旦有错将导致整个印制板报废。

面对密密麻麻的直径0.5毫米绕接线，质量控制组副组长张德芳和组里同志对工人要求十分严格，他们小心翼翼顺藤摸瓜一根一根核对审查，工作量又大又烦琐。眼睛模糊了，就使劲揉揉，或用冷水浸一下，又爬到机器边接着干。整个生产过程中，他们查遍全机底板 2.5 万根印制板 12 万个绕线接点，由工人进行自检、复检 3 遍以上，张德芳又亲自检查 7 遍以上，层层把关。全机 861 块插件板，每块平均有 5000 多个金属化孔，全部进行了孔壁检查、孔眼导通测试和绝缘测试，创造了 200 多万个焊点无一虚焊、挂锡的奇迹。

为了按时完成这一国家重大攻关项目，慈云桂带领全体科研人员克服各种困难，以为国争光的坚定信念，五年来几乎取消了所有节假日，全力以赴扑在科研工作中。许多人常住车间机房，头痛脑热不下火线，遇到问题现场解决，拼搏精神十分感人，充分体现了高度的爱国主义、无私奉献和顽强拼搏精神。

那时大家工资都很低，又没有一分钱加班费，每天三个工作单元，早上八点到十二点，下午两点半到六点，晚上八点到十二点，星期天也很少休息，年三十晚上才放假，过个大年初一，大年初二大家都自觉跑到实验室加班去了。张震寰看到科研人员长年加班，身体吃不消，许多人病倒了，便想办法给大家争取了 3 万块钱生活补助。他们利用这点钱让食堂每晚给大家做顿夜宵，每人每晚仅能分到 6 个饺子，有的人还舍不得吃带回家留给孩子。慈云桂和许多人一样，有时来不及回家吃饭，家里人就送点稀饭馒头来。许多当年参加巨型机研制的教授回忆：那几年慈教授真是拼命，常常加班到下半夜。有一年长子慈林林从部队回长沙探亲，只见父亲早出晚归，十几天也没有与他说上几句话。天太热，他常常晚上回家冲个澡就又去加班。

1981 年夏，集成电路室王育民教员，在维护和利用自制测试和老化设备检测巨型机时，由于经常加班加点，劳累过度，突患脑溢血倒在工作岗位上而不幸去世，年仅38岁。

冲刺关头，42岁的软件研究室副主任蹇贤福副教授被确诊为肝癌晚期。住院第三天，他强忍剧烈疼痛，催促家人将科研资料搬到病房，利用每次服镇痛药后的短暂时间写写算算，直到去世的前一天，还写下了半页纸，与同事李晓梅等一起终于完成30万字的专著《并行算法》，为振兴我国计算机事业战斗到最后一息。

张德芳由于长期用眼过度，视力急剧下降，以致后来完全失明。

陈福接在一次到衡阳出差途中不慎出了车祸，当场昏迷。在治疗过程中又不慎染上乙型肝炎，以至这个“富贵病”伴随他终生。

一位女教员为了不影响晚上加班，将两个不满十岁的孩子反锁在家中，半夜回家后发现孩子东倒西歪躺在冰冷的地板上，让她心

国防科委副主任钱学森（左一）听取研制情况汇报（1981年3月）

疼得直掉眼泪。

还有计算机研究所“785 工程”办公室主任王世荣，负责器材设备采购的周堤基，研究所科研参谋龚淑芳等许多同志，为巨型机的研制成功做了大量卓有成效的工作。

1981 年 3 月，慈云桂带领庞大的科研队伍，经过一千多个日日夜夜苦战，终于高质量生产出巨型机主机。当一个个疲惫的充满胜利喜悦的科研人员和工人站在慈云桂面前，向他报告所有线路都检查 10 遍以上，保证万无一失时，慈云桂紧握着每个人的手，一连说同志们辛苦了，谢谢大家。可是他没有时间喘口气，因为后面的任务仍十分艰巨，他肩上的担子仍然很重。

5. “银河精神”光耀神州

巨型机生产完成后，还有一项非常艰巨的任务：调机。根据国内外以往调机经验，大型或巨型计算机调机至少需要半年以上，甚至两三年或更长时间。从 1982 年 1 月开始，科研人员用自己设计的一系列调试手段，仅用了 48 天，就高质量完成了主机硬件系统调试任务。这样快的调机速度是过去从没有过的，出乎科研人员的预料，破天荒创了纪录。

1982 年春节刚过，当全国人民仍然沉浸在中国女排首夺世界冠军的喜悦中时，在长沙的巨型机研制现场也传来喜讯：巨型机硬件调试完毕，标志着巨型机主体工程已经完工。国防科委主任张爱萍闻讯大喜，欣然为我国第一台亿次巨型机挥毫命名——银河。

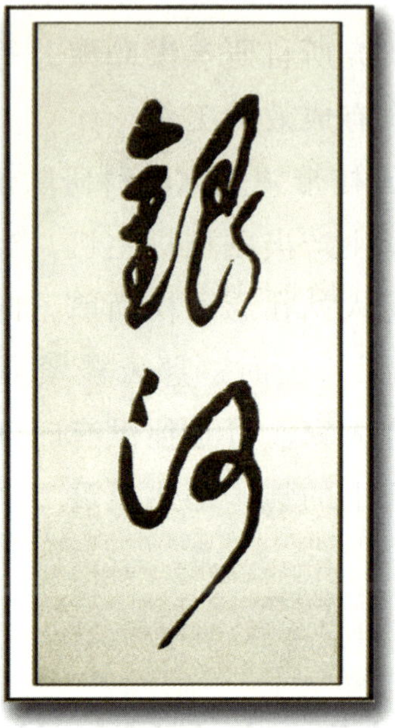

张爱萍为巨型机题名

1982 年 7 月 26 日，“785 工程”领导小组组织召开软件调试动员大会，研制工作步入最后攻坚阶段。慈云桂每天精神抖擞，从早到晚守在机房，组织最后攻关。为了配合系统软件调试和联调，宣布成立“银河”机室，由张德芳任主任。那段时间，张德芳几乎不离开机房，晚上很难睡个好觉，有时一晚上起来四五次之多。不论寒冬腊月、炎夏酷暑、风急雨骤，只要机房一来电话，他就从床上一跃而起，直奔机房。总机室的同志说“现在晚上学校电话最多的要算‘银河’机室的张主任了”。当时他心里只想着有问题必须当场解决，决不拖到明天，就是为了给巨型机研制争取时间，保证“军令状”的实现。至年底软件系统调试完毕，次年 7 月联调结束，全系统交付用户正式试算。

高兴之余，慈云桂与计算机研究所领导和“银河”巨型机主要科研骨干在一起照了张合影，以示纪念。

慈云桂（前排左4）与计算机研究所领导和部分科研骨干合影（1983年）

1983年5月13日，国防科工委在长沙成立了“‘银河’计算机国家技术鉴定组”，制定了《“银河”计算机国家技术鉴定大纲》，由国防科工委、国家计委、中国科学院、核工业部、石油工业部、电子工业部、国家气象局等29个单位95名专家和工程技术人员组成，分成7个专业组。9月6日至10日，国防科工委在长沙召开“银河”巨型机国家技术鉴定组会议，各组随即进入全面技术考核与鉴定工作，有的组还提早进入鉴定阶段。为了迎接国家考核鉴定，慈云桂对全体同志作了动员部署，做了周到的安排。至11月24日，圆满完成各项技术鉴定和测试任务。

正确性是衡量计算机最关键的指标。如果计算结果不正确，或同一个题每次计算结果不一致，那么计算机的速度再快，无疑是一堆废铁。鉴定组经过多次严格鉴定得出结论："截至9月初止，银河计算机除内部试算了500多道各类题目外，还试算了用户大型汇编题18道，标量FORTRAN题22道，向量FORTRAN题2道，其中26道题为全系统正确性考题。26道考题均先后在不同时间计算过三次，数据完全相同，结果正确，精度符合规定，达到了鉴定大纲要求。"

全系统可靠性与稳定性是衡量巨型机质量的重要指标。这一考核分两个阶段进行：1983年10月12—24日，在单道操作系统控制下，连续无故障运行289小时；11月12—29日，在多道操作系统控制下，连续无故障运行144小时。鉴定组认为："以上结果表明，'银河'计算机全系统、主机可靠性与稳定性都超过了鉴定大纲要求。"

对硬件系统的鉴定主要测试计算机运算速度是否达到设计要求。鉴定结果表明："'银河'机具有高速向量运算能力，高效题目运算速度达到并超过每秒4000万个浮点结果，相当于每秒一亿次以上；标量运算速度满足每秒500万次至1000万次的技术指标。向量速度和标量速度都达到或超过了鉴定大纲要求。"

鉴定组通过对"银河"机配置的操作系统、汇编语言、向量语言及向量识别器、数学子程序库和诊断系统考核测试后，认为"均已达到或超过了鉴定大纲要求"。

11月18日，国务院电子计算机与大规模集成电路领导小组批准成立由40名委员组成的"'银河'计算机国家鉴定委员会"。慈云桂望着矗立在一尘不染宽敞机房中的"银河"巨型机主机，再也按捺不住激动的心情，立即提笔向军委首长报喜。

11月25日和29日，中央军委副主席聂荣臻、杨尚昆分别发来热情洋溢的贺信。聂荣臻元帅的贺信写道：

国防科学技术大学：

慈云桂同志来信告我，我国第一台亿次级巨型计算机已研制成功了。这确是一件振奋人心的快事！我由衷地感到高兴，特向同志们表示热烈的祝贺！

亿次机的解决不仅为我国第二代战略武器的研制提供了有利的手段，并对其他军事部门和国民经济各部门以及科学技术事业的发展都具有重大的意义。目前在国际上能研制出亿次计算机的没有几个国家。听说你们在研制中也遇到许多理论上、技术上和工艺上的难关。但经过六年的拼搏奋斗，在有关单位的协同下，终于成功了！使我们巨型计算机的研制水平与世界最先进水平的差距大大缩短了，标志着我国计算机事业的发展进入了一个新阶段。这是很值得庆贺的事！

回忆五六十年代，我们白手起家干科学技术，凭着革命热情，凭着科学态度，硬是自己动手向这些尖端技术进军，当时我们的口号就是自力更生、奋发图强。我们的办法就是集中力量、大力协同。这就形成一股强大的动力，使我们无坚不摧、无攻不克。昨天我还看到一位日本朋友在评论中国四化前景时说：就中国人搞原子弹氢弹的成功来看，只要他们战略需要，他们就会全力投入某个部门，那就什么都能搞出来。所以他坚信我们四化建设会成功。现在你们亿次机的研制成功，正是这种精神的再现，再次证明党的方针政策的正确，也再次向那种无所作为，只想吃现成饭的懦夫懒汉当头一棒，再次向那些只知争名夺利，没有国家观念，不愿大力协同的分散主义、本位主义者当头一棒，要他猛醒。为振兴中华必须发奋图强，为祖国四化必须同心同德、集中力量。拧成一股绳在党中央国务院的领导下，把我们的重点项目一一搞上去！

我国第一台亿次级巨型计算机的验收顺利通过，在庆贺之余，希望你们进一步总结经验、改进工作、再接再厉，尽快迎头赶上世界最先进水平，为我国计算机事业的发展贡献更大的力量！

顺致

敬礼

聂荣臻

一九八三年十一月二十五日

中央军委副秘书长、国务委员兼国防部长张爱萍接到慈云桂来信后，心潮澎湃，诗兴勃发，以将军诗人的豪迈当即赋诗一首，并以他特有的狂草一挥而就：

庆祝我国亿次计算机
首创成功

亿万星辰会银河，
世人难知有几多。
神机妙算巧安排，
笑向繁星任高歌。

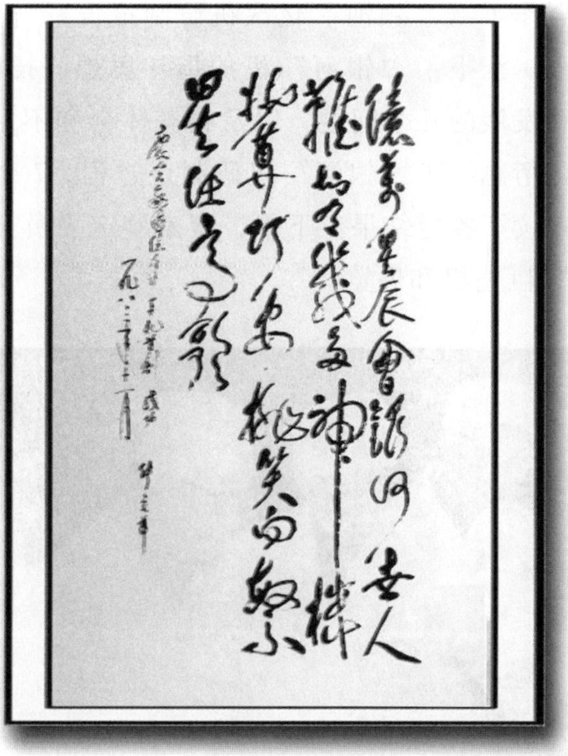

张爱萍题写的贺诗

1983 年 12 月 4—6 日，“银河”巨型机国家鉴定大会在长沙隆重召开。中共中央政治局委员、国务委员、国务院电子计算机与大规模集成电路领导小组副组长方毅，中顾委常委何长工、王首道等党和国家领导人，“两弹元勋”邓稼先，著名计算机专家阎沛霖、高庆狮等 32 名国家鉴定委员会委员以及湖南省领导等参加了鉴定大会。

12 月 4 日上午，鉴定会开幕式在国防科技大学俱乐部大礼堂隆重召开，会议由国务院电子计算机与大规模集成电路领导小组成员兼办公室主任李兆吉主持。国防科工委科技委主任张震寰致开幕词。国防科技大学副校长、“银河”巨型机技术总指挥兼总设计师慈云桂向大会作了《“银河”亿次机研制报告》，简要回顾了银河机的研制过程，汇报了“银河”机的指导思想、技术策略与途径，研制中解决和发展的几个问题，以及收获体会和不足之处。国防科技大学校长张衍总结了“银河”机研制全过程。7个分系统鉴定小组组长分别宣读了鉴定结果。下午，国家鉴定委员会委员和领导参观了“银河”巨型机和展览。

慈云桂（左3）陪同方毅（左4）视察“银河”机（1983年12月）

第二天，国家鉴定委员会和技术鉴定组分别在湖南宾馆和湘江宾馆分组进行严肃认真的讨论。

会议最后一天，李兆吉代表国务院电子计算机与大规模集成电路领导小组宣读了《“银河”计算机国家鉴定书》，鉴定结论如下：

“银河”计算机是我国自行研制的第一台亿次电子计算机系统。系统稳定可靠，软件较齐全，其主要技术指标均达到和超过了鉴定大纲的要求，具有国内先进水平，某些方面达到了国际先进水平。它的研制成功，填补了国内巨型计算机的空白，标志着我国进入了世界研制巨型机的行列。

中顾委常委何长工、王首道，国家气象局局长邹竞蒙，国防科工委副主任聂力，电子工业部科技委副主任罗沛霖，以及国家计委、核工业部、石油工业部、中国科学院和湖南省等单位领导纷纷发表了热情洋溢的讲话。何长工在讲话中激动地说：“今天我在长沙参加‘银河’机鉴定会，心头百感交集。三十年代我在红八军当军长，带领红军打长沙，今天我又在长沙庆祝‘银河’计算机制造的胜利。在这喜庆的日子里，我给同志们唱几支歌。”84 岁的何老引吭高歌，先唱了红军打长沙时唱过的一首歌，接着唱《活捉张辉瓒》，最后唱了《红军不怕远征难》，将大会引向高潮。

参加鉴定会的许多领导纷纷赋诗、题词祝贺，一位领导当场赋诗：

贺银河巨型机研制成功

天关未锁繁星落，神州妙笔绘银河。
含辛不计泥涂事，且看万方评新硕。
壮士立马岳麓顶，大将横刀意绰约。
放眼四海战犹劲，运筹莫忘汉萧何。

最后，方毅代表党中央、国务院发表了热情洋溢的讲话：“‘银河’巨型机的研制成功，填补了我国在巨型机方面的空白，使我国进入国际巨型机研制行列，标志着我国巨型机的发展进入了一个新阶段。”

鉴定会结束当晚，国防科技大学举行了一场简朴的庆祝酒会。奋斗成功后的喜悦，使慈云桂忘却了多年来连续作战的疲劳，很少喝酒的他那天也喝了不少酒，微带醉意地回家后，仍然沉浸在兴奋中的慈云桂毫无睡意，回顾这段艰苦曲折的战斗历程，一生没有被困难和痛苦压倒的他禁不住热泪盈眶，一气写下两首气势豪迈的《银河颂》：

银河亿次巨型计算机鉴定测试胜利结束，圆满完成了党中央交给的艰巨任务。回顾五年与同志们风雨同舟、忧乐与共、知难而进的战斗历程，颇饶兴趣，特书此以遣怀。

银河颂（一）

七律

银河疑是九天来，
妙算神机费剪裁。
跃马横刀多壮士，
披星载月育雄才。
精雕岂为人称誉，
细刻缘求玉琢才。
极目远穹千里外，
琼楼更上不徘徊。

银河颂（二）

浪淘沙

喜讯几回传，
笑语欢颜，
披荆斩棘勇当先。
骇浪惊涛风雨急，
事事年年。

捷报又翩翩，
银河显现，
人间碧落地连天。
妙算神机今已在，
亿境千旋。

12月22日，新华社、人民日报、解放军报、光明日报等近二十家中央媒体同时向世界宣布：中国第一台每秒钟运算一亿次以上的“银河”巨型计算机，由国防科技大学计算机研究所在长沙研制成功。它填补了我国巨型计算机的空白，标志着中国进入世界巨型计算机的研制行列。

消息一出，举国欢腾，立即成为新闻热点。当时我国正处于改革开放之初、百废待兴之际，“团结起来，振兴中华”、学习“女排精神”口号响彻神州大地。“银河”巨型机的诞生可谓恰逢其时，对于坚定改革开放路线具有重要现实意义和示范引领作用，无疑给充满希望的中国注入了一支强心剂。

贺电、贺信像雪片般飞来。在众多贺电贺信中，慈云桂最看重他的校友、清华大学计算机工程与科学系四年级学生的贺信。信是

“银河”巨型机

专门写给他的：

国防科技大学慈云桂教授：

您好！

怎么写呢？我们心中充满了对您及您所领导的研究所的老师的钦佩和感谢。作为学习计算机专业的学生，又有什么比得上听到我们自己的亿次机诞生了这样的消息更感到幸福的呢？

在您的手上，一定已有许多贺信、贺电了，比起它们来，我们这封信是微不足道的，但慈老，这是我们年轻人真诚的祝贺，是我们心中对你们老一辈学长为我们祖国做出的卓越贡献的真挚感谢。老一辈学长开创了我国的计算机事业，培养和教育了我们这辈孩子，在赶超世界先进水平的工作中，你们冲锋在前，为我们年轻学生树立了光辉典范。

我们是清华大学四年级的学生，当我们在学校、在家乡、在厂矿听到人们对我们说：人家国外如何如何，而我们国内如何如何时，我们心里憋的火该有多旺啊。当我们在国防科技大学的杂志上看到亿次机的研制消息后，我们就被它紧紧地吸引住，我们坚信它会诞生的。

它诞生了，诞生得那么快，这里充满了您及同事们的辛勤劳动，充满了您和您的同事们对祖国的一片赤诚。从你们的身上，我们得到了力量，得到了勇气。

还有一年半的时间，我们就要毕业了，无论我们是继续在学校读书，还是走上实际工作岗位，我们将用我们学习到的知识，努力奋斗，不断学习新的知识，让心中永远升腾着一个远大的目标。我们要像您那样兢兢业业，沉思着前进。如果中国的计算机事业能在我们几代人的共同奋斗中走在世界的前列，我们将感到最大的愉快。

最后，请接受一群新战士向一个老战士的敬礼！祝愿慈教授在新的研究课题中取得丰硕成果。

清华大学计算机工程与科学系四年级学生
一九八三年十二月二十五日

1984 年 2 月 1 日除夕之夜，全国人民兴高采烈地坐在电视机前收看刚刚举办第二年的春节联欢晚会。晚会举办过程中举行了猜谜活动，主持人共出了 5 个谜语，其中一个是："牛郎织女来相会，神机妙算巧安排——打 1983 年我国一项重大科研成果。"谜底是："银河"巨型计算机。

2 月 13 日，国务院科技领导小组签发［1984］国科发 01 号《关于"银河"亿次计算机研制成功的嘉奖令》，通令嘉奖国防科技大学及各协作单位参加研制"银河"亿次计算机的全体科技工作者、工人、解放军指战员和干部。

6月7日，中央军委主席邓小平签发［1984］军字第17号命令，给国防科技大学电子计算机研究所记集体一等功，称赞他们“是国防科研战线上一支勇于进取、能打硬仗的先进集体”。命令指出：“国防科技大学电子计算机研究所……认真贯彻执行十一届三中全会以来党的路线、方针和政策，在有关单位的大力支援和协助下，锐意进取，百折不挠，勇于探索，大胆创新，成功地研制出我国第一台‘银河’亿次巨型计算机，填补了我国巨型机的空白。‘银河’亿次巨型计算机，是我国目前运算速度最快，存储容量最大，功能最强的巨型计算机。它的研制成功，不仅为我国第二代战略武器的研制提供了有力的手段，而且为国防科研和国民经济以及科学技术事业的发展，提供了强大的计算工具。……”

6月28日，经中央军委批准，授予“银河”巨型机特等国防科技成果奖。

1984年10月1日，在北京天安门广场举行盛大的庆祝中华人民共和国成立35周年阅兵式和游行。游行中，北大学子在游行队伍中突然展开“小平您好”的横幅，让全国人民激动不已，画面瞬间传遍全世界……作为1983年全国十大科技成果的代表，“银河”巨型机模型彩车醒目地矗立在游行队伍中，接受党和人民的检阅。慈云桂作为先进科技工作者代表，荣幸地在金水桥畔参加了这次国庆观礼。当“银河”巨型机模型彩车在鲜花簇拥下徐徐通过天安门广场时，他激动地告诉周围人，这是我们国防科技大学研制的“银河”巨型机。当大家得知他就是总设计师时，纷纷伸出双手热情地向他表示祝贺。

10月4日，中央军委主席邓小平签发［1984］军字第25号命令，给国防科技大学慈云桂同志记二等功。命令指出：“慈云桂同志是我国第一台'银河'亿次计算机工程的总设计师。多年来，他以'拼老命也要拿下巨型机'的革命精神和坚强决心，带领全体研制人员，攻克了'银河'亿次计算机总体设计和软、硬件设计，以及生产、调试中的许多难关，为高质量、高速度地完成整个工程，做出了突出贡献。"

1985 年 1 月 17 日，国防科技大学隆重召开"银河"巨型机研制成功总结表彰大会。会上宣读了"银河"巨型机荣获中央军委特等国防科技成果奖通报。为研制"银河"巨型机做出突出贡献的胡守仁、王振青、陈火旺、陈福接、周兴铭、张德芳、孟庆余等人荣立二等功，苏克、陈立杰、周堤基、吴泉源、吴明霞、杨晓东、彭心炯、黄克勋、蹇贤福等 91 人荣立三等功。王振青、周兴铭、张德芳、彭心炯、孟庆余、吴泉源、齐治昌、李思昆等 8 人提前晋升两级技术级。

"银河"巨型机的研制成功是社会主义大协作的丰硕成果。研制过程中，航天工业部 068 基地、701 所、一院和二院计算站，核工业部九院 9 所、12 所，石油部物探局，复旦大学，武汉大学，湖南大学，湖南师范学院，湘潭大学等 30 多个单位，在各方面给予了大力支援。从航天工业部 706 所调来的 20 多名科技人员，与全体科研人员一样大力发扬顽强拼搏精神，工作非常努力，做出了很大贡献。国防科技大学全校上下给予计算机研究所以大力支持和帮助。没有各方面的关怀与支持，"银河"巨型机要在这么短的时间内研制成功是不可想象的。

作者在此不能不告诉读者，"银河"巨型机研制经费预算 2 亿元人民币，采取实报实销的经费管理办法。根据 1984 年 6 月 13 日国防科技大学向国防科工委提交的《"银河"巨型机经费执行情况报告》，"银河"巨型机实际开支 35 264 684. 49 元（其中包括引进

20台磁盘机和6个盘控共2 578 000元），给国家节约经费约1.65亿元。邓小平同志知道后非常高兴，说如果当初这个任务不给国防科技大学，恐怕经费还不够呢！

国防科工委破例奖励国防科技大学计算机研究所10万元人民币，16名主要完成者慈云桂、胡守仁、王振青、陈火旺、周兴铭、张德芳、陈福接、孟庆余、陈立杰、吴泉源、杨晓东、周堤基、彭心炯、吴明霞、黄克勋、苏克获得一等奖，每人奖金400元；74人获二等奖，每人奖金300元；100人获三等奖，每人奖金100元；还有不少人获得50元的奖励。这是慈云桂一生得到的最高奖金。

“银河”巨型机是当时我国运算速度最快，存储容量最大，功能最强的巨型计算机，填补了国内空白，不仅为我国第二代战略武器的研制提供了有力手段，而且为国防科研和国民经济以及科学技术事业的发展提供了强大的计算工具，标志着我国计算机技术发展到了一个新的水平，开创了中国超级计算机时代，进而引发中国大数据应用不断向前发展。

在此之前，由于国产计算机在稳定可靠性和可用性方面与国外同类型产品相比还有较大差距，因而许多单位专家和领导不太信任国产计算机，迷信国外产品。“银河”巨型机在稳定可靠性和可用性方面有了很大提高，经测试对比，其性能超过了美国的STAR－100巨型机，失效率比进口的PDP小型计算机还低。装备西南计算中心、石油部物探局和国防科技大学各一台后，自运行以来长期稳定可靠，故障率极低，主机平均无故障运行时间大于2000小时，每年平均交机率均在92%以上，从而改变了人们对国产计算机的印象，彻底甩掉了国产计算机不稳定的帽子。1993年6月22日，《解放军报》记者谭克扬报道：“‘银河’巨型机在石油、气象等部门应用近10年来，从未出现过因产品质量而影响工作的现象，它为我国石油工业和天气预报事业做出了杰出贡献，获得了显著的经济效益和社会效益。”

“银河”巨型机研制成功后，国防科技大学计算机研究所与石油部物勘局联合开发了“银河地震数据处理系统”，于1987年2月通过国家鉴定，获国家科技进步一等奖。

1991年12月，国防科技大学计算机系兼研究所召开第四次党代会，将三十多年来的科研经验凝练为“胸怀祖国、团结协作、志在高峰、奋勇拼搏”的“银河精神”，获得与会代表一致通过。

1993年初，由慈云桂亲手创建和培养的这支计算机科研队伍，研制成功每秒运算10亿次的“银河-Ⅱ”通用并行巨型计算机系统。当年4月，国防科技大学党委对“银河精神”予以确认，计算机系兼研究所成为全校科技创新的一面旗帜。5月25日，时任中共中央总书记、国家主席、中央军委主席江泽民题词：“攻克巨型机技术　为中华民族争光”。并签署中央军委命令，授予国防科技大学电子计算机系兼研究所“科技攻关先锋”荣誉称号。这是党和人民对这一英雄集体的最高褒奖。

“银河-Ⅱ”10亿次巨型计算机研制成功后，第一代“银河”亿次巨型机就通称为“银河-Ⅰ”。

2006年，解放军原总政治部将“银河精神”收入全军《革命精神光耀千秋》思想政治教育教材，与“井冈山精神”“长征精神”“延安精神”等43种革命精神一起，作为我党我军的优良传统和宝贵精神财富在全军弘扬。

2009年国庆节前，科技部部长万钢权威发布了中国科技事业发展60年来取得的重大科技成就，其中有：“中国第一台每秒运算一亿次以上的巨型计算机‘银河-Ⅰ’，由国防科技大学研制成功。”

“银河－Ⅰ”巨型机是在我国进入改革开放时代背景下取得的重要科研成果。如果没有党的“解放思想、实事求是”思想路线指导，没有邓小平同志的英明决策和张爱萍、张震寰等国防科委领导及机关强有力的领导与支持，就不可能有一系列打破常规的政策与举措，“银河－Ⅰ”巨型机也不可能在较短时间内高质量地研制成功。

“银河－Ⅰ”巨型机是在国防科技大学党委坚强领导和全校同志的大力支持下，慈云桂同志带领计算机研究所及兄弟单位科研人员、工人、战士艰苦奋斗、顽强拼搏所取得的重大科研成果，也是他一生取得的最辉煌科技成就。他总结说：“在中央军委和国防科工委的强有力领导下，由于我们总体方案的先进，指导思想和技术决策的正确，以及全所同志的冲天干劲，从而以惊人的研制速度取得了巨大成功，在国内外产生非常深远的影响，对我国计算机事业的发展是一个重大的促进。在研制‘银河’机过程中，我们在理论上、技术上、工艺上的十多项创造和发展，在国际上也是有所贡献的，这在我的一生中是一个辉煌的成就。”

第十一章 *Chapter 11*

调国防科工委科技委工作

二十世纪八十年代初，慈云桂以对中国计算机事业的杰出贡献，荣幸当选中国科学院学部委员（院士），在国内外同行中享有“中国巨型计算机之父”殊荣。八十年代中期调国防科工委科技委工作后，他仍像一头不知疲倦的老牛，继续为我国计算机事业发展埋头耕耘、无私奉献，创新的脚步一刻也未停止。

1. 享誉“中国巨型计算机之父”

1980 年 11 月，在巨型机攻关进入关键阶段，慈云桂荣幸当选中国科学院技术科学部学部委员。

接到通知的那天，慈云桂像往常一样，早早来到巨型机研制现场，平静地告诉大家这个消息。同事们听说后一下都兴奋起来，纷纷向他表示祝贺。此前大家既没见他填写繁杂的申报表，也没有听说经过推荐、评审和激烈的拉票过程，不仅同事们没想到，慈云桂也感到很意外。这不仅是对他数十年在计算机学科领域所做贡献的充分肯定，也是国防科技大学计算机教学科研团队全体人员的荣誉。慈云桂也成为国防科技大学自 1953 年创建以来当选“两院”院士（学部委员）的第一人。

新中国成立后的第二个月，中国科学院便宣告成立。它是中国自然科学的最高学术机构，科学技术的最高咨询机构，自然科学与高技术综合研究发展中心。1955 年，中国科学院学部成立后，选聘了第一批 172 名学部委员。这是国家在科学技术方面的最高荣誉称号，由国家最优秀的科学精英和学术权威组成。1957 年，在此基础上又增补了 18 人。时隔 22 年后的 1979 年，根据中共中央书记处指示，中国科学院学部在“文化大革命”后恢复重建。1980 年，经各单位推荐，中国科学院按照相关程序重新遴选了 282 名学部委员，慈云桂是其中两名计算机科学家之一。

中国科学院为慈云桂颁发的荣誉章和院士纪念牌

1983 年 12 月，“银河”巨型机研制成功后，在国内外引起很大反响，使中国成为世界上少数掌握巨型机技术的国家，慈云桂也在一夜之间名扬海内外，许多业内人士称他为“中国巨型计算机之父”。

1984 年春，慈云桂的长子慈林林到美国西部世界著名计算机公司 HONEYWE Ⅱ 研究部做访问学者时，就听一位来自台湾的曹博士说：“听说不久前中国大陆自行研制成功了亿次巨型机，了不起啊！世界上只有美国、日本掌握了这一技术。听说这台巨型机的总设计师是‘中国巨型计算机之父’慈云桂教授。”

慈林林听后惊讶地问道：“你是怎么知道的？”

曹博士说：“我的导师罗炳生教授与慈云桂教授是西南联大时的同学，这几年他到大陆去过几次，我听他说的。”

这是慈林林第一次听到国外同行称父亲为“中国巨型计算机之

父”，心里无比激动，既为“银河”机为祖国争了光而自豪，也为海外华人对父亲的高度评价而高兴。

1989 年春，欧洲科学家代表团来中国访问，慈云桂在北京参加了会见。其中有个荷兰科学家 Seven Ster，专门写世界计算机发展史，其他国家的资料都有了，就缺中国的。这次他来中国的目的就是收集中国计算机发展情况和中国计算机科学家的资料。

Seven Ster 教授见到慈云桂后说：“很高兴认识您，慈教授。我在中国采访了许多计算机界人士，他们都说应该采访您，称您是‘中国巨型计算机之父’，在美国时我听许多科学家也这么称呼您。请您谈谈研制计算机和您个人的情况。”

慈云桂笑着谦虚地说：“‘中国巨型计算机之父’不敢当，这种说法不好。中国发展计算机靠的是群体的力量，我最多算得上是中国最早从事计算机研究工作的科学家之一。”

作为我国计算机事业的主要开拓者之一，几十年来，慈云桂带领团队先后研制成功国内领先的四代巨型、大型、中型、小型计算机 20 多种，为我国计算机事业发展做出了巨大贡献，享誉“中国巨型计算机之父”当之无愧。

从二十世纪五十年代开始，慈云桂先后在国家和地方多个学术科研机构中担任重要职务。尤其是进入改革开放新时代，尊重知识、尊重人才蔚然成风，学术科研工作迎来大发展、大繁荣时期，国家陆续成立了众多学术机构，慈云桂以其在信息学科领域的重要贡献和学术地位，先后担任了多个重要学术职务，被国内 3 所大学聘为名誉教授，继续为发展我国信息学科和信息产业做贡献。以下是按时间顺序整理的慈云桂部分学术兼职：

中国电子学会理事、名誉会员

哈尔滨市电子学会理事长

黑龙江省电子学会理事长

湖南省电子学会理事长

中国仪器仪表学会名誉理事

中南人工智能学会名誉理事长

湖南省科技领导小组副组长

北京市软件产业学会名誉会长

国防科工委计算机顾问组组长

国务院电子振兴领导小组计算机顾问组组长

国家科学技术与发明奖评审委员会国防组委员

国务院学位委员会计算机学科学位授予权评审组委员

中国自然科学基金会计算机学科评审组委员

中国计算机学会副理事长、名誉理事

中国计算机学会新一代计算机工作组组长

中国人工智能学会顾问

中国计算机行业学会顾问

美国 IEEE 高级会员

北京理工大学、湖南大学、华中科技大学名誉教授

《中国科学》《科学通报》《中国电子学报》《计算机学报》《计算机研究与发展》学术期刊编委

《小微型计算机》杂志副主任编委

荷兰 FGCS 杂志国际编委

荷兰《国际导报》中国编委

改革开放后成立的学术机构都处于建章立制发展阶段，主要围绕如何迎接世界新的技术革命挑战、加速我国四个现代化建设，研究制定我国信息技术和信息产业的发展战略、方针政策等。这些学术机构中集中了国家信息学科领域中大部分主要学术带头人，慈云

桂充分发挥自己的聪明才智和丰富经验，认真履行职责，积极建言献策。在多次召开的国务院电子振兴领导小组计算机顾问组、国务院学位委员会计算机学科学位授予权评审组、中国计算机学会等会议上，慈云桂反复指出，在现代新兴产业群中，信息技术和产业是最重要、最活跃、影响最广泛的核心因素。因此应当把此摆到国民经济发展非常重要的位置上，以各种信息技术手段为改造传统工业服务。他认为这是一件大事，要坚决搞上去，必须采取一些超常措施加速发展，使我国信息技术和产业尽快达到先进国家水平。他的这些思想，对建立和完善我国信息技术和信息产业战略布局、方针政策、制度措施等发挥了重要作用，做出了积极贡献。

这些机构虽然属于学术性质，但权力很大，有权决定设立博士点，审核遴选博士研究生导师，确定科研成果获奖等级，以及国家自然科学基金项目资助等。南京大学徐家福教授回忆：当时有些单位为了能够成功申报博士点或申请博士研究生导师，通过各种渠道找顾问组或评审组成员，希望能够予以“关照”。对此慈教授在各种场合反复强调，作为代表国家的学术机构，一定要坚持原则，坚持标准，坚决反对“走后门”。对于找他“求助”的这些单位人员，他总是诚恳地告诉他们要在“练好内功”上下功夫，只有条件具备了自然可以评上，并为他们指出今后需要努力的方向和加强的薄弱环节，使这些找他的人心悦诚服地离开。在慈云桂的指导帮助下，许多单位经过数年努力整体学科水平上了一个台阶，达到了授予博士点标准，有力促进了人才培养和科学研究工作。

2. 宏观谋划指导计算机发展

1985 年 3 月，68 岁的慈云桂调任国防科工委科技委常任委员（副兵团职），全家迁往北京，并继续担任国防科技大学教授、博士研究生导师。

在国防科工委科技委副主任钱学森、聂力直接领导下，慈云桂担任国防科工委计算机顾问组组长，以自己多年在计算机学术科研领域的理论探索和丰富实践经验，在更高层次上为军队现代化和国民经济建设运筹帷幄，出谋划策，贡献力量。

早在 1981 年 10 月，在日本东京召开的第五代计算机国际会议上，宣布了一项第五代计算机系统研究的开发计划，并制定了“今后十年科学技术振兴政策”。该计划宣布后，在国际上引起巨大反响，许多国家为了在国际竞争中赢得先机，不惜花费巨额投资，组织大量人力与物力，把发展高技术列为国家发展战略。1983 年美国提出“战略防御倡议”（即“星球大战”计划），欧洲提出“尤里卡计划”等，对世界高技术大发展产生了一定的影响和震动。

面对这一新的技术挑战，善于洞察国际计算机发展动向的慈云桂又跃跃欲试，他那锐利的目光逐渐投向了新一代计算机。1983 年 9 月，他率团参加了在日本东京召开的“第二届第五代计算机系统国际学术会议”，对日本第五代计算机发展情况有了比较全面深入的了解，并获得一份 Prolog 语言的 C 语言解释四代码。

访日期间，慈云桂携全体团员专程到京都瞻仰了周恩来岚山诗碑，“触景生情，不胜感念，油然而生振兴中华之宏愿”，并作了两首《瞻仰周总理岚山诗碑咏怀》。其中一首写道：“雨咏岚山烁石碑，凌云壮志入诗微。触景更浓兴国愿，高风亮节永依依。”从诗中可以看出，已66岁的慈云桂依然胸怀“凌云壮志”，渴望为实现“振兴中华之宏愿”贡献力量。

慈云桂（左4）率团访问日本（1983年9月）

回国后，慈云桂以极大热情四处奔走呼吁，撰文写稿，积极宣传发展我国新一代计算机的重要性和必要性，多次向有关部门建议，尽快组织精干力量开展新一代计算机研究。至1986年，他与胡守仁在《电子学报》和“世界新的技术革命与我国对策”学术研讨会上发表了《关于加速发展国防口计算机和微电子技术，迎接世界新的技术革命的对策》《关于加速发展我国计算机技术，迎接世界新的技术革命的对策》《巨型计算机系统综述》《国外巨型计算机系统发展动向》等6篇文章。与吴泉源在《光明日报》“科学家论坛”发表了《迎接世界新一代计算机的挑战》一文，为《中国大百科全书》撰写了“新一代计算机系统”条文。同时带领他的博士研究生和中青年教师率先在逻辑程序并行和串行执行机制、数据流机、知识表示模型和知识库机等方面进行了深入研究，先后在国内外核心学术刊物和国际学术会议发表论文40余篇，取得了一系列具有国际先进水平的成果，获国防科工委科技进步一等奖3项、二等奖3项。其中2篇文章在国际学术会议上获优秀论文奖。这些文章和学术论文的发表，在国内同行中产生了重要影响，有力推动了我国新一代计算机研究。

1985年6月，新一届中国计算机学会成立，慈云桂当选副理事长，并以极大热情负责筹建了中国计算机学会新一代计算机专业组并担任组长。1987年6月，在杭州他组织召开了“人工智能与计算机”学术会议，对新一代计算机做了全面深入的研究探讨。

慈云桂与北京大学杨芙清院士、清华大学金兰教授、
北京理工大学刘明业教授（左起）在杭州（1987年6月）

基于世界科学技术的迅猛发展和对人类社会产生的巨大影响，1986 年 3 月 3 日，由中国著名科学家王大珩、王淦昌、杨嘉墀、陈芳允四人联合向中共中央提出《关于追踪世界高技术发展的建议》报告，很快得到邓小平的批示。在充分论证的基础上，党中央、国务院果断决策，于 1986 年 11 月启动实施了《高技术研究发展计划纲要》（即“863 计划”），选择对中国未来经济和社会发展有重大影响的生物技术、信息技术等 7 个领域，确立了 15 个项目作为突破重点，以追踪世界先进水平。

中国工程院院士、原总装备部科技委顾问汪成为回忆说：“根据邓小平的重要批示，在著名科学家钱学森领导下，国防科工委科技委立即邀请部分科学家进行座谈讨论。‘863 计划’最初主要是军用，后来发展到‘军民结合，以民为主’。慈云桂对此非常关心，参加了座谈讨论并积极发表意见。”在慈云桂和其他科学家的大力倡导下，国家“863 计划”设立了“信息技术领域智能计算”主题，成立了智能计算专家组。慈云桂推荐国防科技大学陈火旺教授为信息技术领域专家委员会委员，吴泉源教授为该主题专家组专家，后来王朴教授也被聘为该主题专家组专家。此后国家“863 计划”向包括国防科技大学在内的巨型机专项每年持续投入科研经费，有力支持了巨型机技术的发展。

1983 年，美国国防部研制成功了用于异构网络的 TCP/IP 协议，加利福尼亚大学伯克利分校把该协议作为其 BSD UNIX 的一部分，使其在社会上流行起来，从而诞生了真正的 Internet。慈云桂在专注于智能计算研究的同时，时刻关注计算机网络技术发展新动向。虽然我们国家迟至 1994 年 4 月才第一次接入 Internet，但八十年代中期我军特别是高技术部队就建立计算机区域网络率先进行了探索。

1986年5月，我军战略导弹部队某部在北京召开计算机网络发展规划会议。改革开放后，该部队先后引进了国外几种型号计算机，在讨论联网问题时，对下一步发展方向有两种截然不同的观点：有人提出应采用同型机联网方案，这样势必淘汰很多现有计算机；有人提出可以实现异型机联网，但技术上能否实现，理由也不充分。会议争论得很激烈。会议期间，主持会议的该部队副司令员就此专门请教了慈云桂教授。慈教授告诉他们："异型机联网是可以解决的，在技术上没有问题。美军ARPANET用的就是异型机联网，国际互联网的发展也是基于解决了异型机联网问题。"慈云桂的意见起了关键作用，该部队副司令员在会议总结时说："既然'中国巨型计算机之父'慈云桂教授说异型机联网可以实现，那一定没问题。"会议最后确定了异型机联网方案，避免了该部队在计算机网络建设之初的重大决策失误，并对其他单位的网络建设产生重要影响。后来他们圆满解决了上述问题。

1988年9月，慈云桂作为中国计算机代表团团长，第二次率团出席在日本东京召开的"第三届第五代计算机系统国际学术会议"，对国际第五代计算机技术发展有了更加全面深入的了解，也更加坚定了他推进中国新一代计算机技术发展的决心。当时国防科工委特批了3000美元用于购买人工智能方面的技术资料。为了用有限的资金购买更多的资料，慈云桂在东京同书店老板反复讨价还价，终于用很低的折扣购买了一批人工智能和智能机方面的新书。

1988年12月和1989年11月，慈云桂先后两次率团访问美国，考察了美国斯坦福大学、MCC联合风险投资公司等多家大学和计算机公司、实验室、企业和工厂，重点考察美国新一代计算机和巨型机发展情况，深感美国计算机技术发展之迅速，紧迫感油然而生。

慈云桂（左 2）率团访问美国（1988 年 12 月）

从 1988 年至 1990 年，古稀之年的慈云桂没有停下探索的脚步，总结自己和弟子们近年来的研究成果，与指导的博士研究生张晨曦、孙成政、王志英等合作出版了《Research on Frontiers in Computing》《New Generation Computing：Recent Research》《New Generation Computer Systems》三本有价值的英文专著，阐述了在新一代计算机和巨型机领域取得的重要学术成果。其中 60 万字的《Research on Frontiers in Computing》由清华大学出版社出版，西德 Springer Verlag 出版社经评审委员会认真评审，认为这本书学术价值很高，愿意以高价购买版权，列入该社出版计划，后因版权关系慈云桂未同意转让。在荷兰 North Holland 出版社出版的 50 万字的《New Generation Computing：Recent Research》，被该出版社的专家评审委员会一致评为一部高水平的科学专著。该书 1992 年获国家教育委员会优秀专著特等奖，同时获全国优秀图书一等奖。外国权威专家评价，这三本专著中关于串行和并行的逻辑推理机体系结构，并行执行模型 PSOF 以及同步数据流系统结构等创造性论述，对新一代计算机的研究做出了实质性的推动，并将对该领域的发展方向产生重大影响。

1987 年初，年过七旬的慈云桂全然不顾年迈体弱，仍雄心勃勃地与时任第二炮兵装备技术部副部长兼总工程师张翔联合发出组建“信息高技术联合研究所”的倡议，经尚法尊等人两年多的联络筹备，1989 年 4 月，由北京大学、北京航空航天大学、北京理工大学、西北工业大学等 11 家院校和科研单位参加的“信息高技术联合研究所”（United Institute of Advanced Information Technology）正式成立，慈云桂担任名誉所长。这是在慈云桂和张翔的有力推动和组织下，二十世纪八十年代末我国一次跨地区、跨部门横向科研联合的大胆尝试，一个向信息社会迈进的新事物。

1989 年 4 月 16—19 日，信息高技术联合研究所成立不久，即在清华大学召开了“新一代计算机国际学术研讨会”。会议由慈云桂主持，参加研讨会的有 8 个国家的 114 名代表，其中国外代表 16 人、国内代表 98 人，主要围绕智能计算机、脑电图诊断仪和心脏监测仪的研制等开展学术交流。

1990 年，慈云桂与荷兰阿姆斯特丹大学赫兹伯格（L. O. Hertzberger）教授合作，为荷兰未来计算机系统 FGCS 杂志主编了一期专集，收集了中国作者的 13 篇论文，进一步推进了我国新一代计算机和巨型机的学术研究，提高了我国新一代计算机和巨型机研究的国际声誉。

进入二十一世纪，智能计算技术得到长足发展，已能完成笔迹识别、面部识别、声音识别、驾驶自动汽车、自然语言处理、分析生物信息数据等非常复杂的任务。2016 年 3 月，由谷歌公司研制的人工智能系统阿尔法（AlphaGo），挑战世界围棋冠军韩国人李世石，阿尔法最终 4∶1 获胜。早在三十多年前，慈云桂带领他的博士研究生已在这一计算机前沿领域做了许多有益的探索，取得一批科研成果，为中国智能计算技术研究做出了开拓性贡献。

3. 着力推进计算机学科建设

慈云桂胸怀宽广，秉性耿直热情，乐于助人。几十年来，他为中国科学院计算技术研究所、哈尔滨工业大学、北京航空航天大学、北京理工大学、南京大学、西北工业大学、湖南大学、电子科技大学、华中科技大学、合肥工业大学、电子工业部15所等多家单位，就计算机学科专业建设、科学研究、人才培养、教师队伍建设等给予了许多热情指导帮助，经常到这些单位做学术报告，主持重点实验室检查验收和博士研究生论文答辩等，深受这些单位领导和专家的尊重。

北京理工大学ASIC研究所原所长刘明业教授回忆说：

> 慈云桂院士是中国计算机界老前辈中的“举旗人”。他献身科学的可贵精神令人十分敬佩。他对北京理工大学计算机学科所给予的关心、指导和巨大帮助，对本学科的发展产生深远而重要的意义。
>
> 早在二十世纪六十年代初，我在哈尔滨工业大学任教期间，常去军事工程学院工字楼礼堂听报告，就在那时结识了慈老。1961年秋天，慈老率中国计算机代表团去英国考察归来

做报告。听了慈老的报告我受益极大，专门就“弹上惯性导航数字积分机”课题中的某些难题请教慈老。他热情地予以回答，还将整理出的一份出国考察报告赠送给我。几家热心于研究数字积分机的同行都和慈老关系密切，经常取得这位前辈的指导帮助。

1963 年 7 月，国防科委无线电专业教材委员会在成都电讯工程学院开会，将解算装置专业的“数字积分机”课程列入四年（1963—1966 年）教材规划，并将其编审任务直接下达给我所在的北京工业学院。编写过程中，我得到审阅人慈老多次热心帮助，特别是初审时，对内容的精选和不妥之处他都一一指正。在慈老的热情指导下，我按期完成编写任务。

1985 年，慈老调到北京工作，不久受聘为北京理工大学名誉教授。那时我们常去国防科委向慈老请教，他总是平易近人，坦诚相助，非常耐心且热情地回应我们。慈老在百忙中常来学校，对计算机学科发展和建设给予了很多指导帮助。记得有一次，受学校领导委托，我随慈老和计算机系主任等外出考察调研，先到上海参加了华东计算所的一项成果鉴定会，然后慈老应邀去南京大学做“新一代计算机体系结构”学术报告。报告很长，内容很新，也很深。会场鸦雀无声，大家聚精会神地听，许多人还边听边做笔记。回到北京后不久，他又在北京理工大学做了这个学术报告，大家听后都感到收获很大。

有一次慈老来北理工，系里安排他结合参观实验室指导科研工作。当他到 EDA 实验室看到我演示的“由表征硬件结构的连线表自动生成逻辑图”后说：“这个工作不容易，在国外很受重视，并且发展也很快。”这番话给了我极大的鼓舞，也坚定了我们要把 EDA 这块硬骨头啃下来的决心。

1990年，慈老受北理工领导委托，指导学校计算机应用博士点的申报工作，在十分困难的情况下，提出“分两步走”的策略，帮助我们克服了困难，渡过了难关，顺利获得全国第五批计算机应用博士授权点，使我们迅速跻身国内同行前列。

慈老对北理工计算机学科建设、科研工作、教师队伍成长等做了很多具体的指导帮助，贡献很大。朱校长和马副校长说，慈老生前对北理工计算机学科建设给予了很多关心、支持和帮助，对我们学校今后的发展具有重要意义。

1965年，441B晶体管计算机研制成功后，慈云桂在我国计算机界就有些名气了。中国科学院计算技术研究所派人专程学习慈云桂他们总结的通过挤压法制造微型磁芯的经验。慈云桂受聘担任了四机部15所技术顾问，专程到该所介绍了441B机研制情况和经验，使他们受到很大启发。该所王惠通处长回忆说：“慈教授关心更多的是国家层面计算机如何发展，如中大规模集成电路技术发展路线等。在提高计算机稳定性方面他给我们做了一些指导，介绍的怎样选择晶体管的方法很管用，对我们六十年代后期完成‘154工程’（研制用于原子弹的计算机）、‘1125工程’（为空军研制的百万次计算机）和‘331工程’（研制发射火箭导弹的计算机）任务有很大帮助。”

对于母校湖南大学的培养，慈云桂一直心怀感激，心系母校，关心母校发展。1970年底随学校迁到长沙后，他与母校的交往就很方便了。当时湖南大学的计算机专业（学科）刚建立不久，大部分教师是从其他专业转行的。为了尽快提高教师计算机专业水平，湖南大学多次组织教师到长沙工学院计算机研究所所在的马坡岭参观学习，慈云桂给予了热情接待和指导，多次给他们讲课，组织教员教他们如何穿磁芯，使他们受到很大启发。

二十世纪八十年代初，慈云桂受聘为湖南大学名誉教授。湖南大学何鎏藻教授回忆说：“作为湖南大学校友，慈教授对老师很尊重，对同学很友好，对后辈很关心，经常以学生身份回母校探望，做学术报告，非常平易近人。”湖南大学袁鹤龄教授回忆说：“慈云桂教授是我国计算机界的一代宗师。八十年代初，我和湖南大学几位老师参加了慈教授领导的‘785 工程’会战。与他接触后，感觉就是个普通老头，非常平易近人，毫无架子。作为湖大校友，他对母校计算机学科专业发展十分关心，经常出谋划策，慷慨支援，受到母校师生的一致称赞和尊敬。母校为有他这样优秀的学生而感到骄傲。”慈云桂去世后，作为优秀毕业生，湖南大学将他的铜像竖立在电机学院前广场，其照片和生平事迹陈列在位于岳麓书院的湖南大学校史展览中。

湖南大学慈云桂铜像

慈云桂是我国计算机界一位战略型专家，对世界计算机技术发展出现的新情况、新进展非常关注，也非常敏感。二十世纪七十年代末，美国科学家解决了大规模集成电路自动化设计这一难题。八十年代初他了解这一情况后，及时多次指导北京航空航天大学开展相关研究和教学，对该校确立符合中国特色的科研模式发挥了十分重要的作用。中国科学院院士、北京航空航天大学原校长李未教授深情回忆：

早在“文化大革命”后期，我就听说过慈先生的大名和哈尔滨军事工程学院研制的441B计算机。但我真正认识慈先生是在1983年。那一年，我从英国获博士学位后回国，在一次会议上认识了慈先生。因为他的学生们都称他为慈老，我从此也就称呼他为慈老了。

我在英国攻读博士的这段时期，大规模集成电路制造工艺日臻成熟，走向产业化，而其设计却还处在手工绘图阶段，还没有解决自动化设计的问题。1978年，美国加州理工学院由Carver Mead和Lynn Conwey两位教授领导的课题组，开发出一种超大规模集成电路和器件设计自动化软件（以下简称VLSI软件）。这个VLSI软件提供一个数据库，库中包含了设计计算机所需要的各种零部件，甚至包括处理器的电路设计方案和硅片布线图。只要使用一种高级语言，就可通过调用这个库，完成各种大规模集成电路的设计，从而大大缩短设计时间，提高设计质量。这个VLSI软件的出现，标志着计算机制造业进入了大规模集成电路时代。

1978年，爱丁堡大学派了两位教授到加州理工学院做访问学者，专门进修VLSI技术。1979年，这两位教授回到爱丁堡后就开设了 VLSI 课程。记得那时我刚到爱丁堡大学不久，看到整个计算机系的老师们都来听超大规模集成电路设计课感到很惊讶。当时听课的老师和学生把教室挤得满满的，就连窗台上都坐满了人。三年后，我的博士论文答辩时，这门课已成为爱丁堡大学计算机科学和电子工程两个系本科四年级的必修课。而使用 VLSI 技术设计一块超大规模处理器芯片也成为本科生在读期间必须完成的三大作业之一。其他两个作业，一是设计一个程序语言的编译器，二是写一个操作系统或写一个数据库系统。

爱丁堡大学师生们对 VLSI 的学习热情给我留下了深刻的印象，我也认识到它的重要性。因为 Mead 和 Convey 的集成电路设计库的教学版是开放的，所以回国时，经过爱丁堡大学同意批准，我就把这个数据库的教学版带回了北京。

回国后，在一次会议上与慈老谈及此事，他非常重视，立刻教导我说要首先把这套系统的教学版在中国运转起来。听了慈老的话，我就向北航申请经费，得到了 5000 元机时费的支持，终于使这套系统在北航的 VAX 计算机上运转了起来。后来慈老又建议我们申请国家科委的科研项目，把这套教学版改进成实用版。这是我生平第一次自己申请国家项目，得到 50 万元研制经费。这些经历使我懂得了国家各部委下发的课题，实际上就是国家对我国发展的战略需求，而北航经过努力获得了课题，也就是接受了国家任务，得到了国家的支持。根据课题目标进行科学研究，就是在为国家的战略需求服务，为国家的发展贡献力量。

慈老一直关心着这个课题的进展，后来又陆续建议我们要组织课题组，在完成科研任务的过程中培养一批科技骨干，并说这是大学的使命。以后每次见面，慈老都要嘱咐我几句，比如，要与产业界结合，把科研成果实用化；要申报国家科技进步奖，还说他要亲自推荐；等等。现在回想起来，我也正是按照慈老的指引一路走过来的。在这个过程中，我逐渐悟出了具有中国特色的大学科研和教学之道——这就是要为国家战略需求服务。现在回想起来，慈老真是引领我在科研道路上前行的一位导师。

我在北大本科学的是数学，在与北大老师与学长的交流中，我学到的搞科研的方法就是“讨论班”的形式。后来到爱丁堡大学读博，用的还是这种形式。对数学和自然科学研究与探索而言，“讨论班”的形式是一种成功的组织形式。实践证明这也是一种发挥群体创造性的科学研究方法。讨论班的特点是：自愿进退的组织规则，少而精的研究内容，教学相长的学习方法，孜孜不倦地对创新的追求。但我留学回国后又回到了北航，这是一所以理工科为主的大学，在这样的大学中如何开展科研和培养学生，我当时确实还很懵懂。而慈老的上述教导，恰恰为我指明了方向，使我懂得了怎样在服务国家战略需求的大环境中做科研的道理和方法。那几年，几乎每次开会或见面，慈老都要提醒我几句，并实际给予帮助和支持，使我顺利完成了从西方大学群体自由研究模式向国内面向国家战略需求的科研模式的转型。显而易见，后者更加符合“竞争对资源配置的决定性作用和政府对资源配置的宏观调控作用”这种中国特色的发展模式。

2002 年我被任命为北航校长，我们开始在学校里全面推行符合“国家战略需求模式”的科研项目组，取得了很好的成绩：从 2004 年到 2016 年的 12 年中，北航获得了 11 个国家技术发明或科技进步一等奖。应该说，这些成绩的取得，都与慈老早在二十世纪八十年代对我的指导和支持是分不开的。这再一次证明了慈老是引导我在人生道路上前行的一位导师。

慈云桂虽然离开了国防科技大学领导岗位和科研一线，仍时刻关注着学校建设发展，尤其对计算机学科专业发展倾注了满腔热情，指导帮助他们解决了很多问题。他曾多次向计算机系兼研究所领导提出在北京成立计算机研究院的建议，并为此选好了地址。他认为这样可以方便与首都著名高校和研究机构的联系，吸引更多的优秀人才，进一步扩大学校的影响。然而由于受到多种因素制约，这一设想始终没有达成。

1990 年 3 月，“银河－Ⅱ”巨型机研制不太顺利，应国防科技大学计算机研究所邀请，慈云桂又一次也是最后一次来到计算机研究所。望着这些熟悉的脸庞和工作环境，已 73 岁高龄的慈云桂仿佛又回到那激情燃烧的岁月，浑身焕发出青春朝气。

“银河－Ⅱ”巨型机研制任务始于 1988 年 3 月，由国防科技大学计算机研究所承担。慈云桂虽已调国防科工委科技委工作，作为国防科技大学计算机学科创始人，他仍十分关心计算机研究所的建设发展，尤其对“银河－Ⅱ”巨型机研制倾注了大量心血和特殊关怀。研究所的同志们对他们的老主任十分信任，在讨论总体方案和人事安排时多次征询他的意见，又多次向他汇报研制进展情况，他也毫无保留地提出了自己的意见建议，对“银河－Ⅱ”巨型机的早期研究工作给予了许多具体指导。

这次一到长沙，慈云桂不顾旅途劳顿，立即投入紧张的工作，先后与几十名设计师和科研人员促膝谈心，了解技术和管理上的问题，及时提出解决方案，还抽空找博士生询问学习情况。每天从早到晚，总是安排得满满的。长沙风景秀丽的烈士公园近在咫尺，他也没能抽出时间陪妻子走一走。

五一前，经过近两个月的紧张工作，所有问题圆满解决，慈云桂要离开长沙了。国防科大计算机系兼研究所共青团组织抓住这一难得的机会，组织了一次“奋斗者的足迹”座谈会，邀请慈云桂与青年教师和学生座谈。

慈云桂对主持座谈会的计算机系兼研究所副主任齐治昌说：“这个题目我们大家一块儿来讲，你们也可以讲。”齐治昌说：“那不行，慈教授您是老前辈，经历的时间长，领导大家干这些工作，体会和我们不一样，只有你讲最合适。”

慈云桂结合几十年计算机教学科研实践，向这些年轻人讲述了自己如何带领科研人员攻克一个又一个难关，研制成功多种型号计算机的艰苦经历，勉励他们接过前辈的旗帜，努力学习，顽强攻关，再创佳绩，使参加座谈会的青年教师和学生深受教育。

从长沙返回北京后，慈云桂又冒着酷暑，马不停蹄地修改来自全国各地准备参加下半年在美国召开的“第二届人工智能工具国际会议”（TAI'90）的论文。他应邀作为这届国际会议的程序委员会委员，负责对中国学者的论文进行组织和严格评审。远在大洋彼岸的小儿子慈向荣期盼着父亲的到来，也在为参加会议做准备。想到能与父亲一同出席国际计算机学术会议，慈向荣心中的激动可想而知。

“老牛自知夕阳短，不用扬鞭自奋蹄。”慈云桂全然不顾古稀高龄，仍像年轻人一样全天投入工作中，却不知危险已悄悄向他逼近。

第十二章 *Chapter 12*

呕心沥血培养人才

慈云桂不仅在科研上做出重大贡献，而且是享誉国内外的教育家。自 1946 年任教起，虽然在不同学校长期担任领导职务，四十多年来他却从未离开过教学岗位，一直坚守在教学第一线，就是到 70 高龄仍为博士生讲课，其渊博的知识和高超的授课艺术深受学生欢迎。他培养的大批学生，早已成长为各单位的学术带头人和重要领导干部。

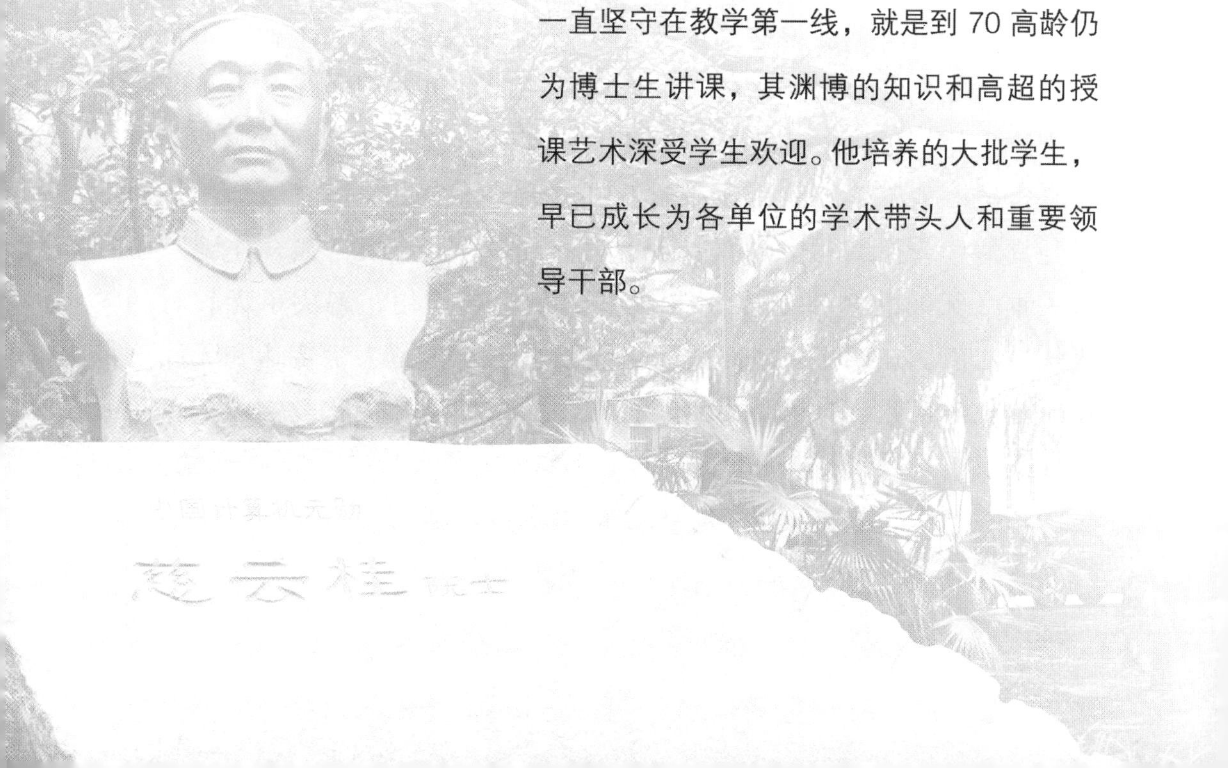

1. 三尺讲台辛勤耕耘

1945年底，慈云桂从清华大学研究生毕业后留校任教，不久便负责筹建清华大学无线电实验室。在承担实验课教学任务的同时，还负责本科生教学辅导，他曾负责过120学时大一物理课、200学时无线电课和30学时天线电波课的讨论辅导，还代替叶企孙教授讲授了120学时普通物理课和80学时无线电课，指导了两个本科生毕业论文，得到了很大锻炼。中国科学院何祚庥院士回忆说："那时我正在清华读书，慈云桂教授是我的老师。慈教授对教学认真负责、一丝不苟的态度，给我留下深刻印象。"

1950年4月，慈云桂举家出关来到大连海军学校工作，担任副教授，并先后担任一分校通讯系副主任和电讯系副主任。由于学校刚刚组建，教材十分缺乏，尤其像海军雷达这样的机密专业教材更是奇缺。他不等不靠，立即动手组织编写。经过半年日夜加班，他与周清一合作编写了两本《雷达技术讲义》，与胡克强合作编写了一本《无线电学讲义》，并铅印成册供学员使用，解决了无教材的燃眉之急。在四年多时间里，他满腔热情承担了大量雷达和无线电课程教学任务，自己动手制作了许多教学模型和电化教学设备，领导建成了颇具规模的雷达和通信实验室，多次带学生到舰艇实习，为培养新中国海军初级指挥人才做出积极贡献。

1954年11月，慈云桂奉调"哈军工"工作，首任海军工程系雷达教授会主任，不久又先后担任海军工程系和电子工程系教育副主任，分管教学工作。他凭借扎实的专业理论功底和教学实践中积累的丰富经验，始终坚守在教学第一线，承担了大量主要课程授课任务，组织编写了100多万字的教材，其中《数字积分机原理、结构与应用》一书，作为当时全国高校交换教材再版三次。

为了上好课，慈云桂不断学习新知识，扩大知识面，挤出一切时间读书。他在穿衣、吃饭等生活消费方面几乎舍不得花一分钱，可是却舍得大把花钱买书。到过慈云桂家的人都知道，他家没有什么沙发、组合柜等像样家具，唯一的财富就是满屋子的书，来的人多了不得不坐在床上。他经常出差，随身携带的包里除了必备的洗漱用具外，一定少不了书。时间对他来说非常宝贵，只有用来看书他才觉得没有浪费。

当时慈云桂家住在哈尔滨南岗，距离市中心不远。在长子慈林林童年的记忆里，爸爸从来没有陪他上过街，即使距家只有三四站电车路哈尔滨最繁华的秋林百货公司也不曾带他去过。看到别人的爸爸妈妈星期天带着孩子，穿着漂亮的衣服上街，他是多么羡慕啊！

慈林林不知道爸爸为什么那么忙，不晓得他都在忙什么。爸爸偶尔星期天有空，带他去得最多的地方就是学院内的外文书店。外文书店在学院俱乐部二楼，那里没有窗户，见不到阳光，里面都是一排一排的外文书，对于天真烂漫的孩子来说十分没意思。可是爸爸一带就把他带到那里面去，所以小时候慈林林特别不愿意跟爸爸出去。看到爸爸常常为买到一本新书而欣喜，他常感到不解，长大了才明白其中的缘由。

慈云桂的小儿子慈向荣小时候曾认真地对妈妈说：“我长大了不要当教授！”妈妈问：“为什么？”他说：“我晚上睡觉前看到爸

爸坐在书桌前看书，早晨起来还看到爸爸坐在书桌前看书，所以我长大了不要当教授。因为当教授不能睡觉。”在孩子童年的记忆里，爸爸总是在灯下苦读。

慈云桂把三尺讲台当阵地，情系学子，爱洒讲坛。黄克勋回忆说：“慈教授有个习惯，就是为了方便讲课，不管天气多冷，每次上课前他都把棉衣换掉。”只要站在讲台前，面对一双双渴求知识的目光，他就无比兴奋，充满激情。授课时他思维敏捷，逻辑严谨，紧密结合我军武器装备发展现状，经常给学员介绍一些国内外最新科研成果，上下互动，气氛活跃，效果非常好，深受学员好评。耿惠民回忆说：“1956 年 11 月，我从青岛水兵学校毕业后分配到海军工程系雷达教授会工作，全程听了慈教授讲授的 400 学时‘雷达原理’课（包括实验、实习在内）。慈教授知识面广，讲课时能够旁征博引，经常加入自己的一些理解和见闻，效果很好，学员很爱听。”

作为教授会主任和分管教学工作的系领导，慈云桂不仅自己上好课，还积极引导广大教师把教学工作搞好，多次组织开展教学方法研究交流、老教员示范演示和参观兄弟教授会教学过程展览等活动，对于缺乏教学经验的年轻教师起到十分重要的促进作用。

雷达教授会刚成立，还没有雷达实验室，慈云桂立即着手建设。这项工作他已很有经验，再建同类型实验室已是轻车熟路，从购置器材，到安装调试从苏联进口的雷达，他都严密组织，经常晚上深入实验室检查，指导年轻教员撰写实验方案和实验分析报告，常常忙得顾不上回家。

三个学校十多年的教学实践磨砺，为慈云桂积累了丰富的教学经验，组织教学日益得心应手，为以后开展计算机专业教学打下了厚实的基础。

2. 开创计算机专业人才培养

1958年，慈云桂领导研制成功901专用电子数字计算机后，在陈赓院长决策下，电子计算机学科专业随即建立。

1959年3月，军事工程学院海军工程系成立了一个临时计算机教学组织，指定胡守仁负责，由实验室的周堤基、冯永清、卢经友、耿惠民、孙兆荣，几个地方大学毕业生和未毕业学员等为基本教学队伍，开始做计算机专业教学准备工作。海军工程系四期（1956级）学员康鹏、张德芳、杨振濂、张俊科、王凤学5人提前结束专业学习，“拔青苗”留校任教。康鹏、杨振濂立即被派往清华大学进修计算机专业；张俊科被派往中国科学院计算技术研究所学习；张德芳被派往哈尔滨工业大学学习，还把该校计算机专业的教学计划复制过来做参考。

1960年2月，“哈军工”海军工程系军用计算机教研室（代号306）成立，胡守仁为负责人，具体由系副主任慈云桂领导。至此军事工程学院电子计算机专业正式建立。当月从海军部队调来的50名学员到校，先安排他们参加计算机科研实践，4月开始补习文化，经考试选拔，9月正式进入计算机专业学习，组成59级学员班，成为“哈军工”计算机专业第一期学员，从此开始了计算机专业人才培养工作。

根据中央军委对专业技术干部培养总的目标要求，结合各军兵种和科研单位的需要及计算机技术发展动向，慈云桂和胡守仁组织制定了粗线条的59级教学计划。在此基础上，他们认真学习兄弟院校经验，深入进行调查研究，充分发扬民主，使此后几年的教学计划不断完善，充分体现了少而精、短而少的方针和理论与实践紧密结合的原则，突出了主干课程教学。

1960年，中苏关系恶化，苏联撤走全部在华专家，在“哈军工”工作的苏联专家也于8月底前全部撤走。鉴于此，1961年初学院实行分建、改建，任务由主要培养常规武器的维护修理技术人才，改为培养军队急需的尖端技术研究设计人才。根据这一形势任务的变化，为了解决教师队伍的严重不足，经请示中央军委批准，军事工程学院加大了从学员中“拔青苗”的力度，先后从本校高年级学员中提前调出346人，经短期学习和实践锻炼后从事教学科研工作，还从一至八期毕业生中选留了833人补充教师和干部队伍。

从1958年至1961年，海军工程系先后分6批选拔了31名优秀在校学员，又从院内各系调来8名学员，经短期学习后充实到教师队伍。1961年和1962年，外校又分配了20名大专以上毕业生，充实到计算机教学科研岗位，教师队伍不断壮大。其中大部分人经过短期实践锻炼，很快能够独立开课和开展科研工作。

二十世纪五十年代末六十年代初，世界计算机技术正处于由电子管向晶体管的换代时期，我国计算机事业刚刚起步，国内没有现成的教材可供选用，引进国外教材也较陈旧，或不完全适用。面对这种情况，在上级党委领导下，负责教学工作的系副主任慈云桂按照开课的先后顺序和轻重缓急，及时组织力量编写教材和开课，许多刚毕业留校的学员也参加了这一工作。

1960年初，相继召回派往院外进修的人员，立即分配他们进行备课，编写教材，准备讲课。张俊科后来回忆说：“当时的计算机专业课没有像现在这样多和深。为了给学生上课，胡守仁主任给大家分配任务，张德芳讲运算器、控制器；孙毅君、王凤学讲存储器；杨振濂讲外部设备；我讲转换；还有讲程序设计的。没有教材就自己编写，当时的口号是：边干边学，在战斗中成长。这些口号还真是起作用，青年人敢闯敢干，没用几个月时间，教材就编写出来了。对我来说，从学炮转向学计算机，转向太大了。我接受这一任务，觉得责任重大，是开拓性的。当时没有任何中文资料，也没有老师指导。为了编写转换教材，我从图书馆找到一本俄文小册子《信息形式变换器》，将它翻译出来，反复阅读，将转换器的分类及原理基本弄清楚了，又收集了一些英文具体典型的转换器资料作补充，最终编写出 30 多万字的油印教材。”

经过几年的努力，慈云桂组织大家先后编写完成了《电子数字积分机》《电子数字计算机原理与部件》《脉冲技术》《电子数字计算机原理》《计算方法与程序设计》《模数和数模转换》等 11 种铅印教材，编写完成《自动调节原理》《军用机技术》《数字计算机与程序设计》《精密机械装置》《放大电路》等 23 种油印教材，满足了教学需要。

1960 年 6 月，“哈军工”海军工程系五期（1957 级）学员周兴铭、孙毅君、冯昭逢等 11 人提前结束专业学习，被慈云桂召集到教室进行动员。他对这些学员说：“901 计算机研制成功后，在全国引起了很大反响。根据陈赓院长指示，计算机专业成立后师资力量严重不足，系党委决定选出你们 11 个优秀学员，从现在开始改学计算机专业，以充实计算机教学科研队伍。希望同学们努力学习，严格要求，扎实工作，培养严谨的科研作风，遇到问题时要百折不挠，顽强拼搏。”

动员会后，这批学员组成 57 – 323 班，集中学习计算机专业。

当时他们主要以英国人布斯夫妇写的薄薄的一本计算机书为教材。半个多世纪后，周兴铭对此仍记忆犹新："慈云桂、柳克俊经常以讲座形式给我们讲课，他们在讲台上胸有成竹、侃侃而谈、采用启发式教学的神态，让我们这些学员十分钦佩。"结束半年多的学习后，这些学员全部被分配到901任务组，成为计算机专业教学科研的新生力量。

7月，从清华大学、吉林大学等高校选调了一批大学二年级学生来到海军工程系，组成58级学员班，攻读电子计算机专业。杨晓东就是其中之一，他后来回忆说："学习期间，对我影响最大的老师莫过于慈云桂教授。我曾是他讲授的'数字积分机原理、结构与应用'课程的课代表，因此与他有更多的接触和交流。当时，由于班上的同学来自不同专业，理论基础差异较大，要大家都能学好这门重点课程有太大难度。慈教授针对这一情况，特为一些学员补教必要的基础理论，并在学员中组织互帮小组，对学习困难的学生进行帮助。在大家的共同努力下，最终都通过了考试并取得了较好成绩。慈教授这种从事业出发、以身作则和依靠群众的工作作风，一直贯彻在他指挥的一系列重大科研项目中，并形成了我们的特色。"

1961年8月8日，经中央军委批准，军事工程学院以空军工程系、海军工程系中的电子工程专业为基础，组建了电子工程系，主任杜鸣柯，政委赵阳，副主任慈云桂、张杰，副政委李廉泉。与此同时，海军工程系在901研制组基础上成立了海军导弹指挥仪系统教研室。这两支队伍肩负着学院电子计算机专业教学科研工作，初步形成了比较完整的计算机专业教学科研体系。

电子工程系成立了电子计算机教研室。教研室成立之初，就分为教学、科研两部分，胡守仁、陈亚希为电子计算机教研室副主任；后来胡守仁担任教研室主任。慈云桂要求他们在狠抓教学的同时，继续开展科学研究，他说："教员通过科研实践，能够更好地掌握计算机科学技术，使教学内容能及时反映计算机科学技术实际及其发展趋势，课程讲授更加生动活泼、重点突出，并为学员的实验提供支持，从而提高教学质量；而教学工作为科学研究提供了理论准备、开展探索与预研以及后备力量等方面的支援，两者相互促进，相得益彰。"从而较早在全国高校走开教学与科研相结合培养人才的新路。

为了提高人才培养质量，慈云桂和教研室领导狠抓教学和教书育人工作，突出抓住讲课、辅导答疑、实验、实习、课程设计和毕业设计等各个教学环节。1962 年后教研室指派青年教师担任各学员班的兼职辅导教师，介绍学习方法，协助学员队做好思想工作，

慈云桂指导学员实习（1963 年）

培养学员全面发展。同时，慈云桂十分重视教学经验交流、教学方法研究和教学改革工作，狠抓试讲环节，多次组织教学观摩，注意收集学员反馈意见，使教学质量不断提高。

从 1959 年至 1966 年 4 月电子计算机系成立，“哈军工”在校计算机专业本科学员 368 名，毕业三期 192 名，为全军部队培养输送了一批又红又专的国防科学技术人才。慈云桂和计算机教研室的同志们为此付出了大量心血，做出了重要贡献。从 1966 年 6 月开始，由于“文化大革命”运动影响，学院教学活动全部中止，并从当年起停止招生。

时隔 7 年后的 1972 年，遵照毛主席“七二一指示”和全国教育工作会议精神，全国有关大专院校开始招收具有两年以上实践经验，初中以上文化程度的工人、农民、解放军指战员、技术人员和下乡知识青年，学制三年。新的招生办法学员无须进行入学考试，而由群众推荐、领导批准和学校复审。

当时长沙工学院电子计算机研究所设在长沙市东郊马坡岭原湖南省农机校旧址，条件很差，水电都无法保证，科研任务又十分繁重，许多教师常年出差在外，同时也没有教室和实验室等基本教学条件。在这样条件极其艰苦的情况下，慈云桂要求大家克服一切困难，积极创造条件，坚决完成人才培养任务。经研究指定俞克曜主管教学工作，又从科研任务组抽出几个教员进行备课和编写教材，同时在院内申请了 340 平方米的教室、实验室和宿舍。负责教学的同志还到北京多所大专院校参观学习，根据计算机研究所实际制订出教学计划。

1972 年 3 月，“文革”期间首批（1972 级）96 名计算机专业学员入校，经过到韶山野营拉练、入学教育后，4 月开始补习文化，9 月都顺利进入本科阶段学习。为了培养好这些文化基础参差不齐的学生，教师们加班加点整理出通俗易懂的讲义和教材 20 多种，经常备课至深夜，并用深入浅出的语言讲课，便于他们接受和自学。慈云桂经常与教学组研究教材建设、授课方法等，经常深入教室听课，与学生们交流，听取他们对教学工作的意见建议。这些学生经过两年文化学习，根据当时“开门办学”要求，慈云桂安排他们到北京 738 厂、江西九江 458 厂、上海无线电 13 厂等地实习，以科研带教学，促进理论与实践的结合。在 738 厂生产调试 151 机时，慈云桂要求科研人员在工棚内给学员讲课，带领学员测试插件板。回到学校后，他又要求科研人员更正规地给学员上课。这批学员毕业后有的在“远望一号”上从事 151 计算机的维护使用，发挥了很好的作用。

虽然在此期间人才培养工作经常受到“反右倾回潮”运动、“批林批孔”运动等“左”倾思想冲击和干扰，但慈云桂麾下计算机研究所的教师们时刻不忘党的教诲和我军优良传统，仍任劳任怨地为人才培养而忘我工作，保证了人才培养质量。1972 年至 1976 年，长沙工学院计算机研究所共招收 4 期 284 名计算机专业学生，经三年学习后毕业 283 名。这批毕业生到工作单位后，都在各自工作岗位上做出了一定成绩，成为本单位的骨干。

3. “把教学搞得同科研一样好”

粉碎“四人帮”后的1977年冬，中断了十一年之久的高考制度得以恢复，中国由此重新迎来了尊重知识、尊重人才的春天。这是“文革”后拨乱反正的一件大事，也是国防科技大学办学的新起点。为了保证人才培养质量，国防科技大学党委根据中共中央指示精神，明确提出要把学校工作的重点转移到教学和科研方面，彻底改变“文化大革命”以来不敢突出教学科研的不正常局面，各系组织大量教学经验丰富的教师在教学一线讲课，千方百计提高教学质量。

为了适应这一新形势，由慈云桂任主任的长沙工学院电子计算机系（研究所）党委决定建立计算机硬件及应用、计算机软件两个教研室，主要从事教学工作。为此从科研岗位抽调了一批科研骨干加强教学力量，齐治昌是其中之一。当时齐治昌等中青年教员对此还有一些想法，觉得以前一直在搞科研，比较顺手，如今搞教学得从头学起，加上“文革”期间“上管改”（工农兵学员上大学、管大学、用毛泽东思想改造大学）的影响，心里多少有些不痛快。

一天晚上，齐治昌和其他教员正在办公室备课，慈云桂来到办公室，大家马上围拢过来。慈云桂语重心长地对他们说：“这些年，我们研究所的科研搞得不错，人家说我们是中国计算机界‘四小龙’（指国防科大计算机研究所、中科院计算所、四机部 15 所和 32 所）中的‘小日本’，但我们的教学不行，不但在校外没名气，在校内人家都说我们不会上课。所以系党委下决心抽调一批骨干，加强教学工作，就是要把教学搞得同科研一样好。”慈云桂很会做思想工作，说得这些年轻人心里的疙瘩一下就解开了。

齐治昌后来回忆说：“听了慈主任的话，当时年轻，觉得党委这么信任，既然这个事这么重要，那就好好干吧。从此以后，我们就开始认认真真上课了。一开始，俞咸宜副教授带着我们到处去听课，我还听过汪浩政委的课，看看人家怎么讲，然后把国外大学的教学计划拿来，看看都开些什么课。这一看哪，那我们的差距就很大了，很多课的名称我们都没听过，什么离散数学、数据结构、数据库、人工智能等，这些课内容是什么我们没学过也没见过。当时我们就到新华书店找影印教材，到北京图书馆复印教材，许多老师又参加教育部举办的教师培训班，这样一回生二回熟，几遍下来以后水平就提高了。所以我认为，慈教授作为系主任，这个决策是很正确的。”

国防科技大学计算机系（研究所）先后组织教师到清华、北大、上海交大、复旦等十多所院校考查调研，吸收国内外先进经验，确定了以培养本科生为主，积极培养研究生的目标，制订了符合自身特点的教学计划，选用和自编了多部教材，身为副校长的慈云桂亲自参加教材编写提纲的审阅。在认真总结教学科研经验的基础上，计算机系写出十几本教材，有几本还被全国一两百所高校采用，在全国产生了比较大的影响。同时他们积极开展学术交流，利用每年暑假组织课程教学研讨会，邀请全国的授课老师参加。这些措施有效推动了课程建设和改革，提高了教师的授课水平，扩大了学校计算机教育在国内外的影响，也为研究生课程建设和培养创造了条件。

国防科技大学三位副校长：慈云桂、曹鹤荪、
周明鸂（左起）研究教学（1980 年）

1977 级和 1978 级是恢复高考后最初两批本科生。在巨型机紧张研制的 1980 年，慈云桂仍明确向科研人员提出“科研要同教学结合，否则都提不高。亿次机的资料，可以给学员讲”。这些学员中很多人为了“785 工程”会战放弃了考研机会，其中 30 多名学员随“银河”巨型机分配到中国工程物理研究院西南计算中心工作，一干就是三十多年，对“银河”巨型机的应用维护发挥了重要作用，受到了国防科委和中国工程物理研究院领导的好评。

经过十多年的教学实践，国防科技大学计算机系兼研究所取得了一系列高水平教学成果：1989 年，在第一届国家优秀教学成果评奖中，“坚持教学、科研、生产三结合，促进计算机学科建设”荣获国家级优秀教学成果特等奖，“建设富有特色计算机学科教材体系”获军队教学成果一等奖；1993 年，在第二届国家优秀教学成果评奖中，“加强计算机学科建设，主动适应军队建设需要”获国家级优秀教学成果一等奖；1997 年，在第三届国家优秀教学成果评奖中，“计算机科学与技术一级学科建设模式研究与实践”获国家优秀教学成果二等奖和军队优秀教学成果一等奖。教学工作跻身全国高等院校前列，并逐步与国际接轨，实现了慈云桂提出的“把教学搞得同科研一样好”的目标。

1999 年，国防科技大学在原电子计算机系兼研究所基础上改建为计算机学院，自 1981 年慈云桂领军在全国首批获得博士学位授予权开始，逐步形成以“计算机科学与技术”一级学科为核心，以工学为主，理工结合的学科布局，先后建立了 9 个二级学科博士点、10 个二级学科硕士点。

“计算机系统结构”成为国家首批重点学科，“计算机软件与理论”和“计算机应用技术”相继成为国家重点学科，“计算机科学与技术”成为国家首批一级重点学科，“微电子学与固体电子学”成为国家重点培育学科。在 2002 年、2006 年、2012 年 3 次全国一级学科整体水平评估中，“计算机科学与技术”排名 1 次第一、2 次第二，“软件工程”1 次排名第一。

“计算机体系结构”“软件工程”“编译原理”“计算机网络”“计算机原理”和“操作系统”6 门课程被评为“国家级精品课程”。拥有“计算机科学与技术”“网络工程”2 个国家级教学团队，“高性能计算”“高性能微处理器技术”“网络技术”“基础软件”4 个教育部创新团队。被评为“全军人才培养先进单位”。

逐渐形成了以高性能计算为龙头，超大规模集成电路设计、国产基础软件、网络与信息安全、大数据与云计算等重点科研方向协调发展的局面，先后自主研制出以“银河”系列巨型计算机和仿真计算机、“天河一号”“天河二号”超级计算机系统、“银河玉衡”核心路由器、“银河飞腾”系列高性能 CPU 和 DSP 芯片、“银河麒麟”操作系统等为代表的多项重大科研成果，获部委级科技进步三等奖以上奖励共 500 多项。2013 年 6 月 13 日，习近平主席为“天河二号”超级计算机系统研制成功批示：“天河二号超级计算机系统研制成功，标志着我国在超级计算机领域已走在世界前列。我对这一成绩的取得表示热烈的祝贺！向参加系统研制任务的全体同志致以诚挚的问候！希望你们总结经验，再接再厉，坚持以我为主，勇于自主创新，不断强化前沿技术研究，为推动我国科技进步、建设创新型国家作出更大贡献。”

至此，慈云桂教授一手创建起来的军事工程学院 - 国防科技大学计算机学科专业，迈入世界先进行列。

4. 集中精力培养研究生

二十世纪五六十年代，慈云桂先后招收了4名研究生，是“哈军工”首批研究生导师。“文化大革命”开始后，研究生培养工作中断。党的十一届三中全会后，我国教育科研战线经过拨乱反正、平反冤假错案，各项工作逐步走上正轨，研究生培养工作开始恢复。

1981年1月1日，《中华人民共和国学位条例》正式施行。这是我国第一个学位条例。学位条例规范了学科，按学科授予学位，明确了学士、硕士、博士的培养目标和规格，提出了学位授予单位和导师的条件和审批办法。学位条例的颁布将人才培养任务扩展为本科生、硕士生和博士生三个层次。

11月3日，国务院公布了第一批博士学位授予权单位和指导教师名单，国防科技大学“固体力学”“空气动力学”“计算机组织与系统结构”和“自动控制”4个学科专业获首批博士学位授予权，指导教师分别是周明瀓、曹鹤荪、慈云桂、张良起。慈云桂成为国防科大“计算机组织与系统结构”学科专业第一个博士研究生导师。

慈云桂是个非常有战略远见的科学家和教育家。国家学位条例颁布后，他就预感到大规模招收研究生时代即将到来。虽然“银河”巨型机攻关激战正酣，他仍高度重视研究生培养工作，要求国防科大计算机系机关从当年开始，把国务院学位委员会的《公报》订到每个研究室，连一些大家认为与教学关系不大的研究室也发了。他要求科研人员在科技攻关的同时，认真总结科研成果给研究生上课，用科研成果不断充实教学内容，研究生课程门类也随科研发展而有所增加和更新，许多兄弟院校和研究所闻讯后还派研究生专程听课，如四川什邡56所就派研究生听“计算机器件与设备”专业课。1982年，一批教师晋升为副教授后，慈云桂要求他们在已有学位授予权限范围内开始招收研究生。

1983年12月，“银河－Ⅰ”巨型机研制成功后，慈云桂就把主要精力用在培养指导研究生上。作为导师，他在学业上对学生要求非常严格，规定博士研究生要在国际、国内核心刊物发表3～5篇论文，特别鼓励和强调创新精神。他治学严谨，对学生的每一篇论文、每一本书稿，都亲自研读，对其中的问题，哪怕是文字、标点错误都一一认真修改。他学风民主，鼓励学生进行学术探讨和交流，大胆提出个人的见解和主张。他不主张毫无意义的争吵，而主张踏踏实实地坐下来进行深入研究，然后用研究成果来说明问题。在专业研究方向上，他能站到学科前沿去选择那些最有意义、最有前途的课题，并把握住研究方向，表现出非凡的智慧和才能。

慈云桂的博士研究生，现任厦门市市委常委、政法委书记李伟华回忆说：“慈老师对学生要求非常严格，学生最初发表的论文都要求不署他的名字，以免学生因他的名气而‘沾光’。我读博士不久，正赶上‘八九动乱’，他要求学生少关心社会上的事，安心做研究。‘六四’前夕我正好在北京，许多人上街参加游行，他要求学生待在宾馆里不要出来。他对学科前沿非常了解，经常给学生一些英文资料。根据学生特点，注重因材施教，实施个性化培养。他特别强调牺牲奉献精神，经常强调做学问、搞科研要实实在在，他推荐的专家都是实干型的。我硕士毕业后就结婚了，给慈老师送喜糖时受到了他的批评。他说搞科研很辛苦，包括家属在内都要有牺牲奉献精神，还说准备跟我家属谈一下，强调这方面的要求。”

慈云桂不仅是学生的严师，而且是学生的慈父。他除了在学业上严格要求外，在各个方面都十分关心学生的成长。当他的学生碰到一些思想和生活上的困扰或不快时，他总是像慈父般耐心和他们促膝谈心，用自己的坷坎经历去开导鼓励他们，使他们振作起来，重新努力学习工作，令他的学生至今记忆犹新，感激不已。慈云桂指导的博士研究生，后获荷兰阿姆斯特丹大学计算机科学博士，现在新加坡南洋理工大学工作的孙成政教授回忆说：“慈老师不但是我学术上的导师，也是教我做人的良师益友。慈老师对学生在学术上悉心指导，高标准、严要求；在生活上关怀备至，百忙中亲自过问和帮助解决学生的各种困难；在思想品德上严格要求并言传身教。慈老师的思想和风格对我产生了深远的影响。”

慈云桂指导的硕士和博士、曾任国防科技大学计算机学院副院长的王志英回忆说：“慈老师虚怀若谷，胸怀宽广，具有高尚的人格魅力。他既是一个知识渊博、眼光高远的师长，又是一位慈祥可爱的长辈。看到我婚后与爱人两地分居，慈老师十分关心，主动想办法把她调了过来。在我读博士期间，慈老师调到了北京，不管工作多忙，他都会通过电话和信件与我保持联系，在学术上悉心指导，在做人上谆谆教诲。至今，我还珍藏着他给我的 8 封信件。”

1985 年 1 月 30 日，经国务院、中央军委批准，国防科技大学研究生院正式成立。这是全国重点大学中首批试办的 22 个研究生院之一，也是军队院校中唯一建立的研究生院。从此，国防科技大学研究生教育得到迅速发展。

在慈云桂的引导与督促下，经过数年努力，国防科技大学“计算机科学与技术”学科得到迅速发展。1986 年，国务院学位委员会规定的“计算机科学与技术”一级学科下的 5 个二级学科“计算科学理论”“计算机软件”“计算组织与系统结构”“计算机器件与设备”“计算机应用”，国防科大计算机系兼研究所均有硕士学位授予权，其中“计算机组织与系统结构”和“计算机软件”两个学科具有博士学位授予权。这是继中科院计算技术研究所之后，全国第二个“计算机科学与技术”二级学科齐全的学科点。

慈云桂在家中伏案工作（1986 年）

1987 年，人事部批准设立了第一批博士后科研流动站，慈云桂担任导师的国防科技大学计算机科学技术博士后科研流动站，是全国计算机学科首批 3 个博士后科研流动站之一。1988 年 8 月，以慈云桂教授为领军人物的国防科技大学“计算机组织与体系结构”学科，被教育部评为全国第一批 5 个重点学科之一。

从二十世纪五十年代开始，慈云桂共培养了 10 名博士、20 多名硕士。他的学生不管是在国内还是在国外，都在各自的工作岗位上做出了重要贡献。他们中不乏中国工程院和科学院院士、将军、教授、研究员及高级领导干部，其中多人担任博士生导师，多人荣获全国全军优秀教师、有突出贡献的中青年专家称号，获国家科技进步奖，享受国务院政府特殊津贴。他的首批博士张晨曦，由于在研究智能计算方面成绩突出，在国内外发表多篇有较大影响的论文，受到国外同行关注，后来成为国防科技大学最年轻的教授。李良良博士毕业后出国深造，现为华为公司驻欧洲总管。

慈云桂和王志英（1985 年）

王志英充满感情地回忆说："在我这一生中，慈老师是我所认识的人里对我影响最大、感动和教育最多的人。他给我树立了一生踏实做人、潜心搞科研、勤奋做学问的榜样。慈老师喜欢在非常宽松的学术环境下指导学生。他会尽量为我们准备充分的条件，让我们发挥主观能动性。比如我作硕士论文时，‘银河－Ⅰ’刚研制成功，还处在鉴定阶段，尚未正式投入运行，我们就成为第一批使用者，在‘银河－Ⅰ’上作论文。我读博士时，IBM PC 刚刚问世，比较昂贵，慈老师毫不犹豫地为我们购买，全力支持我们搞科研。1985 年，为了了解国际上最新的学术动态和发展，慈老师派我到美国参加系统结构国际会议，接触国际前沿。在我读博士的第一学期，他把我送到湖南师范学院外语系与英国皇家文化委员会合办的高校英语教师培训班里进修了四个月，使我的外语能力有了很大提升，为后来的写作、交流打下非常好的基础。慈老师对学生的指导深入而细致，经常找我们详细了解课程学习、工程调试、论文进展等情况。我写的文章，他逐字逐句修改，连标点符号都不放过。当我们在学术和科研上遇到难题时，他会适时给我们提供线索，点拨我们准确地把握学科前沿，从而更好地解决问题。慈老师的工作很忙，年岁已高的他还给我们开课。其中一门课是‘计算机系统结构前沿’，他亲自给我们找资料，带我们读资料，并组织我们一起讨论，探索当时最新的学科动态。正是因为有慈老师的悉心指导和培育，我们的学术水平才较快地达到国际前沿水平。”

第十三章 *Chapter 13*

高尚风范励后人

慈云桂在旧中国经历过贫穷、饥饿和战乱，深切感到没有强大的祖国就没有科学家的用武之地，因而时时处处站在国家战略高度谋划计算机技术发展，以为国争光的坚定信念勇攀高峰，把一生奉献给了中国计算机事业，直到生命的最后一刻。他身上体现的中华民族传统美德和老一代科学家的优秀品质，深深影响和感染着身边的每一个人。

1. 胸怀祖国赤心不改

慈云桂出生在黑暗的旧中国，经历了国家遭受屈辱的年代，对“落后就要挨打”有深切的体会，具有强烈的爱国主义思想和民族自尊心。几十年来，他把热爱祖国、为国争光思想转化为实际行动，只要国家有计算机研制任务，不管技术要求多高、困难多大、时间多紧，他总是积极争取承担，并十分注意用爱国主义和艰苦奋斗优良传统教育年轻人，经常鼓励他们要有事业心，要努力学习和工作，要不怕困难、勇挑重担。

1990 年 3 月，慈云桂在一篇回忆文章中写道：

我生长于半殖民地半封建的旧中国，深恨列强侵略，特别是日军穷凶极恶，残酷进犯。我逃亡在外八年之久，目睹无数人民惨遭杀害，义愤填膺，经常宣传抗日救国，培育了深厚的民族感情和十分强烈的爱国主义思想。由于我出生于贫苦的农村，自幼感受农民的疾苦。在工作中我常常想到国家兴亡，匹夫有责，我们每天所花费的都是穷苦劳动人民的血汗，必须克己奉公，全心全意为人民服务，为国家富强出力，为中华民族争光。长期以来，在学习、教学、科研和工作中，我时时都受到这种潜在的爱国爱民、加速四化建设、为国争光等思想的支配。这几年，我刻苦撰写英文著作，就是要为中国人争一口气。

从这段话我们可以清楚地看出，强烈的爱国主义思想是激发慈云桂立下科学救国志，孕育他勤奋工作、耕耘事业，从而换发持久不衰火热激情的最大源泉。他深知爱国不是一句空洞的口号，必须落实在行动中。远大的理想绝不可能在自我成才的狭隘天地中实现，只有把自己的理想与奔涌不息的历史潮流联系起来，与祖国建设的伟大事业联系起来，与国家和军队建设的紧迫需要联系起来，按照时代指引的方向，寓个人理想于伟大祖国复兴的梦想中，才能最大限度地实现个人理想。

新中国成立不久，慈云桂积极响应党的号召，毅然放弃在清华大学成名成家的机会，举家出关来到条件艰苦的大连参加新中国海军院校建设。当成立不久的军事工程学院急需雷达教员时，他又毫不犹豫地来到哈尔滨，满腔热忱地投入雷达专业教学。当他目睹我海军装备十分落后的现状时，又急军队之所急，一头扎进电子计算机这个崭新的学术科研领域，在国内所有单位走仿制道路时，他带领年轻人自主研制成功中国第一台电子管专用计算机，给当时我国计算机界以巨大鼓舞和信心，充分证明外国人能做到的，中国人一样可以做到。

在我国计算机技术发展的每个重要阶段，慈云桂都以科学家的战略眼光，站在国家利益高度思考问题，建言献策，超前谋划我国新一代计算机发展，不怕别人说三道四，不怕冒政治风险，即便“文化大革命”中被关在“牛棚”里受到非人折磨，他也一刻没有停止对这一问题的思考。

1971 年 1 月，慈云桂担任长沙工学院电子计算机研究所主要负责人后，便将他酝酿已久的计算机学科专业长远发展思路立即付诸实施。当时按照精简机构、加强基层原则，长沙工学院管理体制改为“院 - 大队 - 教研室”三级，将系改为大队这个不伦不类的名称，既不符合学科发展规律，又为对外联络增加了困难。慈云桂遵循高等教育办学规律，决定对外称电子计算机研究所，得到学院默认。今天看来这个小小的举动是天经地义的事，但在当时极左思想占统治地位的形势下是要冒很大风险的，它不仅从名称上确定了单位属性，在实际工作中也按照教学科研相结合的思路培养人才，开创了教学科研为中心的新局面。1978年，邓小平同志在全国教育工作会议上提出，有条件的高等学校要办成既是教育中心又是科研中心的要求，而这一做法慈云桂在7年前就开始实践了。

从哈尔滨工程学院计算机系成立开始，一直是按任务纵向划分教研室，分为901、441C、441B、09、030、718等室，每个室都"五脏俱全"，从搞任务来讲比较方便，却都是"工程队"，也形成了一些小"山头"。慈云桂访问过许多西方知名大学，深知这种"小农意识"思想指导下形成的大而全的做法，不符合现代高等教育规律，不利于学科专业长远发展。他经过认真动员和深入细致的思想工作，将他们全部打乱，按专业实施重组，分为总体、运控、存储、外围、结构、软件等6个研究室，使同类型的人才集中到一起，便于学术研究和集中力量攻克难题，同时将"文化大革命"中形成的一些小"山头"也一下铲平了。一开始许多人还很不习惯，经过一段时间的磨合，证明这种划分是十分科学的，与1978年钱学森提出国防科技大学按学科设系的思想是一致的，为计算机学科专业发展奠定了基础。

在长沙马坡岭那样艰苦条件下，慈云桂心里仍装着如何发展我国高性能计算机事业。他认为从战略布局和长远来看，研制大型计算机是今后的主要任务，而要研制大型计算机没有过硬的元器件不行，特别是大家背着设计图纸找厂家吃了不少苦头，延误工程进度的滋味不好受，所以他极力主张建立电子计算机工厂。他的建议得到长沙工学院和国防科委的支持。1971 年春，电子计算机工厂筹备组在马坡岭成立，长沙工学院决定将院属四海机械厂三车间并入电子计算机工厂。工厂很快达到七八十人的规模，形成了科研、教学、生产三结合的体系雏形，在 151 机和此后的计算机研制中发挥了十分重要的作用。

齐治昌感慨地说："在'文化大革命'中比较困难的情况下，像这种具有前瞻性的大手笔是要冒很大风险的，不是一般人能够做到的。只有像慈云桂教授这样以国家利益为重，遵循科学研究和高等教育规律，有魄力、能拍板、敢担当的人才能做到。"

1973 年 8 月 24 日至 28 日，中国共产党第十次全国代表大会在北京召开，慈云桂荣幸当选大会代表并出席大会。作为湖南省高校系统唯一的代表，他以强烈的使命感，积极为知识分子鼓与呼，及时传递和反映三湘高校的心声。对如何把好短学制大学生推选关，如何优化培训过程，既保证学员坚持走与工农相结合的道路，又能在专业方面有扎扎实实的长进，他积极反映情况，陈述意见，献计献策，把促进年轻一代的健康成长当作高校的重大职责，当作教育工作者的根本，倾注了满腔热情。

1977 年 8 月 12 日至 18 日，慈云桂再次当选中国共产党第十一次全国代表大会代表并出席大会。在大会讨论中他发言十分踊跃，认为党中央恢复邓小平同志领导职务的英明决定，得到了全党和全国各族人民的热烈拥护，顺应了党心民意，全党欢呼，全军振奋，人民欣慰。在讨论大会政治报告时，他切身感受到"文化大革命"对党和国家造成的巨大破坏，因而和一些同志对报告中某些"左"倾观点提出批评，认为报告对"文化大革命"全盘肯定、高度赞扬是不合适的。但由于"文化大革命"造成的政治上、思想上的混乱难以在短时间内消除，在政治报告定稿时这些意见没有被接受，仍然肯定了“文化大革命”，继续坚持“无产阶级专政下继续革命理论”，坚持“以阶级斗争为纲”，从而使“文化大革命”的一些错误理论仍然延续。他对《党章》修正案把在本世纪内实现“四个现代化”重新写进总纲感到特别振奋，认为这就使全国人民有了明确的奋斗目标，也预示着科学的春天即将来临，广大知识分子将大有用武之地。他结合粉碎“四人帮”后，改善高校工作、恢复高考制度的呼声很高，为知识分子脱帽加冕的呼声很高的实际情况，大声疾呼要尊重知识、尊重人才，高度重视发挥知识分子的作用，尽快把那些受到错误批判的知识分子“解放”出来，为他们提供广阔舞台，为实现四个现代化贡献自己的聪明才智。

1977 年 9 月，在湖南省委召开的新一届党代表大会上，慈云桂当选中共湖南省委候补委员。

“文化大革命”期间，慈云桂被冠以“资产阶级反动学术权威”多次受到批判，两次被关进“牛棚”，尤其是第二次关押时受到非人折磨，差点被迫害致死。改革开放后他多次访美，到旧金山曾住在原西南联大同学、美国某大学教授罗炳生家里，可是他只字未提自己的这些遭遇。十多年后，他的三儿子慈向荣到美国留学时将父亲当年的遭遇讲给罗教授，罗教授听后十分感慨地说：“难以想象，中国第一流的科学家，竟遭到如此骇人听闻的迫害，不知他事后为什么还那样拼命工作。他曾多次到美国访问，住在我这里却只字不提这段往事……”

慈云桂是个坚定的爱国主义者，忠诚的共产党员。慈云桂明白，中国共产党在领导人民探索建设社会主义过程中，难免会走些弯路，付出一定代价。好在历史已翻开了新的一页，中国终于走上改革开放的康庄大道，他也终于可以甩开膀子大干一场了。他没有时间也没有心思沉湎于过去，他要着眼未来，把宝贵的时间用在工作上。他知道，中国只有发展了、富强了，他的那些遭遇才不会重演。

2. 崇高品德行为世范

慈云桂从小生活在一个贫苦农民家庭，深受中国传统文化教育影响，中华民族忠孝仁义、艰苦朴素、勤俭节约的传统美德在他身上得到了充分体现。他一生除追求事业上的成功，致力于教学科研外，几无其他嗜好，不抽烟，很少喝酒，在家里偶尔高兴了也喝上几杯，但从不过量。

慈云桂虽然很早就是副教授、教授了，工资收入较高，可是家里上有父母要赡养，下有 4 个子女要扶养，还有 7 个弟妹要照顾，所以家里经济一直比较拮据。他是长子，也是个大孝子，自从参加工作后，就一直承担着父母的赡养费，不管家里生活怎样，每月按时给父母寄钱雷打不动。几个妹妹在农村，家里生活也比较苦，慈云桂常常寄钱接济他们。

二十世纪五十年代，“哈军工”有许多苏联专家，经常举办舞会，许多教授穿着比较讲究，有的教授穿着很高级的皮大衣去赴会，慈云桂只有一件短呢子大衣，显得比较“寒酸”。在“哈军工”教授的孩子中，穿带补丁衣服最多的恐怕就是他家的孩子了。

孩子们看到别人家有漂亮的家具，穿着也很讲究，有时难免有些抱怨。他就对孩子们说起自己苦难的童年，说他小时候如何交不起学费，说他二弟小时候如何给人家放牛，说他三妹如何卖给人家当童养媳，使孩子们受到很大教育。

小时候因交不起学费而被学校张榜公布甚至勒令退学的事，成了慈云桂难忘的苦涩记忆。然而他一生把钱看得很淡，从来没有钱包，身上常常不带钱，为此闹出不少笑话。一些同事经常逗他请客，可是他身上经常连请一餐饭的钱都没有，有时甚至连请吃冰棍的钱都没有。他长期担任领导，从来没有用公款请过私客，就是在功成名就之后，他也严格遵守财务规定，从不乱花公家一分钱。

1988 年 10 月至 1989 年 12 月在给他的博士生王志英的几封信中，他反复强调："向科工委计划部申请的 20 万元，望你们注意管好用好，不要浪费。""牵涉到经济问题，一定要清清楚楚，按规定办事。""牵涉财务问题，手续一定要清楚，合乎制度，经得起检查，不能拖泥带水。"报销一笔前一年的经费，他特别告诉王志英："如果会计认为过时，就算了，当然应该遵守财务制度，不能勉强。"

可是如果亲戚朋友遇到了困难，慈云桂却非常乐于相助。工作后，他最爱做的一件事就是给老家的一些穷亲戚的孩子寄钱。只要谁来信说孩子交不起学费，他不管多忙，也要亲自到邮局寄上十块、二十块钱。妻子因为孩子多、负担重，常常为这些事与他争吵，他却依然我行我素，他对妻子和孩子们说："一听说谁没钱上学，我就很心酸。几块钱、十几块钱就可能拯救一个人才，也可能毁掉一个人才。"可一碰到地主富农家的孩子，妻子就坚持不让他寄。为了避免与妻子的矛盾，他常常把稿费偷偷留下来，以便应急寄给农村的孩子们。慈云桂的小儿子慈向荣七十年代到安徽老家插队时，许多人都向他讲起，上学时收到过他父亲寄来的信和钱，都表达终生难忘的感激之情，因此对慈向荣特别好。

1963年初，得知慈教授来北京出差，北京理工大学年轻教员刘明业便立刻向他请教编写教材的事。叙谈一阵后，接近中午时分，慈云桂急忙收拾东西退房。刘明业以为慈教授准备回哈尔滨了，要送他上火车。慈云桂却提着一个边角已磨损了的小皮箱说，北京的事还未办完，我去七机部招待所住，这里的费用太高。这一幕让刘明业感动不已。

七十年代初，一次慈云桂与一位讲师到北京出差，这位讲师不慎将手表丢了，很是沮丧。他家在农村，上有老下有小，老婆也是农村的，家里生活比较困难。慈云桂知道后，就拿出些钱让他重新买一块手表，这位讲师说什么也不要，慈云桂只好说“这钱算我借给你的”，他才收下。现在丢块表可能不当回事，可那个年代丢了手表简直就像丢了命一样，回家后妻子难免会与他大闹一场。当年的那位讲师到现在还很感激慈云桂。

对于各项体育活动，慈云桂都不爱参加，也不会玩，他唯一的运动就是散步。他常对孩子们说：“我是从农村出来的穷孩子，小时候上学都困难，哪有心思学那些东西。”他老家离黄山很近，每次回家看望父母，三弟慈云树都提出陪他到黄山玩一次。他总是推辞说：“现在工作忙，下次回来再去吧。”下次复下次，直到他去世，也没去过黄山。

慈云桂调到北京工作后，在北京大学当教授的二弟慈云祥见他一天到晚总是忙个不停，就提出陪他打打网球，慈云桂没表态，二弟以为他同意了，便买好了拍子和球。结果每次见面，谈话的内容除了计算机，还是计算机，网球一次也没打过。

1989年11月，中国科学院组织编写中国现代科学家传记，慈云桂入选第一集。他的撰稿人是北京理工大学刘明业。出版社有一套很严谨而规范的规定：撰文必须经被撰写人阅后认可、签字同意，而且撰稿人也必须署名承担责任。刘明业最初拿出的稿子多有溢美之词，慈云桂看后表示不同意。无奈之下刘明业只好删掉一些慈云桂认为“过头了”的语句，慈云桂看后还是不满意，只签了个“基本同意”。稿子送到出版社，责任主编张鸿林先生拒收，刘明业只好再砍，直至慈云桂认可签上“同意”才告终。

对于叔祖慈克庄对他的帮助和鼓励，慈云桂始终铭记于心。他深知“滴水之恩涌泉相报”之理，可惜叔祖很早就过世了，他无法了却此心愿。1985年初，慈云桂发电报邀请慈克庄的小儿子慈昌东携家人到长沙游玩，并把家里最珍贵的一台苏联产电子管收音机和一台留声机送给他。2015年5月笔者采访慈昌东时，他说这台收音机现在还能使用，而且音质很好。慈云桂调国防科工委工作后，1989年又邀请慈昌东偕家人到北京游玩。

慈云桂身上体现的这些中华民族的传统美德，深深教育影响着他的儿女们。四个子女在他们夫妇的教育培养下，从小都有志气、爱学习。虽然三个儿子在“文化大革命”中都上山下乡接受锻炼，打倒“四人帮”后他们抓紧补习，先后考上了大学，并且都获得硕士或博士学位，在各自工作岗位上做出了自己的贡献，成为社会的有用之材。

在长子慈林林的记忆里，从小学到高中毕业的12年里，父亲从来没有到学校参加过家长会。1968年10月，慈林林积极响应毛主席“知识青年上山下乡”号召，准备去北大荒黑龙江生产建设兵团，临行前父亲破天荒到火车站送他，并动情地对他说：“咱们家祖祖辈辈种田，你的曾祖父去世时脚上还有黄泥，到了我这一代才咬着牙念了书。现在你又去当农民了，不管怎样，到了农村再苦再累也不要忘了念书。不论干什么都离不开知识，不能只靠冲动，要为国家和人民做些贡献离不开知识……”慈林林当时是红卫兵，头脑很“热”，觉得自己是响应毛主席伟大号召去革命，父亲的思想很旧，跟不上形势。在农村几年的风风雨雨，使他渐渐明白了父亲教诲的分量。

慈林林来到黑龙江生产建设兵团在虎林县的 36 团后，一腔热血，拼命干活，处处吃苦在前，有一年麦收时还晒脱了三层皮。但当他申请入团时，组织因为他爸爸被打成“特嫌”而不批准，几次提干也被“刷”了下来。他为此很难过，想不通，渐渐转为怨恨。他给爸爸去信，流露出这种情绪。慈云桂在遭受不白之冤的情况下，给儿子去信仍鼓励他“风物长宜放眼量”，一定要相信党、相信群众。

1970 年，慈林林参军入伍，到部队后他一心想的是如何入党、提干，觉得只有这些才是人生的方向。因此政治上他特别积极，多次被评为“活学活用毛主席著作积极分子”，到处演讲、做报告，积极参加各种政治运动，不时在报上发表学习心得。父亲知道这些情况后，多次来信让他不要丢了文化，不要忽视科学知识。

1972 年，慈林林到天津出差时，碰巧父亲也来到天津电子仪器厂了解 441B－Ⅲ计算机的生产情况，百忙中父亲一定要他参观正在调试的计算机。这次参观对慈林林一生的影响是巨大的，唤起了他少年时代要成为科学家的梦想，从此改变了他的人生轨迹，并最终走上与父亲一样的道路。

慈林林毕业于北京工业学院和二炮工程学院（现火箭军工程大学），获计算机软件硕士学位，先后担任原二炮指控中心总工程师、某研究所所长、装备研究院院长，被授予少将军衔，研究员，被国防科技大学、北京理工大学、火箭军工程大学聘为博士研究生导师。

次子慈新新，1953 年 1 月生，1969 年高中毕业后来到大哥所在的黑龙江生产建设兵团，由于父亲被定为“特嫌”，一直没被兵团组织批准接收，8 个月后返城。恢复高考后考上国防科技大学计算机系，毕业后留校任教，几年后到华东计算技术研究所攻读硕士学位，毕业后在总后科学技术研究所工作，成为一名计算机高级工程师，退休后被清华同方返聘。

三子慈向荣，1956 年 12 月生，1975 年高中毕业后来到父亲家乡安徽省枞阳县麒麟公社人民大队插队落户。1978 年考入国防科技大学计算机系，获计算机专业硕士学位；1987 年赴美国明尼苏达大学攻读计算机博士学位，毕业后在美国一家 IT 公司工作。

女儿慈俊红，1963 年 12 月生，1982 年考入桂林电子工业学院（现桂林电子科技大学）电子仪器专业学习。她虽然没有选读父兄从事的计算机专业，毕业后到信息工程大学北京计算中心工作，仍然从事计算机系统的维护工作。后来她又到美国芝加哥大学攻读硕士学位，目前在美国富国银行工作。

慈云桂经常对儿女们说：“在金钱和物质上我不能给你们什么，我只能给你们指一条路，引一个方向，尽可能创造一些机会，至于能不能成功，全靠你们自己刻苦努力。”他们夫妇言传身教，管教严格，子女们都很争气，没有辜负父母的期望，在各自的工作岗位上表现都很出色。

3. 博大胸怀广纳人才

慈云桂在晚年总结自己一生为什么能事业有成，除了有股闯劲和拼搏创新精神外，还在于能够团结一批有识之士，形成团队力量。他深谙中国古人“选贤任能”“任人唯贤”“知人善用”和“用其所长”思想，从“哈军工”到国防科技大学，他始终像一块磁铁，把来自不同单位、不同专业的人才紧紧吸引在他周围，成为大家公认的能够把握专业方向，带领大家勇攀科学高峰的学术带头人。

国防科技大学计算机系兼研究所是一个集教学、科研、生产于一体的团队，每一部分人都有自己的位置，也都有自己的作用。慈云桂把眼睛盯在每一个人身上，他总说“天生汝才必有用”，让每一个人都献出自己的智慧，放出自己的光和热。这就是他的大人才观。

在每项重大科研任务的起始阶段，慈云桂不断从学校内外有关单位吸收一些人进来，刚来时这些人的心情大都忐忑不安，有着隔行如隔山的感叹，慈云桂告诉他们：“只隔小行不隔大山，大家都是从头学，我们一起干中学，战斗中成长。”他细心了解每个人的学习和实践经历，尽可能把他们放在最恰当的岗位和最优化的组合之中，许多同志很快由外行变成内行，团队也因此日益壮大。

工厂、工人常常不被看成是多么重要的一部分，慈云桂却常说："计算机工厂是研究所的重要组成部分，工人是人才队伍的一部分。在我们这个所里，工厂有自己的地位，工人有自己的岗位，研制计算机不能少了他们，他们的光和热同样驱动着闪烁的0和1。"他与研制441B计算机时一同奋战的工人彭昌贵结为好友，佩服彭昌贵对工作一丝不苟和精益求精的精神，几十年念念不忘，后将其提拔为工程师。

1979年9月，慈云桂听说蒙冤坐牢16年、被开除党籍军籍甚至被判处死刑的"哈军工"全优学员和优秀教师耿鼎发回学校落实政策，就托人给他捎信希望尽快见面。当生活窘迫的耿鼎发诚惶诚恐地敲开慈云桂副校长家的门，慈云桂和妻子琚书琴一起奔出各自的书房，像迎接海外归来的儿子，急切地想了解儿子漂泊在外所发生的一切；又像接待重病新愈的亲人，想知道亲人死里逃生的经历。耿鼎发简要介绍了自己的遭遇，却始终未提当前自己的不幸处境。不久在国防科技大学党委常委、计算机系兼研究所党委副书记慈云桂的主持下，计算机研究所党委决定接收耿鼎发来所工作。然而由于多种原因，这一决定迟迟未得到落实。

在这种情况下，慈云桂支持耿鼎发去北京向上级反映情况，他当着其他党委常委的面对耿鼎发说："我是共产党员，是计算机研究所的党委副书记，你可以向上级党组织直至中央提出申诉理由，我一定支持你到底。"随后他给了耿鼎发一封去参加某项科研成果鉴定的邀请信，临行前又再三关照说："如果找到中央有关部门，仍然解决不了问题，你就一定去找胡耀邦总书记。见不到他，你就不要回来！"在场的党委常委和同志都对慈云桂的铁骨柔肠感到由衷的敬佩。

在国防科委副主任张震寰的仗义执言和慈云桂等人的努力下，

耿鼎发终于重新穿上心爱的军装，得到了施展才华的机会，承担了大量教学科研任务，成为一名优秀教师，在国防教育科研战线上努力工作了30年，做出很大贡献。

慈云桂常说："有事做就会有人来，梧桐茂密了凤凰自然归。"这就是他的大发展观。441B晶体管通用计算机的研制成功，使"哈军工"计算机科研队伍名声大振，得到国防科委的信任，促成中国高校第一个计算机系的成立，从此科研任务接踵而至、源源不断。从1958年刚开始研制901机时的"九人小组"，到他卸任时计算机研究所的数百人，这个发展历程可称作从"小炉匠"到"国家队"。他担任计算机系兼研究所主任18年，把哈尔滨工程学院－长沙工学院－国防科技大学一个最小的系，带成全校甚至全国最大的系，全国甚至全世界知名的系。

慈云桂尊重创造、尊重知识，推崇技术民主，秉承科学没有皇帝，干大事业不能搞小作坊，搞高科技不能用师傅带徒弟的理念，大家一起干科研。这就是他的大科学观。在研制工作中，对于总体方案论证和重大问题的决策等，他总要召开会议讨论研究，以自己高瞻远瞩的见解启发大家，又能耐心听取建设性意见，最后统一思想，使大家感觉到工程任务的决策包含了自己的意见，因而能够心情舒畅、更加自觉地贯彻落实。作为一个型号的总设计师，慈云桂方方面面都有自己比较成熟的见解，有解决许多重大问题的主张，在交代工作任务的时候，作为技术建议他一一交给下属，既不技术封锁，也不技术专制。他善于组织，善于抓主要矛盾，重大攻关与群众一起干，最困难的时候亲自动手干，干中出了差错敢于承担责任。对此，部属们心服口服，心情舒畅。

慈云桂常以工程任务的重要意义教育参与研制的教员和学员，增强大家的光荣感和责任心，激发大家的拼搏精神，使带病坚持工作、日夜加班成为常事。在技术追求上，他总是鼓励大家尤其是年轻人：要"这山望着那山高"，往高处看，往远处看，不要满足已有成绩和进步；要敢想敢干，敢于承担责任，敢于做出牺牲。奉行谁高明听谁的，谁有好主意谁来干；倡导事业为上，能者先行，鼓励先进，激励队伍。他的这种"手心手背都是肉"的做法，温暖了大家的心窝，赢得了部属的爱戴。他身边的所谓"八大金刚"，个个都是研制队伍中的骨干，都能够独当一面、挑起大梁，做出了很大贡献。

二十世纪八十年代初，国防科技大学两次进行干部级别调整。从外系调来的彭心炯又单独常住北京 5 年之久，其间与慈云桂交往不多。因此他认为自己远离领导，是个"外来户"，同时认为自己有几件事没做好，慈云桂可能对自己有意见。一件事是研制"银河"巨型机期间，慈云桂准备写一本关于"银河"巨型机的书，将其中五分之一的内容分给他，他以工作忙为由没答应。另一件事是慈云桂的女儿准备考大学，希望物理系毕业的彭心炯抽空帮女儿辅导物理课，他又以工作忙为由没去。还有一件事是与慈云桂到北京出差时，感到自己服务保障搞得不太好，慈云桂可能不太满意。由于这些原因，彭心炯估计自己晋级无望。让他感到意外的是，自己与资历相当的人同时晋升了级别。不久学校评定技术职称，彭心炯在实事求是述职完后的投票时，得票刚刚过半，他找到慈云桂想做说明，慈云桂说："不要管，我心里有数！"不久他就评上了副教授。彭心炯感到慈云桂在用人上搞五湖四海，非常公道正派，公私分明，不搞厚此薄彼，大家愿意在他手下干。

研制计算机是技术，管理队伍是艺术。研制计算机讲效益，管理队伍也要讲效益，讲优化组合、各得其所、人尽其才。对每一位干部他给职、给权、给平台、给责任，放手让大家干事业。这就是慈云桂的大管理观。慈云桂根据任务的变化，认真进行人员的调整，不断优化组合。他身体力行，细致地了解每一位下属的特点，他常说："六系篮子里都是'好蛋'，每一个人都是金子。只要放在他擅长的岗位上，都是可以发光的。"他也要求其他领导和机关干部认真细致地了解每一名干部职工，要求他们知人善任，他认为能不能发光有时候不是干部自己决定的，我们各级组织在其中起着重要作用。黄克勋后来回忆说："我认为跟着慈教授做事，一个是心里踏实，他敢干、肯干，而且确实干得出来。第二个是跟着他干大家心情非常愉快，能发挥每个人的作用。他从来不说你不行，也从来没有在你面前说别人不行，他光说我着急，你就明白了，你的活还没干好，得抓紧。所以他作为计算机系的领军人物，确实无人可以替代。"

敢于承担责任，是慈云桂的一大特点；他也要求大家局部服从整体，个人服从组织。他常说，成就大事业，难免有牺牲。尤其在四代计算机研制过程中，常常是在上一代接近完成的时候下一代又开始了。为了整体利益，为了更大的事业，在工作安排、岗位调整的时候，有些同志做出了牺牲。慈云桂的可贵之处在于他心里惦记着这些牺牲者，他强调事业成功不忘牺牲者，这一点令许多人为之感动。俞午龙的事迹他常常提起，常常受感动，这或许正是他的过人之处。金士尧后来说："慈教授曾两次停掉我的科研项目，我知道这是为了更大的科研项目。我不怨他，反而还要感谢他。"

4. 生命不息奋斗不止

由于慈云桂整天忙于工作，无暇关心自己的身体，健康状况越来越差。鉴于此，1987 年 7 月，组织上安排他到北戴河疗养。望着雄伟的山海关和一望无际的大海，他心潮澎湃，诗兴大发，抒发心中的豪情壮志，不服老的心态跃然纸上：

北戴河度假书怀

红花绿树迎沧海，碧水蓝天戏白鸥。
俯仰畅游忘日落，巡回萦绕喜轻舟。
往昔仅堪秦皇难，今朝重见老龙头。
兴国宜射万里目，更新直上九重楼。

“兴国宜射万里目，更新直上九重楼。”多么豪迈的诗句！这哪里像一个 70 岁老人的心态。

1988 年 1 月 19 日，慈云桂在写给他的博士生王志英的信中说：“关于你们三人的论文摘要我才看完一本，现正加紧阅读，争取月底看一遍，我基本是满意的，就是我太忙，老开会，看得不深。”由于年纪大了，又过度劳累，他的身体每况愈下，原定到长沙参加博士生论文答辩，由于身体原因，不得不临时改在北京。1 月 27 日，他在写给王志英的另一封信中说：“我最近因为工作忙，天气

慈云桂在北戴河（1987 年夏）

变冷多次感冒，心律也受到影响，医生担心我去长沙，气候更不适应，身体可能进一步变坏，感冒可能加重，再三劝我不要去。”在这种情况下，他仍参加了博士生论文答辩，修改了两篇博士生写的英文稿论文，发表在《中国科学》上。

4 月，71 岁的慈云桂卸去国防科工委科技委常委职务，担任顾问，仍经常参加各种科研学术会议，指导博士生写论文，许多文章和报告都是他自己动手在微机上敲，每天忙得团团转。

1988 年，作为我国著名计算机科学家，慈云桂先后在 5 月、6 月和 8 月受华东计算技术研究所、华北计算技术研究所和国防科技大学热情邀请，分别参加了这三个单位成立纪念活动，并挥毫题词。

下半年，慈云桂又忙着指导博士生开展数据流机、知识库机和 Prolog 机模型的研究，修改博士生论文向《计算机学报》投稿，申

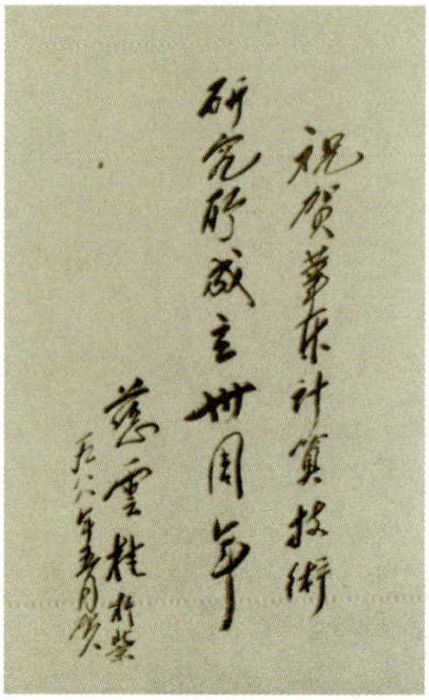

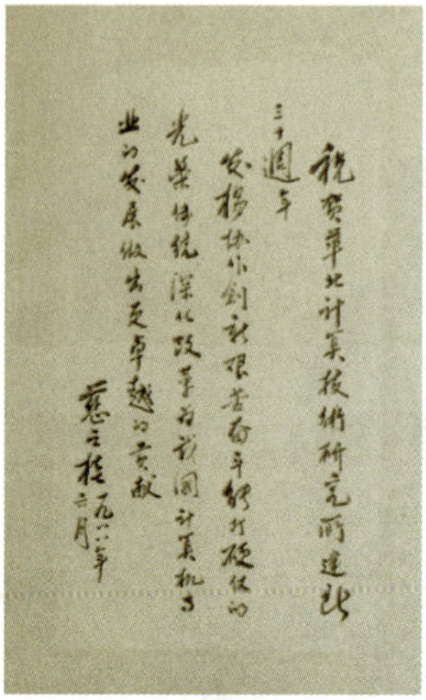

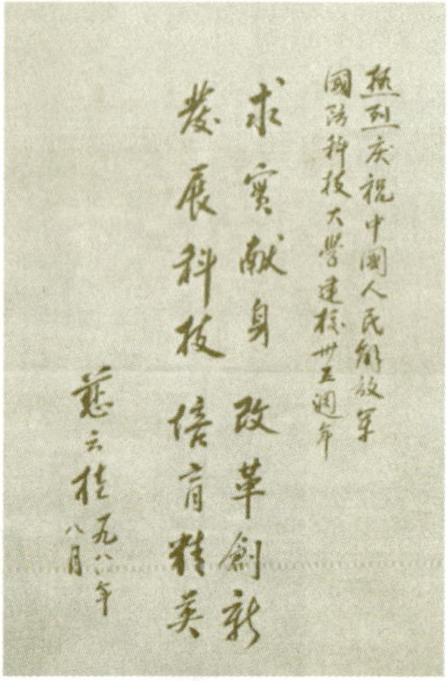

慈云桂题词

请国家自然科学基金，忙着在国外出版智能计算的英文专著。

10 月，慈云桂带领他的两个博士生又一次访问美国，主要了解第五代计算机的发展情况。回国后，他整理了几万字的“访美报告”，汇编成《新一代计算机论证》，仍然雄心勃勃地推动中国新一代计算机发展。

1989 年上半年，慈云桂积极准备下半年在上海召开的“中德双边国际学术会议”论文集。9 月，作为特邀代表，他在会上作了学术报告。11 月，他又一次也是最后一次率中国计算机代表团访问美国。回国后，他在开始准备次年下半年在美国召开的人工智能工具（TAI）第二届国际会议论文的情况下，仍念念不忘告诉他的部下和学生以事业和学业为重，勇攀高峰。12 月 29 日，他在给王志英的信中写道：“吴泉源（正在德国做高级访问学者）回国后，你们和王朴要密切合作，互相支持，要站得高，看得远，事业学问为重，努力把研究室搞好，把任务搞上去，树立一个好的学风：

‘公正、求实、献身、协作、创新’。”“望你们注意加强英语四会的学习，要持之以恒，还要提高理论水平，发挥创新性，有心得也应写些有水平的论文。研究工作要抓紧，不能松松散散。”同时设想：“李伟华（慈的博士生）已决定与你合作，杨涛（慈的博士生）将来也可考虑参加进来，再加上硕士生形成一个队伍。”

“公正、求实、献身、协作、创新”，既是慈云桂对他的部下和学生提出的要求，也是他一生为人为学的生动写照。

1990 年初，慈云桂集中精力准备人工智能工具（TAI）第二届国际会议论文。2 月 28 日，他在给王志英的信中说：“TAI 会议准备工作很紧张，国外委托我全面负责中国学者的征文、评审、录取、组团等等，来往邮电、信件频繁，北航只能帮一部分忙，我自己又忙起来了。”

6 月 30 日晚，北京理工大学刘明业教授来看望慈云桂，两人一起在总政大院后花园散步，谈来谈去就谈到博士生培养上，从把好招生关到培养计划中的课程设置、科研安排、课题选择、开题报告、论文审查及至答辩等培养的全过程，以及指导教师的作用，等等，慈云桂都坦陈己见，让刘明业受益匪浅。

7 月 12 日，慈云桂的博士生孙成政携带着在荷兰 Elsver Science 科技出版社出版的与慈云桂合著的新书，从荷兰返回北京。由于托运行李丢失，只好先电话与导师联系，待新书运到后再去探望导师。很久未与导师交谈，这次电话时间特别长。言谈中，慈云桂语重心长地叮嘱他们海外学子应以各种方式为祖国的现代化建设服务，并说他还有许多计划和设想，等以后见面时再细谈。万万没有想到，这个电话竟是他们师生间的最后一次交谈，也是孙成政最后一次聆听导师的教诲。孙成政为未能与导师见上最后一面而后悔不已。

7月14日，慈云桂在北京主持召开了国防科工委科技委“七五”计算机规划座谈会，国防科技大学计算机系副主任齐治昌参加了会议。下午五点多钟开完会后，慈云桂来到齐治昌住处，对他说：“现在清华、北航发展都很快，我一想到咱们系就着急。国防科工委系统所对面有一幢六层楼，那个楼是美国和北京市合作的一个什么项目搞不下去了，现在正好空着，咱们是不是在这儿建个点，跟系里说说，有没有可能买下两层来，将来跟系统所和北航合作，可以在北京做很多事，‘银河’机也可以搬过来，在北京也有个窗口。”

齐治昌望着满头稀疏白发、看上去比实际年龄苍老许多的慈云桂教授，被他那崇高的事业心感动着。此时慈云桂已是73岁高龄了，可他仍在谋划着国防科技大学计算机系兼研究所的发展。

7月16日，两年一次的国务院学位委员会会议在北京京西宾馆召开，北京航空航天大学的李未教授与慈云桂都在计算机科学与技术评审组，两人住对门。这天下午五点半，李未想约他一起去吃晚饭，敲门后推开一看，只见慈云桂坐在两个一米多高的文件堆中间——那都是各单位报送的申请报告。他边看材料边做笔记，脸色发白，满脸倦容。李未想劝他起来走走去吃晚饭，就说：“慈老，您是老前辈了，是中国计算机科学与技术学科的奠基人，国内哪个大学这门学科不是您看着他们发展起来的！情况都装在您脑子里了。今年国家颁布的名额又有限，只要挑几本最好的读读不就心里有数了？不用把这两座小山都读完吧？”慈云桂笑了笑说：“各个学校都尽了最大的努力，我们要尊重他们的劳动，要公平，不都读怎么对得起人家！”李未听后很受震动，一直都把他的话记在心里，以后每次遇到评审活动时就想起这些话，不敢有丝毫的怠慢。

那次会议开得确实很紧张，7月17日下午评审会就结束了。傍晚慈云桂在家看 7 点的新闻联播时，突然想起王志英正在北京出差，便拿起电话打过去，讨论如何指导他的博士生李伟华博士论文选题的事。

放下电话，慈云桂看了一会儿新闻联播，便想起身换个频道，刚从沙发上站起来，因劳累过度，心脏病突然发作，一句话没说便倒在沙发上昏迷了过去。经解放军 514 医院和 301 医院四天四夜的紧急抢救，终于回天乏术。7 月 21 日 11 时 05 分，慈云桂那颗杰出的、顽强不息的心脏永远停止了跳动，享年 73 岁。

慈云桂教授（1988 年）

1990 年 8 月 24 日下午 3 时，国防科工委在北京八宝山革命公墓礼堂隆重举行中国科学院学部委员、国防科工委科技委顾问、国防科技大学教授慈云桂遗体告别仪式。

悼念大厅正中央悬挂着慈云桂身着老式军装、身穿白色工作服的遗像——他慈祥地注视着前来吊唁的人们，上方是黑底白字的挽幛“沉痛悼念慈云桂教授”。慈云桂的遗体静静地躺在鲜花翠柏之中，身上覆盖着鲜红的中国共产党党旗。

大厅正面高高悬挂着哈尔滨工业大学送的一副长而醒目的挽联：

忆大直街楼对东西 “441B”小“磁芯”共放异彩
今导师长眠天失泰斗地失栋梁人失良师
念哈京湘地分南北 “银河系列”容错机同壮山河
现人哲其萎世逝名贤国失英杰校失益友

这幅挽联是哈尔滨工业大学两名老师连夜乘火车送到北京的。由于时间仓促，他们是买站台票上的车，几乎在火车上站了一天一夜。站在这幅挽联前，回首慈云桂一生走过的坎坷而辉煌的历程，怎能不令人发出万分感慨啊！

大厅四周摆满了花圈，党和国家领导人江泽民、聂荣臻、李铁映、刘华清、张爱萍、邹家华、方毅、周培源等，慈云桂的家人、工作过的单位和同事、学生等送了花圈。

前来吊唁的人们络绎不绝，康世恩、宋健、钱学森、张震寰、李庄、李勇等和国务院有关部委、总参、总后、有关军兵种、国防大学、国防科技大学领导及慈云桂的学生和生前好友1000多人参加了遗体告别仪式。

中央电视台新闻联播播放了“我国和世界著名计算机科学家、中国科学院学部委员、国防科工委科技委顾问、国防科技大学教授慈云桂同志不幸去世”的消息。许多人得到消息后自发前来参加悼念仪式，八宝山革命公墓礼堂内外人头攒动，挤得水泄不通。北京市公安局也没有想到，一位教授的去世，竟来了这么多人送行，不得不加强警力维持秩序。

突然，悼念现场出现了感人的一幕：只见一名中年军人来到慈云桂遗像前，“扑通”一声跪下，哭得像个泪人，拉都拉不起来。

他就是当年被错打成“反革命”而判处死刑、坐了 16 年牢，在慈云桂帮助下重新入伍的耿鼎发。

告别仪式上还出现了一些“不和谐”的情况。康鹏教授自认为是“老慈头”的“第一大弟子”，非要站在家属行列中的第一个；国防科工委的杜管也自封是“老慈头”的“第一大弟子”，也要站第一个：两人争得不可开交，现场哭成一片。最后还是国防科工委领导出面，告诉他们党和国家领导人都来了，你们这算怎么回事？决定遗体旁只站家属，学生全部站在下面，才使“事态”平息。

1990 年 10 月，原本应由慈云桂教授领队参加在华盛顿召开的第二届国际人工智能工具会议，只有浙江大学何志钧教授和国防科工委指挥技术学院耿鼎发教授两人出席会议。会议开始后，大会执行主席 W. T. Tsai 教授将会议第一项议程临时改为：“全体起立！向世界著名的中国计算机科学家慈云桂教授肃立默哀。”

慈云桂走了，走得那么匆忙，那么无声无息。然而他用忠诚与担当，用智慧与激情，见证了中国高性能计算机事业发展最初的历程，亲身参与了中国赶超世界计算机先进水平的艰难与辉煌。他没有留下遗憾！

慈云桂走了，走得那么坦然，那么高尚无私。他为中国计算机事业所做的卓越贡献，将是一座无形的丰碑，永远矗立在中国科技发展史上！他的人品与精神，将长久地留在为国拼搏的人们心中，不断激励人们不忘初心，锐意进取，勇攀高峰！

慈云桂常说：“人一辈子能干一两件对国家和民族有意义的事就了不起，就是对国家的最大贡献。”慈云桂是这样说的，也是这样做的。他把一生奉献给了中国计算机事业，在这块沃土上埋头耕耘，砥砺前行，直至生命的最后一刻。

附录一　慈云桂年表

1917 年

4 月 5 日，出生于安徽省桐城县麒麟镇杨树湾村（今枞阳县杨树湾镇）外坂庄一个农民知识分子家庭。

1921 年

祖父开始教他读书习字，背诵《三字经》和《千字文》，认写方块字。

1923 年

2 月，就读家乡老许庄私塾，开始正式启蒙，学习《三字经》《千家诗》《史鉴节》等书，常常受到先生的表扬。

1924 年

2 月，就读家乡后冲庄私塾，学习《论语》和几本国文教材，下半年开始学写日记。

1925 年

2 月，就读桐城县孔城镇一家私塾，学习《大学》《中庸》《孟子（上）》和《幼学琼林》等书，并开始学习作短文。

1926 年

2 月，就读孔城镇另一家私塾，学习《孟子（中）》《孟子（下）》和部分唐诗。

9 月，因不满先生无故体罚而休学。

1927 年

2 月，就读孔城镇立第三小学幼小部二年级，一个星期后升入三年级，喜欢自然和算学，考过两次第一名。

1929 年

2 月，回到家乡小梅庄私塾，师从吴老先生。几天后，跟随中共地下党员吴鹤生先生学习，广泛阅读进步小说。

9 月，休学，与父亲同住孔城镇，其间借阅《红楼梦》《水浒传》《西厢记》和《老残游记》等小说，开始爱好中国古典文学。

1930 年

2 月，就读孔城镇第三小学高小部四年级，偏爱算学、自然等科学知识，连续三个学期考了全班第一。课余拜杨树湾陈先生为师，学习武术和京剧。

1932 年

2 月，回到家乡汪家祠堂私塾学习。其间广泛阅读进步书刊，对孙中山和鲁迅心生敬仰，对学习经书越来越不感兴趣。

1933 年

2 月，就读家乡杨树湾私塾，学习做了 3 篇八股文，被先生称为“神童”，并说若在清朝可中秀才。

1934 年

2 月，就读枞阳县私立浮山中学，顶替陈姓同学插班初一年级二期，学习用功，尤喜英语和数理化。第二学期开始成绩全班第一，同学中传说他看完了图书馆全部藏书。

1935 年

2 月，转学桐城中学，插班初二年级二期学习，成绩始终保持全班第一。

7 月，参加学校反对《何梅协定》罢课游行。

1936 年

7 月，以优异成绩从桐城中学毕业，在几千考生中以第二名考入安徽省立安庆高中。

9 月，就读安庆高中，成绩始终保持全班第一，每年获省教育厅 60 元奖学金。

1937 年

7 月，参加安庆高中“抗敌后援会”，积极开展抗日宣传募捐活动。

8 月，随安庆高中南渡长江到九华山，借宿在老百姓家艰难地继续学业。

12 月，回到家乡桐城后，报名参加“战时学生教导大队”，准备奔赴抗日战场，受到家人阻拦。

1938 年

1 月，跋涉数百里来到安徽至德，就读安徽省第四临时中学，开始流亡学生生活。

6 月，随第四临时中学转移到安徽屯溪，开始向湘西逃亡。

8 月，来到湘西洪江镇，就读国立安徽第一中学。

10 月，转入在湘西临时成立的安徽省国立八中学习。

1939 年

6 月，拒绝加入国民党，遭特务报复殴打。

7 月，以优异成绩考入西南联大航空系。

8 月，因贫病交加无力到昆明报到，借读湖南大学机械系。

10 月，积极参加湖南大学抗日宣传、募捐和劳军活动。

1940 年

元旦，积极参加湖南大学学生会组织的抗日宣传慰问活动。

2 月，转入湖南大学电机工程学系无线电专业，成绩始终保持全班第一，参加学校英语、作文、数学竞赛屡获第一。

1943 年

5 月，两次到辰溪县牢狱看望被国民党非法关押的进步同学。

7 月，从湖南大学毕业，获电机工程学士学位，被保送清华大学无线电通讯研究所读研究生。

8 月，到达昆明西南联大，师从著名物理学家孟昭英教授，从事超短波、调频系统、电离层和雷达天线研究，其间发表 1 篇论文。

1944 年

2 月，参加任之恭、孟昭英教授领导的对无线电频波通过地球介质和电离层进行传播的理论和实践研究。

7 月 24 日，参加观察日环食对电离层的影响实验，并发表论文，引起英国诺贝尔物理学奖获得者 E. V. 阿普尔顿（Appleton）教授的注意。

1945 年

11 月 25 日，在西南联大参加由中共云南省工委组织发动的大中学生和各界群众时事晚会，遭到国民党军队的武装包围和恫吓。

11 月 26—28 日，参加昆明 31 所大中学校的罢课运动。

12 月 1 日，国民党当局制造了震惊全国的“一二·一”惨案，积极参加“一二·一”学生爱国运动。

12 月，从清华大学无线电通讯研究所毕业，留物理系任教。

当月，接父亲来信知母亲病重，请假回到阔别八年的故乡。

1946 年

4—6 月，到安徽省泸江县省立八中代课，筹措返校路费。

6—8 月，赶赴上海，与清华复员大队一起到北平，任清华大学无线电实验室主任，先后开出 13 个实验课程。

12 月，为抗议美军强奸北大女学生暴行，参加平津各院校教师罢教宣言签名。

1947 年

1—5 月，赴英国接受雷达技术培训。

5 月，南京中央大学发生“五二〇血案”，参加平津各院校教师罢教宣言签名和罢教活动，声援学生运动。

6 月，在地下党领导下，牵头发起清华大学教职员联合会，组织上街游行，反对美援运动，帮助教师解决工作生活中的困难。

1948 年

4 月，为抗议国民党当局取缔华北学生联合会，参加北平 10 所大学举行的总罢课，形成“六罢合一”的“四月风暴”。

9 月，与清华大学校友兼同乡琚书琴结为伉俪。

12 月 13 日，清华大学解放的第二天，报名参加学校师生联合巡防委员会，几次与爱人到围城部队前线参观慰问解放军。

12 月底，夫妇放弃赴美留学机会，报名参加地下党领导的清华大学教职员志愿进城工作团，担任小组长。

1949 年

1 月 31 日，北平和平解放当天下午，夫妇随志愿进城工作团赴北平各大专院校开展工作，时间 24 天。

5 月，带领清华大学物理系应届毕业生赴东北参观，深受感动，途中给爱人写信准备离开清华大学，投入这革命巨流。

6 月，报名参加南下工作团去土改，未获学校批准；申请到大连大学或哈尔滨工业大学工作，未获学校批准。

1950 年

1 月，大连海军学校再次到清华大学招聘教员，与爱人经过一周左右的商量，决定离开清华大学，参加海军院校建设。

4 月，到大连海军学校，任海军指挥系副教授。

12 月，合作开展“直读式电子管测时测量仪”研究，论文发表在中国《物理学报》。

1951 年

3 月，任大连海军学校第一分校通讯系副主任。

12 月，光荣入伍，同时任大连海校第一分校电讯系副主任。

1952 年

5 月，确定军队干部级别为副连级。

8 月，向来大连海校考察的陈赓一行介绍教学规划、教员和与苏联专家的配合等情况。

9 月，因教学和实验室建设成绩突出，荣立小功一次。

10 月，独立研制成功充气管电码练习机，报告发表在海军学校《技术参考资料》上，获海军学校二等科学技术奖，奖励小米200斤。

12月，因下属一位教员不慎丢失有关出海实习的秘密文件，受到队前警告处分。

1953年

6月，任海军学校第一分校通信组组长，负责全校通信学科专业建设，领导制定专业建设、学术研究、实验室建设发展规划。

7月，率实习学员乘“四明山号”大型坦克登陆舰出海实习，亲身体验海军官兵的艰苦生活，经受了锻炼。

11月，被评为大连海军学校第一分校训练部先进工作者。

11月25日，晋升为正营级。

1954年

11月，调入军事工程学院海军工程系，任雷达教授会（教研室）主任。

1955年

2月，根据海军要求，招收雷达专业研究生胡守仁，是“哈军工”首批三名研究生导师之一。

3月，任军事工程学院海军工程系教育副主任兼雷达教授会主任。

9月28日，授予技术少校军衔。

12月2日，当选军事工程学院第一届院务委员会委员。

1956 年

2 月，参加军事工程学院第一届科研会议，宣读《直读式单段微时测量仪》论文。

3 月 30 日，晋升为准团级。

5 月，任中国电子学会理事、黑龙江省和哈尔滨市电子学会理事长。

7 月 12 日，晋升为技术中校。

夏，带领学员参加海上实习，发现海军装备落后现状。

12 月 31 日，所在支部党员大会讨论通过他的入党申请。

1957 年

1 月 20 日，经军事工程学院海军工程系党委批准为中共预备党员。

3 月，评定高教级别为四级。

5 月 30 日，随解放军院校参观团访问苏联，在列宁格勒患急性阑尾炎，住院手术，病愈后在列宁格勒克雷洛夫海军工程学院研究生院学习访问两个多月，第一次看到计算机。

6 月 4 日，任军事工程学院电子科学技术委员会副主任。

9 月，回国后与柳克俊研究，决定研制专用数字电子计算机作为鱼雷快艇指挥仪。

年底，海军司令部正式批准研制电子数字计算机鱼雷快艇指挥仪。

1958 年

4 月初，领导 331（后更名为 901）电子数字计算机鱼雷快艇指挥仪研制。

5 月初，带队去北京学习，解决研制器材，开展部分研制工作。返回“哈军工”后参加“电路会战”。

8 月中旬，为适应“大跃进”形势，901 研制组改为电子计算机工厂。

9 月 28 日夜，901 电子管数字计算机鱼雷快艇指挥仪研制成功。

11 月中旬，负责军事工程学院海军工程系在北京海军司令部举办的技术革命跃进报捷成果展览，周恩来、朱德等党和国家领导人参观。陈赓决策“哈军工”成立电子计算机专业。

1959 年

元旦，军事工程学院举行技术革命报捷大会，154 项科研成果参加展出，901 专用电子数字计算机参加展览。

3 月，军事工程学院海军工程系成立电子计算机临时教学组织，由慈云桂直接领导。

5 月 15—17 日，军事工程学院召开第二届先进集体暨积极分子代表大会，901 研制组被评为先进单位并荣立集体二等功。

6 月 23—30 日，参加海军司令部组织的 901 专用电子数字计算机鉴定会。

10—11 月，随解放军代表团访问保加利亚，参加其建军 15 周年庆典和新兵器展览，后访问苏联，因病在莫斯科治疗休养两个月，其间访问了莫斯科大学等。

1960 年

2 月，军事工程学院海军工程系成立电子计算机教研室，要求教研室在狠抓教学的同时开展科学研究。

8 月，组织第二批 11 名“拔青苗”学员提前毕业留校后集中学习计算机专业；同时从清华大学、吉林大学选调来一批学生改学计算机专业。经常给这两个班讲课。

1961 年

9 月，随中国计算机代表团访问英国，发现英国计算机已全面晶体管化，给研制组写信建议立即停止电子管通用机研制。利用访问间隙，完成晶体管计算机体系结构和基本逻辑电路方案设计。

11 月，任军事工程学院新成立的电子工程系教育副主任。

11 月下旬，从英国回国后积极向国防科委建议停止电子管计算机项目，尽快研制晶体管计算机，并主动要求承担任务。

同月，作为军事工程学院计算机专业首位研究生导师，招收研究生王振青。

12 月，“哈军工”同意停止电子管计算机项目，开始领导晶体管计算机研制工作。

1962 年

3 月 5 日，晶体管通用计算机设计组成立，负责组建队伍、寻找场地。提出把系统稳定性、可靠性放在首位，在基本电路、系统可靠性设计和生产工艺三个方面狠下功夫的指导思想。

5 月，带领设计组发明“隔离－阻塞式间歇振荡器”。

6 月 11 日，经国防部批准，晋升为教授。

8月，带领设计组发明“推拉式触发器”。

9月，带领科研人员修改系统逻辑设计方案，审查逻辑图纸。

1963年

7月，带领设计组用国内试制性能较差的晶体管研制成功8位稳定可靠的运算器模型机，在哈尔滨市南岗街道小厂组织生产，其间发生火灾，受到严厉批评和围攻。后在国防科委干预下，回到“哈军工”院内工厂生产。

下半年，将运算器模型机扩展到20位。

11月14日，晋升为技术上校。

11月25日，任军事工程学院教学委员会副主任委员。

12月，参加在西安召开的第三次全国计算机专业学术会议。

1964年

5月，因‘小四清’运动大抓阶级斗争，把441B研制任务两个骨干停职隔离审查，而多次受到批评。后因国防科委点名要求进京主持计算机学术交流会，才得以解脱。

8月，领导研制成功我国第一台晶体管通用计算机样机——441B。

10月，“哈军工”电子工程系将441B设计组从军用计算机教研室分出，成立计算机研究室（代号408），由慈云桂领导。

10月，招收计算机专业第二名研究生王朴。

11月，随“哈军工”代表团参观大庆油田。在大庆精神鼓舞下，组织对计算机进行全面检查，全面提升质量。

1965 年

2 月 10 日，国防科委组织对 441B 计算机进行考核，性能达到国际先进水平，中国第一台晶体管通用计算机诞生。

3 月 1 日—4 月 17 日，主持国防科委在军事工程学院组织的 441B 晶体管计算机推广复制培训班。

4 月 26 日，国防科委组织对 441B 晶体管通用计算机进行鉴定，认为该机达到了国内领先和国际先进水平。

5 月 10 日，在北京参加由国防科委和军委炮兵司令部联合召开的小型高射火炮指挥仪方案论证会，任务定名“441C 晶体管专用数字计算机”，任副总指挥。

8 月，参加在哈尔滨召开的第四次全国计算机专业学术会议。

9 月 4 日，参加国防科委在军事工程学院召开的 441B 晶体管通用计算机总结庆功大会，受到国防科委领导高度肯定和表扬，441B 晶体管通用计算机设计组荣立集体一等功。

9 月 14 日，参加国防科委在北京召开的 441B 晶体管通用计算机推广会，介绍了 441B 机的技术性能、艰难研制过程和经验体会。

秋，指导我国第一台全集成电路计算机 030 潜艇鱼雷攻击指挥仪预研。

10 月，招收计算机专业第三个研究生邵仁昌。

11 月，指导为邮电部设计院研制长途电话计费专用计算机。

12 月，领导研制成功 441B－Ⅱ晶体管通用计算机，速度从 8000 次/秒提高到 2 万次/秒。

1966 年

1 月，率中国计算机代表团第三次访问英国，发现英国正在发展集成电路计算机，计算机软件发展很快，访问间隙设计了晶体管通用计算机软、硬件系统。

4 月下旬，经国防科委聂荣臻主任批准，任中国高校第一个电子计算机系——哈尔滨工程学院电子计算机系主任。

8 月，从英国回国后“文化大革命”开始，虽“靠边站”却受到国防科委重点保护，以普通教员身份上班。

12 月，暗中指导 441B－Ⅲ晶体管通用计算机方案论证，指出标准不但不能降低，而且系统性能应该更先进，提出“改变系统设计和提高技术指标”的设想。

1967 年

指导 441B－Ⅲ晶体管通用计算机研制，参加 CPU 指令控制器逻辑设计。指导、参与 441C 高射火炮指挥仪研制。指导 441D 基地数据处理机等多个科研项目研制工作。

1968 年

3—6 月，带队赴北京、石家庄等地就研制百万次计算机进行调研，形成完整方案论证报告。

5 月，在参加 441B－Ⅲ计算机研制期间被以“资产阶级反动学术权威”罪名隔离审查，关在走廊上半个多月，晚上可以回家。

12 月 31 日晚，被“哈军工”造反派以“重大特务嫌疑分子”罪名关进“牛棚”，成立专案组，受到隔离审查和残酷迫害。

1969 年

4 月 17 日，在被关押 108 天后解除“隔离审查”，改为监督劳动。

4 月 18 日，晚上骑自行车去实验室途中，因身体极度虚弱，不小心掉进新挖的暖气管道沟里，致锁骨骨折。

其间经常昏迷，专案组每周提审一两次进行侮辱谩骂。造反派不让接触计算机研制的主要工作，干些修示波器、描逻辑图等辅助性工作。晚上到办公室看书，大家就技术问题偷偷请教他。

11 月 4 日，被聂荣臻元帅“点将”参加国防科委“718 工程”远洋航天测量船中心处理计算机战术技术性能方案论证会。会上不顾造反派一再警告，详细论述了国产集成电路、百万次级、双机系统方案，得到与会专家肯定和国防科委批准。

11 月上旬，回到学校受到来自各方面的压力。作为“哈军工”“718 工程”任务 4 人领导小组成员，开始调集力量成立综合论证设计组。

12 月 6 日，国防科委下达《关于“718 工程”中心处理计算机会议纪要的通知》后，开始领导综合论证设计组工作，提出系统结构初始方案。

1970 年

2 月，带领 151 设计组全体人员携带初步方案和系统结构框图到全国各地调研，最后在上海完成百万次级集成电路通用计算机体系结构设计方案。

4 月，国防科委正式下达“718 工程”远洋航天测量船中心处理计算机任务书，明确“远望一号”测量船中心处理计算机研制任务由哈尔滨工程学院承担，代号“151”。

7月，领导研制成功441B－Ⅲ晶体管通用计算机，通过国防科委稳定性、可靠性考核后交付第二炮兵部队使用。随后，由天津电子仪器厂总共批量生产53台，广泛装备军内外有关单位。

8月10日，经个人反复强烈要求，哈尔滨工程学院计算机系工宣队、革委会对他的“专案”做出没有问题的书面结论。

11月，参加国防科委在北京召开的“718工程”中心处理计算机设计方案论证会，新颖的构思、创新设计远超任务书要求，得到国防科委领导和与会专家的高度评价，一致通过设计方案。

12月，经国防科委批准，441B－Ⅲ晶体管通用计算机设计组荣立集体一等功。

12月，深入做不愿南迁人员和有关领导的工作，保留了3名政审不合格的科研骨干。抓紧搬迁前的动员部署，完成逻辑设计和部分生产图纸。

12月底，带领科研队伍南迁长沙，在形同“鸭棚”的长沙市东郊马坡岭原湖南省农业机械化学校摆开攻关战场。

1971年

1月，任长沙工学院电子计算机研究所主要负责人。

全年，在条件极其艰苦情况下，带领科研人员克服各种困难和政治干扰，开展科研攻关。

1972年

上半年，向国防科委建议将亿次巨型计算机列入国家规划。两次参加国防科委副主任钱学森组织的巨型机专家论证会。

7月，在北京参加接待美国计算机科学家代表团工作。

7 月，在北京参加周恩来总理主持召开的“718 工程”动员会，聆听周总理的动员讲话，受到巨大鼓舞。

10 月，参加国防科委常委扩大会，代国防科委起草向党中央建议将巨型机研制列入国家规划的报告。

1973 年

上半年，建议并帮助中国医学科学院副院长林巧稚以半价购置一台 441B－Ⅱ计算机，开创我国医学界使用计算机的先河。

6 月，当选中国共产党第十次全国代表大会代表。

7 月，带领研制组完成 151 计算机方案设计、逻辑设计、工程化设计、全部生产图纸和 8 个模型机。

8 月 2 日，带领 40 余名科研人员到北京有线电厂（738 厂），克服各种工作和生活上的困难，组织 151 机生产。

8 月 24—28 日，出席中国共产党第十次全国代表大会。

1974 年

上半年，紧急赴京说服 738 厂恢复 151 机生产。

上半年，工宣队利用“反击右倾回潮”运动，贴出大量批判他的大字报，在他不在场的情况下组织批判会，目的是想要夺他的研究所主要负责人的权，遭到部分同志抵制。

1975 年

初夏，当面向国防科委张爱萍主任汇报研制巨型机的想法。

10 月，根据张爱萍指示，带队就研制巨型机进行历时一个月的调研，回京后向国防科委钱学森副主任专门汇报。

1976 年

7 月 28 日，凌晨发生唐山大地震，主张留在北京，带头冒着余震日夜调机，攻克多项技术难关。

12 月，领导研制成功 151 – Ⅲ单机系统，通过国防科委组织的稳定性考核，性能超过设计指标要求。

1977 年

上半年，任中国计算机学会副理事长和湖南省电子学会理事长。

6 月，当选中国共产党第十一次全国代表大会代表。

8 月 12—18 日，出席中国共产党第十一次全国代表大会。

9 月，当选中共湖南省委候补委员。

10 月，被任命为长沙工学院电子计算机研究所所长（计算机系主任）。带队第二次进行巨型机全国调研。

11 月 14 日，代国防科委起草向中央呈报《关于研制巨型电子计算机事》请示报告。同月 26 日，报告得到党中央批准。

1978 年

1 月初，抛弃原有设计方案，参考美国 CRAY – Ⅰ高起点重新设计巨型机方案。

3 月 18—31 日，作为先进集体代表出席在北京召开的全国科学大会，长沙工学院计算机研究所 8 项科研成果获全国科学大会奖。

3 月 4 日，在北京召开的巨型机专题会议上，邓小平决策将巨型机研制任务交给长沙工学院计算机研究所。

5 月，在国防科委召开的“785 工程”总体方案论证和协作会议上，巨型机总体方案获得通过。

同月，任长沙工学院（后国防科技大学）“785 工程”领导小组成员；随后任工程研制总体组组长。

6 月，作为中国电子学会代表团副团长率团访问英国、法国，考察计算机技术。

7 月，参加国防科委在长沙召开的“785 工程”软件协作会议。

8 月，领导研制成功二百万次级计算机——151－Ⅳ双机系统。

下半年，在国防科委领导下，从全国调集队伍，再次组织对重点用户进行调研，决定巨型机采用一系列国际先进技术。

1979 年

3 月，151－Ⅳ双机系统通过国防科委考核验收，性能超过设计指标要求。

4 月 6 日，组织召开“785 工程”模型机战前动员大会。

7 月，被中央军委任命为国防科技大学副校长兼电子计算机系（研究所）主任。

8 月，率突击队奔赴上海组织 151 计算机装船作业。

8 月，组织软件研制人员到韶山“滴水洞”集中攻关。

12 月，参加第四次全国计算机专业学术会议，会上宣读了与胡守仁合作的《785 型计算机总体设计》论文。

全年，带领队伍引进中大规模集成电路核心元器件，攻克多个技术难关，创造性提出素数模存储体交叉访问构想，在国际上首次采用容量大、速度快的 MOS 电路。

1980 年

3 月底，组织召开“785 工程”模型机研制情况汇报会。

4 月，组织人员在外围机上研制巨型机虚拟主机，成功开发出巨型机软件工程模拟器。

5 月，严密组织巨型机整机生产组装。

5 月 18 日，151 计算机圆满完成我国洲际导弹全程试验测控任务。151 计算机设计研制组荣立集体一等功，获多项荣誉。

11 月，当选中国科学院技术科学部学部委员。

1981 年

4 月，晋升为高教三级。

7 月，带领科研队伍高质量生产完成巨型机主机。

9—10 月，赴美国参加计算机国际会议并考察访问。

11 月，任全国首批博士研究生导师，学科专业为计算机组织与系统结构。

1982 年

1 月，领导完成巨型机主机硬件调试。国防科委主任张爱萍为我国第一台亿次巨型计算机挥毫命名——银河。

4 月 8—13 日，参加中美计算机软件工程学术讨论会。

6 月，领导完成“银河”巨型机硬件系统调试。

12 月，招收第一个博士研究生刘桂仲。

1983 年

2 月，与杨晓东、于长海在《中国科学》第 2 期上发表《An Analysis of A New Memory System For Conflict – free Access》论文。

6 月，领导完成“银河”巨型机软件系统调试。

7 月，领导完成“银河”巨型机全系统联调，交付用户正式试算，国家组织鉴定测试。

9 月，率中国计算机代表团参加在日本东京召开的“第二届第五代计算机系统国际学术会议”。回国后积极宣传发展我国新一代计算机的重要性，带领博士生开展相关研究。

11 月，“银河”巨型机顺利通过专家组鉴定，立即写信向军委领导报喜。军委副主席聂荣臻、杨尚昆回信祝贺，军委副秘书长、国务委员兼国防部长张爱萍赋诗祝贺。

12 月 4—6 日，在长沙举行国家鉴定会，“银河”巨型机顺利通过国家鉴定。写下两首《银河颂》诗词。

12 月 22 日，新华社等国内主要媒体同时向世界宣告“银河”亿次巨型计算机研制成功消息。

12 月底，由于年龄原因，免去国防科技大学副校长兼计算机系（研究所）主任职务，继续担任教授。

1984 年

2 月 13 日，国务院科技领导小组签发《关于“银河”亿次计算机研制成功的嘉奖令》。

2 月，向国防科工委上报与胡守仁合作的《关于加速发展国防口计算机和微电子技术，迎接世界新的技术革命的对策》一文。

3 月，参加全国“世界新的技术革命与我国对策”会议，会上宣读了与胡守仁合作的《关于加速发展我国计算机技术，迎接世界新的技术革命的对策》一文。

6 月 7 日，中央军委主席邓小平签发命令，给国防科技大学电子计算机研究所记集体一等功，称赞他们是“国防科研战线上一支勇于进取、能打硬仗的先进集体”。

9 月，与杨晓东、王兵山在《中国科学》第 9 期上发表《A Fast Division Technique For Constant Divisors 2m（2n ±1）》论文。

10 月 1 日，作为嘉宾在天安门广场观礼台观看建国 35 周年阅兵式和游行，“银河”巨型机模型彩车随游行队伍通过天安门广场。

10 月 4 日，中央军委主席邓小平签署命令，给慈云桂记二等功，称赞他“多年来，他以‘拼老命也要拿下巨型机’的革命精神和坚强决心，带领全体研制人员，攻克了‘银河’亿次计算机总体设计和软、硬件设计，以及生产、调试中的许多难关，为高质量、高速度地完成整个工程，做出了突出贡献”。

1985 年

1 月 17 日，参加国防科技大学“银河”巨型机研制成功总结表彰大会。

3 月，调任国防科工委科技委常任委员，担任国防科工委计算机顾问组组长。全家迁往北京。

6 月 1 日，参加新一届中国计算机学会成立大会并当选副理事长，负责筹建中国计算机学会新一代计算机专业组并担任组长。

1986 年

3 月，“863 计划”倡议提出后，积极参加由钱学森主持的座谈讨论。倡导在“863 计划”中设立了“信息技术领域智能计算”主题，并成立智能计算专家组。

5 月，指导战略导弹部队某部，在计算机网络发展规划会议上做出异型机联网的决策。

1987 年

2 月，与时任第二炮兵装备技术部副部长兼总工程师张翔联合发出倡议，开始筹划组建信息高技术联合研究所。

6 月，在杭州组织召开人工智能与计算机学术会议，对新一代计算机进行了全面深入的探讨。

11 月，国防科技大学计算机系（研究所）被批准设立计算机科学技术博士后科研流动站，担任全国第一批博士后导师。

1988 年

4 月，免去国防科工委科技委常任委员职务，改任顾问。

5 月，受华东计算技术研究所邀请，参加该所成立 30 周年纪念活动，并挥毫题词。

6 月，受华北计算技术研究所邀请，参加该所成立 30 周年纪念活动，并挥毫题词。

8 月，为学术带头人的国防科技大学“计算机组织与体系结构”学科，被教育部评为全国第一批 5 个重点学科之一。

8 月，套改军队专业技术级别为三级。

9 月，率中国计算机代表团参加在日本东京召开的“第三届第五代计算机系统国际学术会议”，并考察日本。

10 月，率中国计算机代表团访问美国，考察第五代计算机发展情况。

1989 年

2 月，与指导的博士合作的英文专著《Research on Frontiers in Computing》由清华大学出版社出版。次年在荷兰出版《New Generation Computing：Recent Research》《New Generation Computer Systems》。

3 月，在北京参加接待欧洲科学家代表团，接受荷兰科学家 Seven Ster 采访。

4 月，联合国内 11 家院校和科研单位组建“信息高技术联合研究所”（United Institute of Advanced Information Technology），担任名誉所长。

4 月 16—19 日，在清华大学主持召开“新一代计算机国际学术研讨会”。

9 月，晋升为专业技术二级。

10 月，参加在上海召开的“中德双边国际学术会议”，在会上做特邀学术报告。

11 月，率中国计算机代表团访问美国。

1990 年

1 月，应邀担任第二届人工智能工具国际会议（TAI′90）程序委员会委员，负责向中国学者征文、评审、录用和组团等工作。

2 月，与荷兰阿姆斯特丹大学赫兹伯格（L. O. Hertzberger）教授合作为荷兰未来计算机系统 FGCS 杂志主编了一期专集，收集中国作者论文 13 篇。

3—4 月，应国防科技大学计算机系（研究所）邀请，到长沙解决“银河 - Ⅱ”10 亿次巨型计算机研制过程中遇到的问题。

4月底，参加国防科技大学计算机系（研究所）共青团组织的“奋斗者的足迹”座谈会。

5月，修改来自全国各地准备参加下半年在美国召开的第二届人工智能工具国际会议（TAI'90）论文。

7月14日，参加在北京召开的国防科工委“七五”计算机规划会议。

7月16—17日，在京西宾馆参加国务院学位委员会会议。

7月17日，晚7点左右昏迷。

7月21日，上午在解放军301医院去世，终年73岁。

8月24日，国防科工委在北京八宝山革命公墓礼堂举行隆重的遗体告别仪式。

附录二　慈云桂主要论著目录

[1] Ci Yungui. Research on Frontiers in Computing [M]. Beijing: Tsinghua University Press, 1989.

[2] Ci Yungui, Sun Chengzheng. New Generation Computing, special issue for FGCS [M]. Amsterdam: North-Holl and Elsevier Science publishers, 1990.

[3] Ci Yungui, Zhang Chenxi, Sun Chengzheng. New Generation Computing: Recent Research [M]. Amsterdam: North-Holland Elsevier Science Pubishers, 1990.

[4] By Chai Yeh (叶楷) and Y. K. Tz'u (慈云桂): Factors Affecting the Frequency Deviation in Reactance Tube Frequency Modulation Circuits [J]. 清华大学学报, 1947 (3).

[5] 慈云桂，邵大成. 简单电子管测时仪 [J]. 物理学报, 1955, 11 (5).

[6] 慈云桂. 151-3 (4) 型数字计算机的总体设计 [C]. 748 会议文集, 1974.

[7] 慈云桂，胡守仁. 785 型计算机总体设计 [C]. 第四次全国电子计算机专业学术会议, 1979.

[8] 慈云桂. 151－3/4 大型计算机系统的可靠性分析 [J]. 电子学报，1980 (4).
[9] 慈云桂. 151－3/4 大型计算机系统的特点 [J]. 计算机学报，1981 (1).
[10] 慈云桂，胡守仁. 巨型计算机系统综述 [J]. 电子学报，1983 (3).
[11] 慈云桂，胡守仁. 关于加速发展国防口计算机和微电子技术，迎接世界新的技术革命的对策 [R]. 向国防科工委科技委的报告，1984.
[12] 慈云桂，胡守仁. 关于加速发展我国计算机技术，迎接世界新的技术革命的对策浅论 [C]. 世界新的技术革命与我国对策第二次学术讨论会，1984.
[13] Ci Yungui, Yang Xiaodong. An Analysis of A New Memory System for Conflict-free Access [J]. Scientia Sinica (Series A), 1983, 26 (2): 205 － 213 (Proc. ICPP. pp. 318 － 324, 1981).
[14] Ci Yungui, Yang Xiaodong, Wang Bingshan. A fast division technique for constant divisors 2m (2n ±1) [J]. Scientia Sinica (Series A), 1984, 27 (9): 984 －989.
[15] Ci Yungui, Yang Xiaodong, Yu Changhai. An Analysis of A New Memory System for Conflict-free Access [J]. Scientia Sinica (Series A) No. 2 1983/P205 －213.
[16] 慈云桂，杨晓东，王兵山. 一个除数为 2m (2n ±1) 的快速除法 [J]. 中国科学 (A 辑)，1984 (7): 654 －659.
[17] 慈云桂. 巨型计算机 [M] //计算机工业概览. 电子工业出版社，1984.

[18] 慈云桂，吴泉源. 迎接世界新一代计算机的挑战 [N]. 光明日报，1985 - 05 - 03.

[19] Liu Guizhong, Ci Yungui. Architecture of the Synchronous Dataflow System SDS - 1 [J]. J. of Compt. Sci. and Tech, 1986, 1 (1): 19 - 25.

[20] Liu Guizhong, Ci Yungui. A Model of Quantitative Analysis for Performance Evaluation of Static Dataflow Computers [C]. Proc. of the Int' 1 Conference on Parallel Processing, 1986, pp. 611 - 615.

[21] Sun Chengzheng, Ci Yungui. The OR-forest Description for the Execution of Logic Programs [C]. Proc. of the Third Int' 1 Conference on Logic Programming, 1986, pp. 710 - 717.

[22] Sun Chengzheng, Ci Yungui. PSOF: A Process Model Based on the OR-forest Description [C]. Proc. of the Int' 1 Conference on Computer and Communication, 1986: 457 - 466.

[23] 慈云桂. 计算机系统结构与硬件 [M] //中国大百科全书·电子学与计算机. 北京·上海：中国大百科全书出版社，1986.

[24] 慈云桂. 巨型计算机 [M] //中国大百科全书·电子学与计算机. 北京·上海：中国大百科全书出版社，1986.

[25] 慈云桂，周兴铭. 计算机系统 [M] //中国大百科全书·电子学与计算机. 北京·上海：中国大百科全书出版社，1986.

[26] 慈云桂，吴泉源. 新一代计算机系统 [M] //中国大百科全书·电子学与计算机. 北京·上海：中国大百科全书出版社，1986.

[27] 王志英，慈云桂. DRDB 演绎数据库管理系统 [J]. 小型微

型计算机系统，1986（9）.
[28] 慈云桂，李晓梅．银河计算机与并行算法[J]．计算机学报，1987（2）.
[29] Ci Yungui, Sun Chengzheng. Parallel Execution of Logic Programs in the Framework of OR-forest [C]. Proc. of 1987 Fall Joint Conf. on Computers, 1987: 586 - 593.
[30] Sun Chengzheng, Ci Yungui. The Sharing of Environment in AND-OR-parallel Execution of Logic Programs [C]. Proc. of the 14th International Symposium on Computer Architecture, 1987: 467 - 476.
[31] Chen Haibo, Ci Yungui. Parallel Execution of Non-Do Loops [C]. Proc. of the Int'l Conference on Parallel Processing, 1987: 512 - 516.
[32] Sun Chengzheng, Ci Yungui. An Automatic Partition Algorithm for AND-parallel Execution in the Framework of OR-forest [C]. Proc. of the Second Int'l Conference on Computers and Applications, 1987: 223 - 229.
[33] Ci Yungui, Yang XiaoDong. Yu Changhai An Analysis of a New Memory System for Conflict-free Access [J]. Scientia Sinica (Series A) XXVI, 1988 (2).
[34] Chen Haibo, Ci Yungui. Optimization for the Parallel Execution of Non-Do Loops Under Leading Iteration Model [J]. J. of Compt. Sci. and Tech, 1988, 3 (4): 263 - 272.
[35] Zhang Chenxi, Ci Yungui. Study of Mechanisms That Support the Implementation of The Non-logical Components of Prolog in WAM-based Systems [J]. Journal of Future Generations Computer

Systems, 1988: 217 –224.

[36] 王志英，慈云桂. DRDB系统的设计和实现［J］. 电子学报，1988（1）.

[37] 慈云桂. 一个并行推理机模拟实验系统SES-PIM［J］. 计算机学报，1989（1）.

[38] 慈云桂. 逻辑程序并行执行模型的模拟实验研究［J］. 计算机学报，1989（9）.

[39] Chen Haibo, Ci Yungui. Speedup Studies of Leading Iteration Model for Non-Do Loops in Comparisons with Sequential Iteration Model [J]. J. of Comput. Sci. and Technol, 1989, 4 (2): 147 –154.

[40] Ci Yungui, Xu Jiafu, Hertzberger L O, Shi Zhongzhi. New Generation Computer Systems [M]. Amsterdam: Int'1 Academic Publishers, 1989.

[41] Ci Yungui. The OR-forest—Based Computation Model and Computer Architecture for Parallel Execution of Logic Programs [C]. Proc. of Int'1 Conf. on New Generation Computer Systems, 1989: 201 –209.

[42] Sun Chengzheng, Ci Yungui. A New Method for Describing the AND-OR-parallel Execution of Logic Programs [J]. J. of Comput. Sci. & Technol., 1989, 3 (2): 102 –112.

[43] Zhang Chenxi, Ci Yungui. Designing the Architecture of A Prolog Machine [J]. Scientia Sinica (Series A) XXXII, 1989 (10): 1237 –1250.

[44] Zhang Chenxi, Ci Yungui. Management of Statically Modifiable Prolog Code [J]. J. of Comput. Sci. and. Technol., 1989,

4 (4): 323 – 333.

[45] Zhiying Wang, Yungui Ci. Design and Evaluation of A Relational Knowledge Base Prototype Machine [C]. Proc. of 1989 International Conference on Computer Processing of Chinese and Oriental Languages, Oct. 1989.

[46] Zhiying Wang, Yungui Ci. Design and Evaluation of A Relational Knowledge Prototype Machine [J]. Future Generation Computer Systems, North-Holland, 1990 (3).

[47] Hertzberger L O, Ci Yungui (eds.). FGCS. Amsterdam: North-Holland Elsevier Science Publishers, 1990 (6).

[48] Sun Chengzheng, Ci Yungui. The Sharing of Environment in & or-Parallel Executions of Logic Programs [J]. Science in Shina (Series A), 1990, 33 (4).

[49] 慈云桂. 静态数据流计算机的性能分析 [J]. 中国科学 (A辑), 1990 (10): 1080.

附录三　主要参考文献

［1］胡绳. 从鸦片战争到五四运动［M］. 北京：人民出版社出版，1981.

［2］中共中央党史研究室. 中国共产党历史［M］. 北京：中共党史出版社，2011.

［3］中国人民解放军军史编写组. 中国人民解放军军史［M］. 北京：军事科学出版社，2011.

［4］中共中央文献编辑委员会. 邓小平文选［M］. 北京：人民出版社出版，1989.

［5］中共中央文献研究室. 邓小平传 1904—1974［M］. 北京：中央文献出版社，2014.

［6］郭平欣. 中国计算机工业概览［M］. 北京：电子工业出版社，1984.

［7］胡守仁. 计算机技术发展史［M］. 长沙：国防科技大学出版社，2006.

［8］吴鹤龄，崔林. ACM 图灵奖［M］. 北京：高等教育出版社，2008.

[9] 崔林，吴鹤龄. IEEE 计算机先驱奖［M］. 北京：高等教育出版社，2014.
[10] 国防科技大学校史编审委员会. 国防科学技术大学校史（1953—1993）［M］. 长沙：国防科技大学出版社，1993.
[11] 国防科技大学计算机系史编写组. 国防科技大学计算机系史（1953—1993）［Z］. 长沙：国防科技大学，1993.
[12] 皖桐. 慈氏宗谱［Z］. 梓人詹忠沅刊，1906.
[13] 慈云桂. 自传（手稿）［A］. 1953.
[14] 慈云桂. 我的家庭和个人简史（手稿）［A］. 1990.
[15] 慈云桂. 哈军工与国防科技大学计算机科学与工程发展简史（手稿）［A］. 1985.
[16] 吴军. 文明之光［M］. 北京：人民邮电出版社，2015.
[17] 张建中，祁威. 漫游计算机世界［M］. 北京：清华大学出版社，2014.
[18] 龚盛辉，曾凡解. 决战崛起——中国超算强国之路［M］. 长沙：国防科技大学出版社，2015.
[19] 徐祖哲. 溯源中国计算机［M］. 北京：三联书店，2015.
[20] 徐祖哲. 目穿长路［Z］. 北京信息产业协会，2009.
[21] 金上尧. 天河奔流　浪淘金沙［Z］. 内部资料，2014.
[22] 汪学勤. 拜读浮山［M］. 合肥：安徽人民出版社，2009.
[23] 浮山中学志编写组. 浮山中学志（1924—2012）［M］. 合肥：黄山书社，2014.
[24] 浮山中学. 浮山中学 90 年校庆校友通讯录［Z］. 内部资料，2014.
[25] 汪年生. 桐中百年［M］. 合肥：安徽教育出版社，2002.
[26] 安庆第一中学. 安庆第一中学志［Z］. 内部资料，2006.

[27] 周诗长. 薪火：安庆一中百年史稿 [M]. 合肥：黄山书社，2006.

[28] 中国教育报刊社，湖南大学. 漫游中国大学：湖南大学 [M]. 重庆：重庆大学出版社，2006.

[29] 湖南大学. 民国二十六年国立湖南大学概况 [A]. 长沙，1938.

[30] 罗来勇，周均伦. 聂荣臻元帅 [M]. 北京：解放军文艺出版社，2007.

[31] 奚启新. 钱学森传 [M]. 北京：人民出版社，2011.

[32] 于起龙. 钱学森与国防科技大学 [M]. 长沙：国防科技大学出版社，2010.

[33] 国防科技大学政治部. 永远不能忘记的故事 [Z]. 长沙，2010.

[34] 王建伟. 与你同行 [M]. 长沙：国防科技大学出版社，2014.

[35] 王建伟. 科大故事 [M]. 长沙：国防科技大学出版社，2014.

[36] 国防科技大学政治部. 光辉的历程：纪念建党九十周年老干部回忆文集 [Z]. 长沙，2011.

[37] 吴泉源. 慈云桂 [M] //孙俊人，罗沛霖，等. 中国大百科全书·电子学与计算机. 北京：中国大百科全书出版社，1986.

[38] 刘明业，吴泉源. 慈云桂 [M] //中国现代科学家传记：第一集. 北京：科学出版社，1991.

[39] 腾叙兖. 哈军工传 [M]. 长沙：湖南科学技术出版社，2006.

［40］耿鼎发，等．耿刘氏和她的儿女们［M］．北京：中国国际文化出版社，2013．

［41］赵阳辉，等．慈云桂与中国“银河”计算机研究群体的发展历程［J］．中国科技史，2005（1）．

［42］国防科技大学政治部主办．国防科大报［N］．1305期、1316期、1340期、1344期、1365期、1370期．

［43］哈军工北京校友会．哈军工精神践行［Z］．北京，2013．

［44］哈军工北京校友会．哈军工精神研究与践行（纪念计算机系成立五十周年）［Z］．北京，2016．

［45］郑坚坚．孰令银河落九天：记著名计算机科学家慈云桂［J］．江淮文史，1995（2）．

［46］金新果，赵力兵．周恩来与新中国的国防事业［M］．北京：中央文献出版社，2013．

［47］王春晖．走进哈军工纪念馆：走近哈军工［M］．哈尔滨：哈尔滨工程大学出版社，2013．

附录四　鸣谢的主要单位和个人

中国人民解放军档案馆

原总政治部干部部信息中心

原总装备部档案馆

国防科学技术大学档案馆

国防科学技术大学政治部干部档案室

国防科学技术大学计算机学院档案室

清华大学

湖南大学

哈尔滨工程大学

海军大连舰艇学院

安徽省安庆市第一中学

安徽省桐城市第一中学

安徽省枞阳县浮山中学

琚书琴　国防科学技术大学原科技外语与干部进修系副教授

慈林林　原第二炮兵装备研究院院长，少将，专业技术二级研究员，博士研究生导师

慈云祥　北京大学化学系教授，博士研究生导师
慈云树　安徽省铜陵市人民医院医生
唐遇鹤　原国防科工委科技部四局副局长
胡守仁　国防科学技术大学原计算机系（研究所）副主任，专业技术二级教授，博士研究生导师
苏　克　国防科学技术大学训练部巨型机办公室主任
任连仲　解放军301医院信息中心原总工程师
周堤基　原总后勤部科学技术研究所总工程师
耿惠民　国防科学技术大学原计算机系（研究所）高级工程师
康　鹏　国防大学教授
王振青　国防科学技术大学训练部原副部长，教授，硕士研究生导师
齐治昌　国防科学技术大学原副校长，少将，专业技术一级教授，博士研究生导师
周兴铭　国防科学技术大学研究生原副院长，专业技术一级教授，博士研究生导师，中国科学院院士
马望星　国防科学技术大学政治部原副主任，少将
金士尧　国防科学技术大学原计算机系（研究所）副总工程师，专业技术一级教授，博士研究生导师
李思昆　国防科学技术大学计算机学院专业技术一级教授，博士研究生导师
吴泉源　国防科学技术大学计算机学院专业技术一级教授，博士研究生导师
杨晓东　国防科学技术大学计算机学院专业技术二级教授，博士研究生导师

陈立杰　国防科学技术大学原计算机系（研究所）副总工程师，专业技术三级教授，硕士研究生导师
孟庆余　装备学院专业技术三级教授，硕士研究生导师
黄克勋　国防科学技术大学计算机学院专业技术三级教授，硕士研究生导师
彭心炯　国防科学技术大学计算机学院专业技术三级教授，硕士研究生导师
张俊科　国防科学技术大学计算机学院教授，硕士研究生导师
王　朴　国防科学技术大学计算机学院教授，硕士研究生导师
陆　靖　国防科学技术大学计算机学院教授，硕士研究生导师
王志英　国防科学技术大学计算机学院原副院长，专业技术少将，专业技术二级教授，博士研究生导师
王兆琪　原总装备部司令部副参谋长，少将
汪成为　原总装备部科技委顾问，中国工程院院士
李　未　北京航空航天大学原校长，教授，博士研究生导师，中国科学院院士
徐家福　南京大学计算机软件研究所原所长，教授，博士研究生导师
康继昌　西北工业大学计算机系原主任，教授，博士研究生导师
尚法尊　原第二炮兵燕山中心党委书记
刘明业　北京理工大学 ASIC 研究所原所长，教授，博士研究生导师
高珊曾　原湖南省教委副主任，湖南广播电视大学原校长
袁鹤龄　湖南大学信息科学与工程学院教授
刘伯中　湖南大学信息科学与工程学院教授

何鋈藻　湖南大学研究生院教授

徐祖哲　邮电部邮电科学研究院高级工程师，北京市信息产业协会原秘书长，计算机技术发展史专家

王惠通　原电子工业部15所处长

李伟华　厦门市委常委、政法委书记

慈昌东　安徽省枞阳县中学教师

后　记

慈云桂院士是我国著名计算机科学家，中国高性能计算机事业的主要开拓者，国防科技大学计算机学科专业的创始人和主要领导人，在国内外享有很高知名度，被誉为“中国巨型计算机之父”。承担慈云桂传编撰任务，深感责任重大。

从2014年受领任务到出版，历时三年时间。为确保传记质量，在国防科学技术大学院士传记丛书编审委员会领导下，作者以对传主高度负责的精神，认真制订采访和写作计划，实地走访慈云桂院士的家乡，曾经就读过的小学、中学、大学及多个工作单位，两次访谈慈云桂妻子琚书琴和长子慈林林，采访其弟弟慈云祥、慈云树和数十名同事、领导及学生（名单收入附录四）。这些老教授、老领导听说国防科技大学组织撰写《慈云桂传》都非常高兴，不顾年迈体弱，积极配合采访，提供了部分珍贵史料。

随着采访的不断深入，作者深深地被慈云桂院士身上鲜明体现“胸怀祖国、团结协作、志在高峰、奋勇拼搏”的“银河精神”和人格魅力所感动。围绕这条主线，依据传主档案、手稿及回忆文章，数十份采访记录和文献资料，根据中共党史、中国人民解放军军史、国防科技大学校史及计算机系（研究所）发展史、计算机技术发展史等权威史料，于2015年上半年开始动笔编撰，于2016年6月形成初稿。写作过程中，本着“实事求是”精神，坚持真实、客观、全面、生动原则，期望把一个有抱负、有思想、有担当、有感情的慈云桂真实生动地展现在读者面前，而没有刻意把他塑造成一个“高大全”的先进典型。许多细节想方设法与有关当事人反复核实，或采用当事人回忆文章中的叙述。

特别感谢已90高龄的慈云桂妻子琚书琴和长子慈林林，两次在家中热情接受采访，提供了大量资料、照片、家谱和论文。慈云桂院士的家人和部分老同事、老领导对初稿进行了多次认真审阅，提出了许多宝贵意见并对书稿进行了审读；马望星、王志英等同志提出有益建议；张自立同志全程陪同进行采访、录像、摄影和资料整理；高跃群、何玉诚、郝瑞佳、刘江围等同志提供了不少资料，做了大量的工作。在此，谨对所有提供过帮助的个人和单位致以最真诚的谢意！

由于传主去世已经二十多年，所留资料不多，收集难度较大，尤其是作者缺乏各个时期的亲身经历，对计算机技术专业知识欠缺，加上水平有限，书中难免存在疏漏和不妥之处，期待得到大家的批评指正。

作　者

2016年12月于长沙